Ensino de gramática

Silvia Rodrigues Vieira
Silvia Figueiredo Brandão
(organizadoras)

Ensino de gramática
descrição e uso

Capa
Gustavo S. Vilas Boas

Diagramação
Gapp Design

Revisão
Lilian Aquino
Ruth M. Kluska

Dados Internacionais de Catalogação na Publicação (CIP)
(Câmara Brasileira do Livro, SP, Brasil)

Ensino de gramática : descrição e uso / Silvia Rodrigues Vieira,
Silvia Figueiredo Brandão, (organizadoras). –
2. ed., 6ª reimpressão. – São Paulo : Contexto, 2024.

Vários autores.
ISBN 978-85-7244-347-0

1. Português – Gramática – Estudo e ensino I. Vieira, Silvia
Rodrigues. II. Brandão, Silvia Figueiredo.

06-8400 CDD- 469.507

Índice para catálogo sistemático:
1. Gramática : Português : Linguística : Estudo e ensino 469.507

2024

EDITORA CONTEXTO
Diretor editorial: *Jaime Pinsky*

Rua Dr. José Elias, 520 – Alto da Lapa
05083-030 – São Paulo – SP
PABX: (11) 3832 5838
contato@editoracontexto.com.br
www.editoracontexto.com.br

Sumário

Apresentação

Já é possível enfrentar o grande desafio que se impôs quando uma grande massa de brasileiros trouxe às escolas seus falares, suas gramáticas particulares. Ao se expor uma diversidade linguística que, no ambiente escolar e nos livros didáticos, se fingia não existir, se tornou urgente uma mudança radical nas práticas descritivas e pedagógicas. Este livro resulta do crescente interesse em atender às exigências dessa mudança e em assumir uma posição objetiva ante a realidade escolar.

Dispostos a enfrentar os riscos dessa nova realidade, 11 docentes-pesquisadores do Setor de Língua Portuguesa do Departamento de Letras Vernáculas da UFRJ juntaram-se para ministrar aulas no curso de extensão intitulado *Dos estudos linguísticos ao ensino de português: reflexões e propostas*, coordenado por Silvia Rodrigues Vieira, uma das organizadoras do livro.

Como desdobramento dessa etapa inicial, reuniram-se, neste livro *encaminhamentos, diretrizes* e *sugestões* sobre o ensino de gramática – considerada parte integrante do conteúdo programático de Língua Portuguesa – pautados no conhecimento teórico-científico e nos padrões linguísticos e socioculturais que se observam, hoje, no país.

É certo que, para cumprir tal propósito, se partiu de uma determinada concepção de ensino de Língua Portuguesa. Em linhas gerais, adotamos três princípios fundamentais à prática didático-pedagógica: (i) o objetivo maior do ensino de Língua

Portuguesa é desenvolver a competência de leitura e produção de textos; (ii) a unidade textual – em toda a sua diversidade de tipos e gêneros, nos diferentes registros, variedades, modalidades, consoante as possíveis situações sociocomunicativas – deve ser o ponto de partida e de chegada das aulas de Português; e (iii) os elementos de natureza formal – relativos aos diferentes níveis da gramática – são essenciais para a construção do texto.

Nesse sentido, qualquer elemento estrutural deve ser objeto de ensino, uma vez que constitui matéria que viabiliza as atividades de leitura e produção textual. Em outras palavras, o texto é composto de enunciados, que, ao lado dos elementos pertinentes à enunciação e por eles motivados, dão *forma* e *sentido* ao ato comunicativo.

Com base nesses pressupostos, o livro estrutura-se em quatro seções. A primeira, de caráter introdutório, trata dos conceitos básicos ao desenvolvimento de toda a obra, como *gramática, variação e normas* e dos *saberes gramaticais presentes na escola*. A segunda compreende temas relacionados à descrição de fatos linguísticos (*concordância nominal*; *concordância verbal*; *pronomes pessoais*; *colocação pronominal*) e a terceira trata de elementos de natureza teórica (*flexão e derivação: o grau*; *classes de palavras*; *termos da oração*; *coordenação e subordinação*; *correlação*). Por fim, a última seção focaliza a concepção de texto como um ato comunicativo em que se concretizam os fatos gramaticais anteriormente trabalhados (*texto e contexto*).

Estamos conscientes de que a ansiedade de boa parte dos profissionais de Língua Portuguesa recai sobre o *modus operandi*: como ensinar? A resposta a essa questão depende do uso de metodologia fundamentada em bases científicas, o que implica admitir que a dinâmica natural da língua impõe constante atualização e, consequentemente, mudança de estratégias no nível pedagógico.

Esperamos, como organizadoras deste livro, que ele contribua para que, em bases sólidas e sem medo de ousar, cada professor de língua materna se sinta, nos diferentes níveis do processo de escolarização, o agente por excelência de um ensino produtivo, que leve em conta as exigências que permitem ao indivíduo exercer plenamente sua cidadania – partilhando, com espírito crítico, todos os bens tecnológicos e culturais à disposição do homem moderno –, sem, no entanto, perder de vista a importância da contribuição dos mais diferentes segmentos sociais, que, com suas falas particulares, construíram e continuam a construir o português do Brasil que a nós todos une e identifica em sua rica heterogeneidade.

Silvia Rodrigues Vieira
Silvia Figueiredo Brandão

CONCEITOS BÁSICOS

Gramática, variação e normas

Dinah Callou

No desenvolvimento de questões sobre gramática, variações e normas, surgem de imediato algumas indagações, umas de caráter geral sobre a relação entre pesquisa linguística e ensino normativo, e outras, dela decorrentes, como a de uma possível incompatibilidade "entre a isenção distanciada que o linguista deve assumir na observação dos fatos da língua [...] e a atitude prescritiva e mesmo um tanto moralista que se associa vulgarmente aos responsáveis pela normativa" (Castro, 2003: 11).

Onde se situa a questão? Por que correção, norma e variação linguísticas devem ser vistas conjuntamente? Como conciliar variação e uniformização, noções aparentemente antitéticas? Como admitir vários usos e apenas um correto? Como vencer o preconceito linguístico por parte da sociedade em geral? Qual é a norma, tendo em vista a polissemia do termo? Norma linguística corresponde ao uso estatisticamente dominante ou ao uso valorizado por um determinado grupo – o grupo socialmente dominante –, que produz assim o "bom uso", que irá eclipsar as normas de outros grupos? Uma norma ou várias normas? Norma e ensino. Que língua ensinar? E quais as estratégias a serem adotadas para um ensino eficiente e eficaz? Em resumo, o que e como ensinar.

É claro que as questões não são simples e não há respostas definitivas. Se houvesse uma receita única para tudo isso, já teria sido posta em prática em todas as línguas, em todos os tempos. Há muito se discute, tanto nos meios acadêmicos quanto nos meios de comunicação, a questão da norma e, ligada a ela, a questão do empobrecimento do ensino e da aprendizagem da nossa língua. É verdade que essa crise não diz respeito apenas à língua portuguesa nem está restrita ao nosso país. Na França, nos Estados Unidos, na América Latina aponta-se essa mesma insatisfação, em todas as áreas de conhecimento e em todos os níveis de escolaridade, e resultados de exames vestibulares e de outros concursos são frequentemente citados para exemplificar a desestruturação do ensino.

A preocupação vem de muito longe e retorna com mais força de tempos em tempos. Em discurso de posse na cadeira de Português do Colégio Pedro II, em novembro de 1952, o filólogo e gramático Celso Cunha chamava a atenção para as causas da crise por que passava, àquela altura, o ensino da língua, que julgava refletidas, de forma direta, no ensino em geral e afirmava que "O que está a matar o estudo do idioma em nossas escolas é que todo o ensino se faz na base do certo e do errado, do que é e do que não é vernáculo [...]. Evitem-se os erros, os erros verdadeiros. Mas para isso só há o remédio já preconizado por Jespersen: 'Nada de listas e de regras, repita-se o bom muitas e muitas vezes' [...]" (apud Pereira, 2004: 414-6).

E ainda recomendava que deixássemos de lado as regras e as exceções, pois a língua de nossos dias reflete a civilização atual e é impossível manter um purismo linguístico, querer forçar a jovens – que pertencem aos mais diversos grupos sociais – um padrão idiomático dissociado da vida...

Passados mais de cinquenta anos, a situação não se modificou. É fácil comprovar que a crise do ensino se insere no contexto mais amplo das circunstâncias culturais e econômicas em que vivem as civilizações modernas, sob a influência dos mais recentes meios de comunicação e sob o impacto da massificação do ensino, que não foi acompanhada de novos objetivos a perseguir e de nova metodologia a ser adotada.

Em Relatório do Grupo de Trabalho, instituído pela Portaria n. 18 do Ministério de Educação e Cultura, de 9 de janeiro de 1976, três tipos de causas foram indicadas para justificar a ineficácia do ensino de língua materna, as de natureza sociocultural, as de natureza socioeconômica e as de natureza pedagógica. As causas de natureza pedagógica dizem não só respeito ao conteúdo da disciplina a ser ministrada, mas também e principalmente à formação do professor. O que vem acontecendo nos cursos de Letras é, em geral, uma tentativa de recuperação das deficiências do ensino fundamental e médio, levando a uma formação fragmentária e desordenada do professor.

Entende-se, desse modo, que a formação do professor de língua portuguesa, em qualquer nível, deva ser radicalmente modificada, passando a fundamentar-se no conhecimento, compreensão e interpretação das diferenças hoje – e sempre – existentes na escola, a fim de que haja uma mudança de atitude do professor diante das condições socioculturais e linguísticas dos alunos. Faz-se necessária também uma reformulação dos conteúdos e dos procedimentos de ensino da língua, que tem, por objetivo, o domínio da chamada norma culta, sem estigmatização, contudo, das variedades linguísticas adquiridas no processo natural de socialização.

Reconhecendo que uma das prioridades das universidades públicas do país, na construção de uma sociedade democrática, deva ser a educação e, mais especificamente, o ensino da língua materna, cabe às faculdades de Letras a efetivação de investigações aprofundadas sobre a realidade linguística do Brasil, seja da forma falada, popular ou culta, seja da forma escrita, jornalística, acadêmica ou literária. É tarefa fundamental, pois, da universidade promover a renovação dos métodos de ensino/aprendizagem da língua. É esse o desafio!

A propósito de *gramática e norma*

João Ubaldo Ribeiro, em artigo publicado em *O Globo* (11/08/1985), intitulado "Questões gramaticais", diz:

> A gramática é a mais perfeita das loucuras, sempre inacabada e perplexa, vítima eterna de si mesma e tendo de estar formulada antes de poder ser formulada – especialmente se se acredita que no princípio era o Verbo. Estou, como já contei, estudando gramática e fico pasmo com os milagres de raciocínio empregados para enquadrar em linguagem "objetiva" os fatos da língua. Alguns convencem, outros não. Estes podem constituir esforços meritórios, mas se trata de explicações que a gente sente serem meras aproximações de algo no fundo inexprimível, irrotulável, inclassificável, impossível de compreender integralmente. Mas vou estudando, sou ignorante, há que aprender. Meu consolo é que muitas das coisas que me afligem devem afligir vocês também. Ou pelo menos coisas parecidas.

Nessa afirmação, o termo *gramática*, por si só ambíguo, seria equivalente às características de uma língua que nos são apresentadas em forma de regras e princípios que não se propõem a fornecer uma explicação mas, antes, um modelo, que não conseguimos nunca abarcar e dominar integralmente. Pode-se dizer que essa concepção corresponde a um só tempo à gramática (i) *descritiva,* que pretende depreender o sistema de uma língua, através do estabelecimento de unidades no interior de cada sistema e de suas relações opositivas; (ii) *gerativa,* que constitui um sistema formalizado de regras correspondentes à competência linguística; (iii) *funcional,* que consiste em um conjunto de estratégias que o falante emprega com a finalidade de produzir comunicação coerente; e ainda (iv) *normativa,* que focaliza a língua como um modelo ou padrão ideal de comportamento compulsório em qualquer situação de fala ou escrita.

Normalmente se diz que se ensina gramática para tornar os indivíduos capazes de conhecer o funcionamento da linguagem e de falar e escrever bem. A forma como isso se dá é a grande questão, em função do conceito de gramática que está aí implícito, uma gramática normativa que prescreve normas que serão válidas em todos os contextos, não levando em conta a variação em qualquer dimensão ou nível. Esse ensino centrado no código tem por trás um juízo de valor. Se pensarmos em gramática em termos descritivos, de levantamento das unidades opositivas do sistema da língua e da gramática internalizada que a criança já traz consigo, teríamos um ensino centrado na utilização do código, no uso, propriamente dito, por sua vez, mais eficiente e mais objetivo.

Se gramática pode ser vista sob vários ângulos, da mesma forma a norma linguística, que ora é associada ao que se deve dizer compulsoriamente, portanto, associada à correção, ora ao que se disse e tradicionalmente se diz numa determinada comunidade, associada por sua vez ao uso objetivo, normal, usual do falante. Essas diferentes concepções de língua e de norma deram lugar a orientações e objetivos pedagógicos diferenciados, não estando o objeto de ensino claramente definido e não se pondo de acordo com os linguistas no que se refere à modalidade de uso que deve ser ensinada. A norma culta, a padrão? Norma culta é equivalente a norma padrão? Substitui-se uma norma por outra? Ou ensinam-se todas as possibilidades de realização? Levam-se em conta as variações, faz-se uma sistematização, uma nivelação, tendo em vista que a escola tem uma missão nacional e a imprensa, o rádio e a televisão se dirigem a todos os habitantes do país? Tenta-se chegar a um denominador comum?

A sociedade é insensível a esses questionamentos e a nossa ação é descontínua e limitada a alguns momentos. Para o falante comum, usuário da língua, não há variação, só uma dualidade opositiva, o "certo", a "norma" (prescritiva) e o "erro". A questão de norma e variação, pluralidade de normas, fica restrita àqueles especialistas que possuem maior conhecimento **de** e **sobre** a língua.

E afinal, o que é norma? Consultando léxicos gerais, verifica-se que as acepções mais frequentes são a de "regra", "função", "modelo", "princípio", "lei". Em um léxico especializado, como o *Dicionário de Linguística* de Mattoso Câmara (1978), *s.v. norma*, lê-se:

> Conjunto de hábitos linguísticos vigentes no *lugar* ou na *classe mais prestigiosa* do país [grifos nossos]. O esforço [...] para manter a norma e estendê-la aos demais lugares e classes é um dos fatores do que se chama a *correção.* [...] Do ponto de vista da norma, a variabilidade que a contraria constitui o *erro.* [...] A norma é uma força conservadora na linguagem, mas não impede a evolução linguística, que está na essência do dinamismo da língua [...].

Pode-se perceber, pelo enunciado do verbete, que mesmo um linguista se deixa levar pelo preconceito, no momento em que considera que há um local e uma classe de maior prestígio que será tomada como modelo. A escolha desse local 'prestigioso' recaiu sobre a cidade do Rio de Janeiro e se deveu, prioritariamente, a razões extralinguísticas: situar-se o Rio de Janeiro geograficamente no centro de uma polaridade norte/sul; ser centro político há mais tempo, capital da colônia desde 1763; e área cuja linguagem culta tenderia, salvo o famoso chiado carioca, a apresentar menor número de marcas locais e regionais.

A norma linguística deve ser vista, assim, no quadro mais amplo dos comportamentos sociais, sem desconsiderar o papel do prestígio e da correção linguística e as condições históricas que antecedem a constituição de uma norma explícita. Assim, ao lidarmos com norma, correção, lidamos com preconceito, e preconceito em relação à língua é equivalente a muitos outros, como o social (de que estrato provém?), regional (qual o dialeto mais prestigiado no país?), religioso, racial, e, como qualquer um deles, está muito enraizado e é difícil de ser vencido.

Não são poucas as pesquisas que levaram à conclusão de que não existe uma norma única, mas sim uma pluralidade de normas, normas distintas segundo os níveis sociolinguísticos e as circunstâncias da comunicação. É necessário, portanto, que se faça uma reavaliação do lugar da norma padrão, ideal, de referência a outras normas, reavaliação essa que pressupõe levar em conta a variação e observar essa norma padrão como o produto de uma hierarquização de múltiplas formas variantes possíveis, segundo uma escala de valores baseada na adequação de uma forma linguística, com relação às exigências de interação.

A variação existente hoje no português do Brasil, que nos permite reconhecer uma pluralidade de falares, é fruto da dinâmica populacional e da natureza do contato dos diversos grupos étnicos e sociais, nos diferentes períodos da nossa história. São fatos dessa natureza que demonstram que não se pode pensar no uso de uma língua em termos de "certo" e "errado" e em variante regional "melhor" ou "pior", "bonita" ou "feia".

Olhando um pouco para trás e além dos limites de nosso país, vê-se, mais uma vez, que essa preocupação com variação e norma não é recente e não diz respeito apenas à língua portuguesa. Os trabalhos de Rona (1965), sobre a relação entre a investigação dialectológica – leia-se também sociolinguística – e o ensino da língua materna, o de Rosenblat (1967), sobre o critério de correção e a unidade e pluralidade de normas no espanhol de Espanha e América, a coletânea organizada por Bédard (1983), sobre norma linguística, publicada pela Universidade de Québec, entre outros, dão testemunho a respeito da questão de norma e ensino em outras línguas, mais especificamente o espanhol na América e o francês no Canadá.

Rona introduz o tema dizendo que nos Estados Unidos já se chegara à conclusão de que o falante, depois de completar a sua aprendizagem, deveria ser capaz de falar de tal forma que a sociedade o considerasse um falante culto, em outras palavras, deveria falar a norma culta da região em que vivesse. Acrescenta que, infelizmente, nos países hispano-americanos, o ensino estaria baseado na língua literária extradiassistemática, atópica, e, desse modo, dois resultados seriam possíveis ao final de seu aprendizado básico: o falante possuir dois sistemas, o do nível mais baixo de sua região e o da língua acadêmica, nenhum dos quais corresponderia ao do nível culto local; ou o falante continuar possuindo um sistema – o anterior ao de sua aprendizagem – por não conseguir levar o outro sistema ao grau intuitivo. Se provém do nível culto, não haveria problema, exceto o desperdício de esforços. Propõe então o autor que o ensino da língua materna se faça em duas etapas, primeiro, tomando-se por base a norma culta local e só depois a literária.

Se partimos desse pressuposto, é necessário, antes de mais nada, descrever essas normas cultas locais e para isso teríamos de contar com o auxílio do dialectólogo e/ou do sociolinguista, que assumiria a responsabilidade de fornecer generalizações descritivas a partir de seus resultados de pesquisa. O autor apresenta como uma iniciativa bem-sucedida o trabalho de Mattoso Câmara, *Erros de escolares como sintomas de tendências linguísticas no português do Rio de Janeiro* (1972), e afirma que a questão estaria bem encaminhada no Brasil. Quem dera! Uma atuação isolada, sem apoio institucional, governamental, não frutifica.

Não obstante, é positivo o interesse por parte de sociolinguistas, nos últimos anos, em levar os resultados de pesquisa para a sala de aula, o que já vinha sendo feito por muitos professores, embora de forma assistemática. Não se pode dizer, contudo, que se conseguiu mudar a mentalidade geral. Atingimos alguns e apenas alguns. A pressão social é contínua e poderosa e os meios de comunicação estão a seu favor. É frequente encontrarmos artigos em jornais em que aparecem considerações do tipo "O vernáculo vai mal", "A crise de nossa língua de cultura", "Querem assassinar o português", "A língua fica confusa", assinados por pessoas que gozam de prestígio junto à comunidade em que vivem, o que acaba por dificultar ainda mais a atuação do professor e do linguista.

Por outro lado, esta "febre" de trazer para a sala de aula os resultados de pesquisas, de aplicação ao ensino, deve ser 'tratada' com cautela, para que não se cometam erros ainda maiores na condução do problema. Se foram necessários tantos anos para chegar a essa consciência coletiva, muitos e muitos anos ainda serão necessários para traçar estratégias que conduzam a uma mudança de postura da sociedade, como um todo, e também da escola, sempre mais reacionária, uma vez que não se obteve sucesso no empreendimento em relação a um número razoável de professores da disciplina de língua portuguesa. Uma atuação mais agressiva, mais eficiente, faz-se necessária para que o ensino se torne mais eficaz, mas sem generalizações apressadas que, mesmo imbuídas das melhores intenções, conduzem, muitas vezes, a equívocos.

O trabalho de Rosenblat segue uma outra diretriz e levanta inicialmente duas questões básicas: a primeira delas, a de atribuir à noção de correção um caráter extralinguístico, uma espécie de sanção cultural ou social que corresponda, de preferência, a uma chamada linguística externa; a segunda, a de que o ensino da variedade culta deve prevalecer sobre o de outras variedades, já que opera em toda comunidade certo ideal expressivo e todo uso corresponde a um paradigma imposto pelo consenso social.

Outros aspectos apontados são o da necessária convivência e colaboração de setores sociais diversos que acabam por conduzir a uma nivelação e o fato de essa nivelação poder se dar de cima para baixo (por imposição) ou de baixo para cima (por força do uso). Defende o autor o ponto de vista de que é mais democrático e unificador fazer com que o falante domine também a variedade padrão, de prestígio, já que a língua, como qualquer instituição social, é regida por uma hierarquia de valores. A sociedade não é um conglomerado de linguistas e, ao defender suas normas, que constituem sua essência, pode ser implacável.

No texto de Gagné (1983), que faz parte da coletânea referida anteriormente, ressaltam-se dois momentos, nos quais o autor afirma (i) que um dos objetivos importantes do ensino da língua materna se situa precisamente no nível das atitudes, no que concerne à variação linguística, e (ii) que aquele ensino que se inspira em uma nova orientação menos prescritiva, centrada no uso do código, não consegue por vezes evitar uma certa improvisação...

Muitas questões são levantadas, nenhuma ação objetiva e continuada é apresentada. Ao fim, o *bom senso* é que deve prevalecer. A norma não pode ser rígida, monolítica, a língua muda, as normas gramaticais se modificam e nada é mais prejudicial que um purismo estreito, quase sempre baseado num conhecimento deficiente da própria língua. Legisla-se, na verdade, sem real conhecimento da complexidade dos fatos que caracterizam cada falar, cada variedade, cada variante.

Toda língua, em qualquer país, em qualquer cidade, possui sua própria norma culta, sua própria linguagem comum, que não coincide totalmente com a norma literária, ideal, e funciona, por sua vez, apenas como ponto de referência e como força unificadora e conservadora. Cunha, referindo-se à oposição entre norma culta e norma purista, reafirmava em 1985 as suas palavras de 1952, sobre ser impossível querer manter a quimera de uma norma purista no mundo atual, conturbado e interligado.

Como se vê, a existência de diferenças de uso numa mesma língua é um fato incontestável e não uma anomalia, restrita à língua portuguesa. Anomalia seria não haver diversidade, uma vez que uma língua se define como língua na medida em que seus usuários se comunicam por meio dela para conviverem socialmente, e os contatos sociais são, por sua vez, de natureza plural. A variação das línguas resulta, principalmente, da flexibilidade inerente ao próprio código linguístico e da multiplicidade de usuários que dele se servem. A população brasileira, hoje estimada em mais de 170 milhões de habitantes, distribuída por um território de 8,5 milhões de quilômetros quadrados, não poderia deixar de fazer uso de variações de todo tipo. A aparente unidade linguística que permite que os falantes se comuniquem é, por sua vez, composta de uma infinidade de possibilidades. O paradoxo está em que cada falar, mesmo o culto, tem sua norma, variantes que prevalecem estatisticamente, mas que não anulam a ocorrência de outras. Em função de uma realidade linguística que abarca uma pluralidade de normas vernáculas, de normas cultas e – dadas as contradições de autor para autor – de normas subjetivas das gramáticas escolares, constatam-se vários *pólos* cultos e populares sobrepostos, em vários níveis e, por isso mesmo, às vezes, de difícil reunião em um mesmo extremo.

Lidar com língua, pois, é lidar com variação. Em dicionários gerais, *s.v.* ***variação***, leem-se as acepções: 1. ato ou efeito de variar; 2. variável que se adiciona a outra variável, ou função adicionada a outra função; 3. diferença, genética ou não, relativa a determinado caráter entre indivíduos da mesma geração ou de sucessivas gerações, etc. Em dicionário especializado (Câmara Jr, 1978) *s.v.* ***variação***, registra-se uma definição mais específica: "consequência da propriedade da linguagem de nunca ser idêntica em suas formas através da multiplicidade do discurso [...]. Cada elemento padronizado da língua tem as suas VARIANTES..." E essa *multiplicidade* diz respeito também à oposição fala e escrita, com suas especificidades, semelhanças e diferenças. Hoje em dia, a posição que prevalece é a de que representam códigos distintos, uma vez que, na fala, lidamos com instabilidade, naturalidade, rapidez de produção, riqueza de prosódia e, na escrita, com a sistematicidade e o permanente. A ideia de que na fala "vale tudo", contudo, é uma total ficção. O que ocorre é que, na fala, a busca por formas claras, objetivas, adequadas e precisas de emprego dos recursos da língua é visível, audível, portanto, mais perceptível. Repetições, hesitações, quebras e retomadas da sequência discursiva tornam os processos de seleção e de estruturação dos meios de expressão linguística mais transparentes. Tanto a escrita quanto a fala podem se apresentar de diversas formas, porém no ensino da língua escrita busca-se neutralizar as marcas identificadoras de cada grupo social, no intuito de atingir um padrão único abstrato e idealizado, que seja supranacional. Uma língua "é, assim, um bem comum que será tanto mais meu quanto mais for de todos, o que só se faz possível porque cada um 'pode' fazer do bem comum um uso pessoal sem que o bem comum sofra, mas, ao contrário, se faça mais bem comum ainda" (Houaiss, 1977: 11).

A diversidade, não só regional, existente hoje, que nos permite reconhecer uma pluralidade de normas locais, não apenas na fala popular, mas também na fala culta, nada tem de 'espantosa', "dadas as características pluriculturais tanto do nosso passado quanto do nosso presente" (Rossi, 1980: 40). Entretanto, a essa pluralidade contrapõe-se o papel unificador, de centros irradiadores de cultura, exercido por algumas capitais, notadamente o Rio de Janeiro, que, a despeito de renovar constantemente sua parcela de população oriunda de vários pontos do país, acaba por neutralizar as marcas caracterizadoras de cada um desses pontos, na busca de atingir no ensino um padrão único abstrato e idealizado.

O ensino e a constituição de *normas* no Brasil

Em entrevista ao *Jornal do Brasil*, Houaiss afirmava que, até algum tempo atrás – antes de 1981 –, ensinar significava aceitar o *código* e transmiti-lo. Porém, de um lado, a partir da massificação dos professores, sobre uma massificação dos alunos, o *código* tornou-se algo bem mais complexo, em função do perfil dos próprios professores – antes uma minoria, com formação rígida –, e veio determinar uma mudança na forma de expressão dos alunos. Mattos (1998: 93), ao enfocar a experiência de trabalhar e viver no Rio de Janeiro nas últimas décadas, corrobora essa ponderação, afirmando que vários fatores geraram uma nítida sensação de decréscimo no padrão de qualidade do ensino. Formados na tradição do ensino fundamental como repassador de conteúdos estabelecidos nas distantes instâncias produtoras do saber oficial, os professores, que já se esforçavam para dominar estes conteúdos de cuja produção estavam alheios, teriam enormes dificuldades em relacionar-se com os códigos, comportamentos e saberes da cultura gestada no seio das classes trabalhadoras.

Existe, sem dúvida, um abismo entre a *norma* idealizada e a *norma* efetivamente praticada, mesmo pelos falantes mais escolarizados, trazendo a necessidade de repensar o nosso código gramatical e atualizá-lo. A fala brasileira se diferencia, substancialmente, da portuguesa, e os padrões vigentes, calcados na tradição dos clássicos, impostos de cima para baixo, já não são tão bem aceitos. A partir dessa ruptura emergiu o fenômeno da língua falada no Brasil, na sua variante culta, como modelo, como norma, para a língua escrita não literária. Essa nova prática punha, antes de mais nada, em contraste, as variantes cultas e as variantes populares.

Assim, a língua portuguesa não é homogênea, como nenhuma língua é homogênea, mas sim "heterogênea, plural e polarizada, se se considerar o todo do português brasileiro e não apenas a idealizada norma padrão..." (Mattos e Silva, 1999). Na designação de Lucchesi (1994), teríamos, em um polo, as *normas vernáculas* e, em outro, as *normas cultas*. Lucchesi & Lobo (1988) propõem também uma distinção entre *norma padrão* e *norma culta*, a *padrão* correspondendo aos modelos contidos nas gramáticas normativas, a *culta*, aos usos dos falantes mais escolarizados. As *normas populares* ou *vernáculas* corresponderiam aos usos dos falantes menos escolarizados.

Afirma Pagotto (1998: 50) que, a partir das análises do português do Brasil, mais e mais se constata a distância entre as formas usuais no nosso vernáculo e o português exigido na escrita e prescrito nos manuais de gramática e argumenta que durante o século XIX uma norma culta escrita foi codificada. Para confirmar essa hipótese, o autor tomou por base duas versões da Constituição brasileira, a do Império, de 1824, e a da República, de 1892, e comparou certos usos linguísticos emblemáticos, como o da posição do pronome átono, chegando à conclusão de que a primeira versão foi escrita no que ficou conhecido como português clássico e, a segunda, no que se tem considerado como a atual norma culta. O resultado desse confronto – a Constituição do Império é essencialmente proclítica e a da República enclítica – permite inferir que a norma brasileira teria sido construída, paradoxalmente, a partir do modelo europeu, ainda que em um momento de afirmação nacional.

A língua é infinitamente variada e os ideais linguísticos do final do século XIX e começo do século XX não podem permanecer os mesmos, uma vez que a sociedade atual se estrutura de modo totalmente diverso e as relações que se estabelecem entre os diversos níveis da pirâmide social são hoje muito mais intensas e profundas, graças aos meios de comunicação de massa. A respeito dessa questão, confirma Castro, em 2003, a sua própria convicção de que uma norma está destinada a vigorar por algum tempo, pois sofre mudanças em determinados espaços, não podendo ser estendida automaticamente a todos os pontos. E ressalta que, se os gramáticos do século XVI podiam dizer que a norma emanava da Corte e os do XIX que ela emanava de Coimbra porque tinha a Universidade, teriam hoje de reconhecer que a norma portuguesa (europeia), de maior vitalidade e capacidade de fazer adeptos, é a que transmitem os jornais, o rádio e a televisão.

Por outro lado, a gramática normativa, veiculada na escola, vê a língua como algo homogêneo, imutável, e é essa a ideia que é passada no ensino em todos os níveis. O estudo de língua portuguesa é quase sempre associado à noção do 'certo' e do 'errado', como se só houvesse uma única possibilidade de utilização *normal* da língua. Os não-especialistas e os próprios alunos, nas escolas, costumam dizer que não sabem 'falar português'. Vários especialistas, profissionais que trabalham com a língua, no dia a dia, tais como João Ubaldo Ribeiro e Luís Fernando Veríssimo, destacam, desde a década de 1980, o fato de que falar e escrever certo é como falam os praticantes da norma culta de determinado local, norma culta essa que não pode ser definida por legislação, mas antes levantada, pesquisada, aferida, avaliada e estudada. E ainda que a sintaxe é uma questão de uso, não de princípios: escrever bem é escrever claro, não necessariamente certo.

A propósito de variação e mudança

A heterogeneidade do português brasileiro, fato hoje incontestável, vem sendo observada pela sociolinguística – que, no Brasil, começou a ter destaque na década de 1970 – de forma ampla e efetiva, não só qualitativa, mas também quantitativamente. Antes disso, embora existissem vários trabalhos, no Brasil e fora dele, que chamassem a atenção para a diversidade sociocultural, toda a ênfase era dada à variação regional, dentro da tradição dialectológica. A partir da década de 1960, começam a surgir vários projetos coletivos, como os de atlas linguísticos, em novos moldes, e outros como o da Norma Linguística Urbana Culta (Projeto Nurc),[1] o do Mobral, o do Censo da variação linguística, o do Programa de Estudos do Uso da Língua (Peul), o do Projeto Variação Linguística Urbana no Sul do Brasil (Varsul), o da Gramática do Português Falado, o de Para uma História do Português Brasileiro (PHPB),[2] e o do Projeto Análise Contrativa de Variedades do Português (Varport). Esses projetos analisam *corpora* diferenciados que dão conta, de uma forma ou de outra, da chamada polarização sociolinguística. Teyssier (1982) já dizia que as diferenças entre falantes, com diferentes graus de escolaridade, de uma mesma região, eram mais significativas que aquelas que existiam entre falantes, de um mesmo grau de escolaridade, de regiões distintas.

Há certos usos consagrados na fala, e até na escrita, que, a depender do estrato social e do nível de escolaridade do falante, são, sem dúvida, previsíveis. Ocorrem até mesmo em falantes que dominam a variedade padrão, pois, na verdade, revelam tendências existentes na língua em seu processo de mudança que não podem ser bloqueadas em nome de um "ideal linguístico" que estaria representado pelas regras da gramática normativa. Usos como o de *ter* por *haver* em construções existenciais (*tem* muitos livros na estante), o do pronome objeto na posição de sujeito (para *mim* fazer o trabalho), a não-concordância das passivas com *se* (*aluga-se* casas) são indícios da existência, não de uma norma única, mas de uma pluralidade de normas, entendida, mais uma vez, norma como conjunto de hábitos linguísticos, sem implicar juízo de valor.

Motivadas ou não historicamente, normas urbanas e não-urbanas, prestigiadas ou estigmatizadas pela comunidade, sobrepõem-se ao longo do território, seja numa relação de oposição, seja de complementaridade, sem, contudo, anular a interseção de usos que configuram uma norma nacional distinta da do português europeu. Ao focalizar essa questão, que opõe não só as normas do português europeu às normas do português brasileiro, mas também as chamadas normas cultas locais às populares ou vernáculas, deve-se insistir na ideia de que essas normas se consolidaram em diferentes momentos da nossa história e que só a partir do século XVIII se pode começar a pensar na bifurcação das variantes continentais, ora em consequência de mudanças ocorridas no Brasil, ora em Portugal, ora, ainda, em ambos os territórios. A análise de alguns aspectos linguísticos mostra que se pode recuar, em alguns casos, para o século XVIII, e não para o XIX – como tem sido em geral afirmado –, o momento em que se implementam algumas das mudanças ocorridas na língua portuguesa, como um todo. De um lado, situa-se o uso do artigo definido diante de nomes próprios *(o João, a Maria)*, que se torna mais saliente na passagem do século XVII para o XVIII, paralelamente à posposição do pronome objeto (*dê-me*) e o uso do infinitivo gerundivo (*estar a fazer*), em Portugal, que passaram a configurar normas nacionais distintas a partir do século XVIII.

Alguns usos que se tornaram frequentes entre nós não tiveram origem apenas em formas da oralidade brasileira: "Muitos dos nossos brasileirismos, e muito da nossa gramática, não passam de arcaísmos preservados na América" (Ribeiro, 1933). Como se pode ver na Figura 1, o português do Brasil apresenta, hoje, um percentual mais próximo de uso do pronome proclítico do século XVI – época em que se iniciou a colonização portuguesa no Brasil – que o próprio português europeu. O ponto de divergência torna-se mais nítido na passagem do século XVIII para o XIX, embora já se apresente uma queda acentuada da próclise do século XVI para o XVII. A colocação do pronome no português falado de hoje é objeto de análise em capítulo subsequente.

Figura 1
Anteposição do pronome ao verbo no percurso histórico
em textos não-literários (PE).

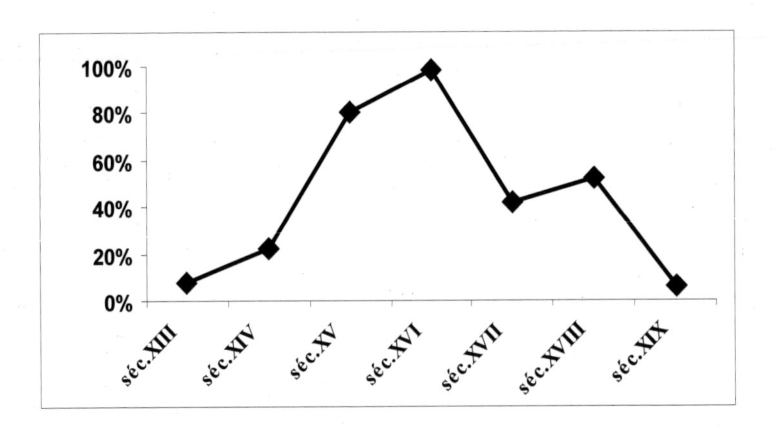

De outro lado, destaca-se o uso de *ter* por *haver*, em estruturas existenciais, que se intensifica no Brasil apenas no século XIX, época em que já se registra um percentual de 25% na língua escrita jornalística. Essa substituição constitui uma das marcas que caracterizam o português do Brasil, afastando-o do português de Portugal e aproximando-o do de Angola e Moçambique.

Em relação ao português atual, o uso do artigo no contexto referido, no Brasil, é um dos traços linguísticos definidores da região de origem do falante. A distribuição regional é praticamente idêntica na língua falada culta e na língua escrita literária, mostrando uma nítida oposição entre Norte e Sul do país e o Rio de Janeiro em uma posição intermediária (Figuras 2 e 3).

Figura 2
Frequência de uso do artigo de acordo com a região de origem do falante.

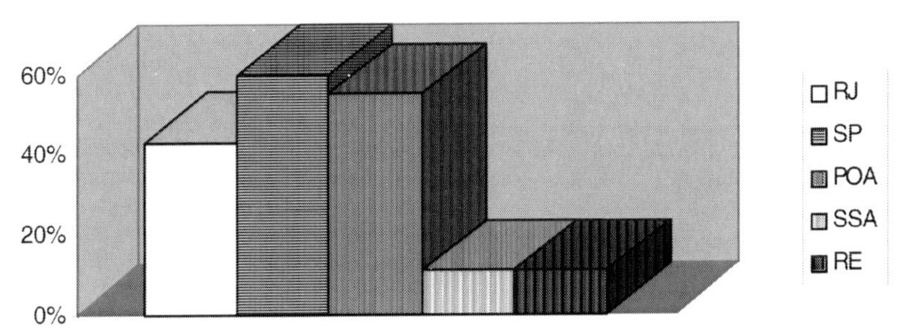

Figura 3
Frequência de uso do artigo de acordo com a região de origem do escritor.

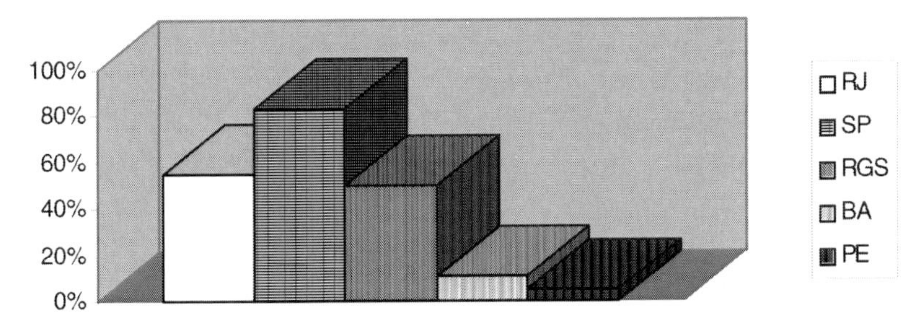

Para ilustrar outro aspecto, tomemos o uso cada vez mais difundido de *ter* por *haver*, que atinge pessoas de todos os níveis e estratos sociais e que, na fala, não é sequer estigmatizado. No máximo ocorre estigmatização quando o verbo *haver* é flexionado, em exemplos do tipo "*houveram* muitos acidentes ontem". E isso não se aplica apenas ao português do Brasil, a julgar pelas palavras do filólogo e linguista português Ivo Castro (2003: 13), já citado.

> Desconheço as circunstâncias exatas em que se inseriu na gramática portuguesa a ideia de que *haver* com o sentido de "existir, ter existência" é um verbo exclusivamente impessoal, quando pelo menos alguns escritores e muitos falantes pensam e agem de outro modo [...] se a norma fosse fixada por linguistas, e não por gramáticos, seria certamente mais respeitadora dos fenômenos de variação e dos atos de fala reais e verificáveis.

Na fala culta, com base em dados do Projeto Nurc no Rio de Janeiro, comprova-se o predomínio cada vez maior do *ter*-existencial (Figura 4).

Figura 4
Uso de *ter/haver*-existencial em duas décadas.

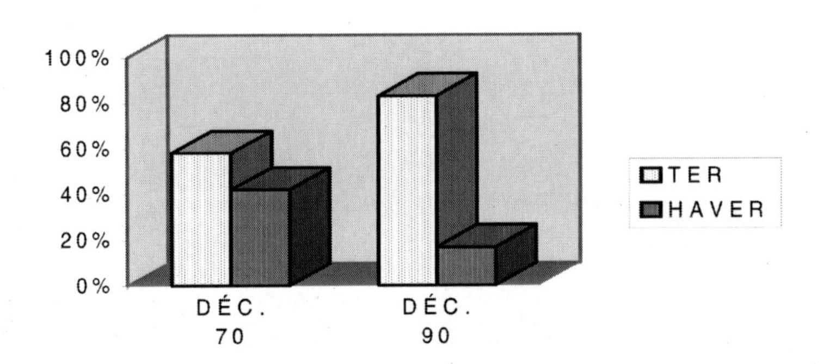

Esse uso não se limita à fala, conforme a análise empreendida por Rocha et al. (1999), no período de 29 de outubro a 8 de novembro de 1999, em três jornais cariocas, voltados para leitores de classes socioeconômicas diferenciadas – *O Globo* (classe A), *O Dia* (classe B) e *Povo* (classe C). Pode-se observar (Figura 5) que o jornal *O Globo* é o único em que se verifica uma preferência pela variante padrão, com predomínio do verbo *haver* em estruturas existenciais, mas concorrendo com *ter*.

Figura 5
Distribuição de uso (ter e haver) por tipo de jornal (década de 1990).

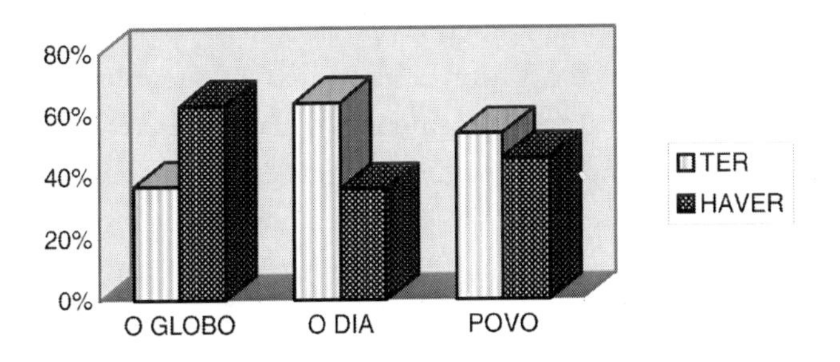

Já em gramáticos do final do século XIX, início do século XX, registra-se a observação de que a substituição de *haver* por *ter* vem "se tornando geral no Brasil, até mesmo entre as pessoas illustradas" (Ribeiro, 1914: 296), o que demonstra que a mudança já se vinha processando há mais tempo.

Outros aspectos exemplificadores dos fenômenos de variação e mudança no português do Brasil serão enfocados em diversos capítulos deste livro, como os que tratam dos pronomes pessoais, da concordância nominal e verbal.

O ideal e o uso linguísticos

Atingimos o início do milênio com crescimento efetivo dos índices de escolarização e com intensa penetração dos meios de comunicação de massa, fatores esses que poderiam, se não anular, pelo menos atenuar a chamada *polarização sociolinguística*. É utopia, contudo, pensar que o ensino de língua portuguesa se dará em contexto de homogeneidade e que se poderá chegar algum dia a uma *globalização* linguística, mesmo que em uma sociedade globalizada.

Se qualquer falante já possui uma gramática internalizada – sistema de regras e princípios universais – ao ingressar na escola, ele deve desenvolver a sua competência comunicativa de tal modo que possa "utilizar melhor" a sua língua em todas as situações de fala e escrita, isto é, possa ser capaz de refletir sobre a capacidade linguística que ele já possui e domina no nível intuitivo, mas sobre a qual nunca antes se tinha debruçado para analisar o funcionamento. A aula de português seria então um exercício contínuo de descrição e análise desse instrumento de comunicação. Para isso, várias estratégias podem ser utilizadas, entre elas, a de levar o aluno a reconhecer a variação inerente à língua que faz com que cada grupo social possua sua própria variedade, mas ao mesmo tempo seja capaz de conviver com todas as outras. Viver é conviver, sobretudo em matéria de linguagem, já dizia Rosenblat em 1967.

Essa reflexão sobre a língua deve ir além da observação do que é "certo" e "errado". A prática da leitura e da escrita será fundamental para atingir os objetivos, pois fará com que o indivíduo entre em contato com uma pluralidade de normas, além da sua própria. Quando se fala em "usar melhor", pode-se pensar em ser capaz de usar a chamada norma culta padrão, mas também se pode pensar apenas em eficácia comunicativa. O ensino da língua deveria centrar-se menos em exercícios gramaticais, de ensino de metalinguagem e mais em possibilitar ao aluno o domínio das várias modalidades de uso e da modalidade culta da comunidade de que ele faz parte. A primeira forma de "concretizar" este "usar melhor" é fazê-lo reconhecer a diversidade linguística, os usos linguísticos, para além da unidade, do ideal linguístico.

É fundamental em sala de aula fazer o aluno ter contato com a língua falada e escrita e fazê-lo produzir textos os mais variados, levando-o sempre à compreensão do sentido global do texto e dos mecanismos produtores desse sentido. Os parâmetros curriculares chamam a atenção para o fato de o ensino de língua dever ser baseado no texto e que a língua não é só uma estrutura abstrata, mas um fenômeno sócio-histórico, não é apenas código, mas também fonte de ensino. Desenvolver a capacidade e condições de expressão oral e escrita seria uma forma concreta de obter um resultado melhor no ensino e na aprendizagem. A ênfase na língua falada já está expressa em documentos do próprio Ministério de Educação desde pelo menos a década de 1970, já que a oralidade é a nossa base primeira de identificação. O reconhecimento das diferenças entre as normas da fala e da escrita, das diferenças entre os vários textos, literário, jornalístico, científico etc., irá contribuir para tornar o falante mais capaz de se situar no mundo. É através da linguagem que uma sociedade se comunica e retrata o conhecimento e entendimento de si própria e do mundo que a cerca.

Notas

[1] Projeto NURC, confira mais informações em www.letras.ufrj.br/nurc-rj.

[2] Projeto Para uma História do Português Brasileiro, confira mais informações em www.letras.ufrj.br/phpb-rj.

Referências bibliográficas

Bédard, É.; Maurais, J. (orgs.). *La Norme linguistique*. Paris: Collection L'ordre des mots, 1983.

Câmara Jr, J. M. Erros de escolares como sintomas de tendências linguísticas no português do Rio de Janeiro. *Dispersos*. Rio de Janeiro: Fundação Getúlio Vargas, 1972. pp. 35-46.

———. *Dicionário de linguística e gramática*. 8. ed. Petrópolis: Vozes, 1978.

Castro, I. O linguista e a fixação da norma. *Atas* do xviii Encontro Nacional da Associação Portuguesa de Linguística (Porto, 2-4/10/2002). Lisboa: apl, 2003, pp. 11-24.

Cunha, C. A *questão da norma culta brasileira*. Rio de Janeiro: Tempo brasileiro, 1985.

Gagné, G. Norme et enseignement de la langue maternelle. In: Bédard, É.; Maurais, J. *La Norme linguistique*. Paris, Collection L'ordre des mots: 1983, pp. 463-510.

Houaiss, A. Que juventude é essa que fala essa pobre língua?. *Jornal do Brasil*, Revista do Domingo, 6 mar. 1977, p. 11.

Leite, Y.; Callou, D. *Como falam os brasileiros*. Rio de Janeiro: Zahar, 2002.

Lucchesi, D. Variação e norma: elementos para uma caracterização sociolinguística do português do Brasil. In: *Revista Internacional de Língua Portuguesa* 12, 1994, pp. 17-28.

________; Lobo, T. Gramática e ideologia. *Sitientibus*, 5/8, 1988, pp. 73-81.

Mattos e Silva, R. V. *Uma compreensão histórica do português brasileiro*: velhos problemas revisitados. Salvador: ufba, Instituto de Letras, Conferência para o Concurso de Professor Titular, 1999.

Mattos, M. B. *Novos e velhos sindicalismos*. Rio de Janeiro (1955-1988). Rio de Janeiro: Vício de leitura, 1998.

pagotto, E. Norma e condescendência: ciência e pureza. *Línguas e instrumentos linguísticos 2*. São Paulo: Pontes, 1998.

Pereira, C. C. (org.) *Celso Cunha*: sob a pele das palavras. *Dispersos*. Rio de Janeiro: Nova Fronteira, 2004.

Ribeiro, J. *Grammatica portugueza*. 12. ed. Rio de Janeiro: Livraria Francisco Alves & Cia., 1914.

Ribeiro, J. *A língua nacional*. São Paulo: Companhia Editora Nacional, 1933.

Rocha, A. L. et al. *Ter e haver em estruturas existenciais*. Rio de Janeiro: Faculdade de Letras/ufrj, 1999. (inédito)

Rona, J. P. Relación entre la investigación dialectológica y la enseñanza de la lengua materna. *El Simpósio de Cartagena*. Bogotá: Instituto Caro y Cuervo, 1965, pp. 333-43.

Rosenblat, A. El critério de corrección lingüística. Unidad o pluralidad de normas en el español de España y América. *El Simpósio de Bloomington*. Bogotá: Instituto Caro y Cuervo, 1967, pp. 113-53.

Rossi, N. A realidade linguística brasileira. O mito da unidade e sua manipulação. *Revista do Instituto de Estudos Brasileiros 22*. São Paulo: usp, 1980, pp. 35-44.

Teyssier, P. *História da língua portuguesa*. Trad. Celso Cunha. Lisboa: Sá da Costa, 1982.

Saberes gramaticais na escola

Afranio Gonçalves Barbosa

Trabalhar com o ensino de Língua Portuguesa é muito mais do que relacionar o que é certo e o que é errado: é compreender seu funcionamento hoje, e no passado, em um processo dinâmico de capacitação dos alunos para a produção de textos orais e escritos os mais variados. Falamos do *aprimoramento* de uma habilidade a servi-los tanto na eficiente concatenação dos tópicos para uma atividade em sala de aula quanto para uma reunião de negócios em seus futuros empregos; tanto para a redação em um vestibular que venham a prestar quanto para a elaboração de relatórios técnicos em suas profissões vindouras. Falamos do aprimoramento que, pouco a pouco, conduz o alunado à formação de seu próprio estilo de escrever cartas, diários, páginas eletrônicas.

Trabalhar com o ensino de língua portuguesa é, ainda, *capacitação* desses mesmos alunos para a decodificação de sentidos em estruturas mais complexas, comuns em gêneros textuais mais eruditos. Esse é o caso, por exemplo, da erudição do léxico e da sintaxe em textos jurídicos: mesmo que não seja necessário cobrar de um aluno secundarista a produção de textos jurídicos, não conseguir minimamente entender seu conteúdo pode atrapalhar, em algum momento, de alguma forma, sua vida. Numa realidade mais imediata à vida dos alunos, essa capacitação se aplica na compreensão de textos de outras épocas com os quais entram em contato em sala de aula quando estudam os séculos de produção literária. Estudar um texto do barroco brasileiro envolve, entre outras coisas, ter de compreender textos do século XVII, assim como ler uma obra do romantismo leva-os ao contato com textos do século XIX. Evidentemente, nesses textos, nem toda diferença em relação à linguagem escrita atual se explica pelo estilo de cada autor, e sim pela mudança natural por que qualquer língua passa com o tempo.

Se o livro didático usado incluir as cantigas medievais, por exemplo, quantos aspectos têm de ser ensinados para que o aluno delas tire o melhor proveito? Quantas palavras já mudaram de sentido? Quanta informação sobre a sociedade portuguesa de oito séculos atrás é imprescindível para interpretar, com propriedade, essas cantigas? Que saborosas diferenças morfossintáticas podem se tornar dúvidas amargas, se não houver boa condução no trabalho dos mestres? Se os alunos não decodificarem os textos de épocas passadas, como poderão interpretá-los? Como poderão se apaixonar pela Literatura? Sem o trabalho do professor de Língua Portuguesa, aquele que ensina, também, categorias gramaticais, esses alunos vivenciariam maior dificuldade de ler e entender esses e outros escritos cuja referência de norma e estilo não participa de seu padrão vernáculo.

Atingir esse quadro ideal em que se deseja maior eficácia e graça é a meta de todos os profissionais de Letras. Aliás, se queremos enriquecer os alunos com as variedades da língua portuguesa, não deveríamos esquecer que não podemos nem ensinar a língua padrão literária e erudita como a única variedade a ser prestigiada, muito menos supor que ao aluno basta saber descrever sua variedade vernácula local: todos têm o direito democrático de, na escola, aprender a variedade dos textos escritos que guardam séculos de experiências e tradições sociais. Digamos, por ilustração, que o problema não seja ensinar *mesóclise* na escola, mas sim exigir que o aluno escreva seus pronomes nessa posição quando a regra exigir: o aluno tem o direito de aprender mesóclise para decodificá-la ao ler uma lei ou uma obra de Machado de Assis ou mesmo publicações de autores do século XX. Por exemplo, em *Marafa*, de Marques Rebelo, um tipo de publicação a baixo custo visando ao ensino médio, o aluno encontra: "Indo à cidade, experimentá-lo-ia. Pretextando cansaço, mandá-lo-ia brincar" (Rebelo, s.d.: 67).

Em outras palavras, o problema não é ensinar língua padrão, mas sim ou ensinar, exclusivamente, as variantes artificiais da escola ou não ter consciência dos objetivos de seu ensino. Entre as metas e a prática, tem havido um quadro de fracassos que exige uma maior reflexão sobre certos aspectos ideológicos e acerca das crises que rondam nosso próprio fazer metodológico.

Erros e acertos no ensino de Língua Portuguesa

O professor Ataliba de Castilho afirma que "em seu dia a dia o professor de Língua Portuguesa se defronta com três crises distintas cuja discussão é de fundamental importância para a busca de soluções: a crise social, a crise científica e a crise do magistério" (Castilho, 2000: 9).

A *crise do magistério* faz referência à desvalorização da profissão: o professor ganha mal, trabalha muito e sua carreira não recebe mais o *status* da de um médico, engenheiro ou advogado. Só para exemplificar, ainda com as palavras de Castilho (2000), na década de 1960, um professor do sistema público paulista ganhava 2/3 do que ganhava um professor universitário. Hoje a proporção é de 1/5. Isso sem falar da realidade em outros estados brasileiros, onde a figura do professor leigo se tornou quase exclusiva nas cidadezinhas do interior ou em áreas urbanas postas à margem da cidadania.

A *crise social* diz respeito aos reflexos, no ensino formal, da mudança que deslocou, no Brasil, a maior parte da população do campo para a cidade. Em 1970, já 80% da população brasileira era considerada urbana, proporção que continua aumentando até hoje. No intervalo de duas décadas, um sistema público de ensino que atendia a um número relativamente pequeno de alunos nos *anos dourados* do milagre econômico passou a receber uma grande massa de novas gerações de alunos cujos hábitos linguísticos familiares os afastavam ainda mais do modelo padrão apresentado como única variedade válida da língua.

O preconceito linguístico, a partir de então, tornou-se mais evidente em sala de aula. Diversos usos populares, a despeito de serem historicamente manutenções do português transplantado para o país, assumiram caráter de estigma social. Mais que isso, não se podia, em tão pouco tempo, formar um número suficiente de profissionais para cobrir aquela nova demanda. Começou, assim, mormente na década de 1970, sob o apadrinhamento da ditadura militar, a multiplicação de faculdades que passavam a lançar no mercado de trabalho centenas de profissionais, digamos, não tão bem preparados para lidar com a tarefa de introduzir na *literacidade*, quer dizer, no mundo fantástico de nossa tradição escrita secular, públicos tão distintos na oralidade. Eram, também, pouco capacitados para adaptar os materiais didáticos disponíveis, preparados para a classe média urbana e não para filhos de pais iletrados.

As reflexões de Castilho (2000) valem-nos para outras reflexões. Como combater o preconceito linguístico em relação a certos falares rurais e urbanos sem deixar de ensinar a variedade culta? Quais as variantes trazidas para a sala de aula que mais têm merecido a ação normativa por parte dos professores? Quais delas realmente implicam fuga à norma padrão de prestígio social, ou seja, àqueles usos considerados *cultos* geralmente espelhados na fala e na escrita dos segmentos mais escolarizados da sociedade brasileira? Quais delas, dentre tantas variantes linguísticas, não estariam sendo alvo de um princípio de correção inflexível à variação natural da língua, uma suposta língua culta sem respaldo nem na literatura contemporânea, nem nas gramáticas tradicionais.

Devemos lembrar que vivemos, hoje, uma pressão mercadológica de venda de materiais milagrosos de *aprender português* que têm recriado a figura de caturras do século XVIII, ortoepistas secundários que exacerbaram o espírito da *arte de falar e escrever corretamente*, publicando uma série de manuais ortográficos divergentes entre si. Àquela época, não havia uma ortografia prevendo, praticamente em todos os casos, uma só maneira de escrever cada palavra, como ocorre hoje na Ortografia Oficial. Na verdade, existiam várias ortografias, todas validadas no uso castiço. Nossos *caturras* atuais, falsos eruditos que tomam para si, oportunamente, o poder de definir o que é certo e o que é errado para toda a sociedade, inventam regras nunca previstas nos manuais.

Apesar do *status* de autoridade, esse tipo de profissional, geralmente, desconhece informações básicas presentes nas bibliografias de cursos de graduação em Letras. Não é raro encontrar, em seus materiais, a condenação do uso de *ele/ela* na função de objeto direto. Chamar isso de *erro* só faz algum sentido, ainda que precário, quando, em contexto de treinamento da variedade da escola, é apresentado como algo que se afasta da convenção, da combinação artificial de uso que assumimos na gramática tradicional escolar. A forma exagerada de esses consultórios gramaticais perseguirem essa prática geral de brasileiros de todos os segmentos sociais costuma vir acompanhada da ideia de que esse uso seria uma corrupção da língua trazida pelos portugueses desde o Descobrimento. Esse poder é uma grave distorção criada pela força da mídia no Brasil que mistura venda de hambúrguer com *venda* de ensino.

O exemplo de *ele(s)/ela(s)* como complemento verbal merece uma boa ilustração. Se propuséssemos um exercício em sala de aula para marcar as sentenças a seguir com *erros* gramaticais em relação ao padrão da gramática tradicional escolar no uso de pronomes pessoais, não teríamos muitas surpresas:

(1) Encontrei-o em casa.
(2) Encontrei ele em casa
(3) Damos ele a vós.
(4) Damo-lo a vós.

As respostas consideradas *corretas* seriam (1) e (4) porque só os *pronomes oblíquos* poderiam funcionar como complemento *direto* do verbo. Quando muito, alguns alunos poderiam desconhecer a forma literária *vós*. As sentenças (2) e (3) seriam apontadas como o caso clássico de erro por deixarem a informalidade *agredir* o padrão culto. Essa condenação só faria algum sentido se estivéssemos no contexto de sala de aula, durante o treinamento da modalidade escrita padrão. Como já dito, fora o sentido de afastamento de uma convenção, isso não poderia ser visto como um *erro*.

Os alunos – além do aprendizado de categorias gramaticais para lidar com a multiplicidade linguística – entram em contato, na escola, com várias estruturas para eles artificiais, mas presentes em vários contextos de escrita e na fala de outras comunidades. Assim, a variante com o pronome *o*, visto em (1), será encontrada na escrita de jornais brasileiros ou, de acordo com o alcance de seu intercurso cultural, na fala de lisboetas, alentejanos etc., por exemplo, nas transmissões internacionais das emissoras de televisão portuguesas.

Agora, como diz a sabedoria popular, *uma coisa é uma coisa, outra coisa é outra coisa*. É preciso estar atento ao fato de que uma coisa somos nós, professores de Português, marcarmos com *caneta vermelha*, quando corrigimos trabalhos de nossos alunos, o *erro gramatical* em (2) e (3) por estarmos exercitando-os no reconhecimento/uso de uma estrutura que eles acrescentarão ao seu conhecimento de língua, uma variedade para eles nova, que não trouxeram da linguagem familiar; outra coisa é pensarmos que esse *erro* é um erro na Língua Portuguesa, quer dizer, uma impropriedade sem legitimidade histórica que deve ser evitada em todas as situações de fala ou escrita. Vamos aprofundar um pouco o gabarito de nosso *exercício*.

As sentenças (1) e (4) foram criadas para este texto. Já as sentenças (2) e (3) são dados reais: *Encontrei ele em casa* é do século XX e *Damos ele a vós* é do século XIII. O que isso significa? Já erravam os monges e escribas no século XIII? Mas como, se não existia Brasil no século XIII? A resposta é simples. Passemos a palavra a uma das maiores especialistas em História da Língua Portuguesa: "Creio que não podem separar-se estes exemplos da fase antiga da língua de uma construção paralela existente no português do Brasil. Não me parece que se trate de uma inovação 'brasileira'." (Maia, 1986: 667). Como se pode ver, trata-se não de um problema generalizado, mas, na verdade, de um uso já existente em Portugal, ainda que em menor proporção aos pronomes *o(s)/a(s)* como complemento verbal, que, trazido pela boca de portugueses de todas as classes sociais, caiu no gosto dos nascidos em terras brasileiras.

Assim sendo, podemos ensinar regras tradicionais, que poderão até ser cobradas em concursos que queiram testar o grau de conhecimento do padrão escolar, mas se confundirmos essas mesmas regras com o que é considerado *bom* na língua reduziremos um universo de possibilidades expressivas a um simples recorte de certos usos. O ensino de língua não pode seguir a lógica do menos.

A inflexibilidade da correção se faz sentir de maneira diferente para cada sociedade. No Brasil, a falta de concordância, tanto verbal quanto nominal – ver capítulos "Concordância nominal" e "Concordância verbal" – é um processo que vem se propagando das classes menos escolarizadas para aquelas de formação escolar mediana e, em certos contextos sintáticos, atinge as camadas mais escolarizadas. No entanto, a força desse processo não impede que o uso do pronome *a gente* com a desinência verbal exclusiva da primeira pessoa do plural <-mos> seja fortemente estigmatizado na sociedade brasileira. É o famoso caso apontado nas gramáticas escolares como *erro de concordância verbal* com a expressão *a gente*. Veja-se como, de fato, o que *pesa* para uns não necessariamente *pesa* na avaliação linguística de outros: em Portugal, pelo menos em Lisboa, tal prática, quer dizer, uma frase como "*A gente saímos todos os dias...*", apesar de igualmente apontada como desvio da norma padrão culta, não chama tanto a atenção dos falantes portugueses como ocorre no Brasil, mesmo para aqueles com formação escolar média. Parece, portanto, incorporada à norma geral de uso em Portugal. Será verdade ou puro impressionismo? Esse ponto merece um estudo sociolinguístico para definir os contornos da questão.

A crise de conteúdo cala mais fundo na prática dos professores formadores dos futuros profissionais de Letras: como ensinar aos graduandos a serem capazes de traduzir o conteúdo teórico aprendido durante o curso para a prática de sala de aula? Em outras palavras, de que maneira habilitar os profissionais de Letras a encontrarem soluções para as dificuldades de cada situação específica que o dia a dia traz. Tem sido realmente difícil *remar contra a maré* de algumas faculdades brasileiras e convencer a todos que a sala de aula do ensino superior não visa a ensinar a ensinar este ou aquele conteúdo gramatical, mas sim a habilitar o graduando a descrever a língua de maneira a conhecer os seus caminhos de eficácia e graça comunicativa. Mais que isso, tem se tornado cada vez mais difícil formar licenciados sem a perspectiva de que sua prática vindoura como professores de língua não se reduz à simples memorização de nomenclatura. É difícil fazê-los entender que o próprio fracasso de ensinar a norma padrão idealizada decorre exatamente da falta de uma postura mais científica e menos tecnicista do *como ensinar*.

O ensino de Língua Portuguesa na escola: os *saberes* envolvidos

A busca do *como ensinar* língua portuguesa na escola não é uma questão fechada a um só caminho. Não pretendemos apontar aqui uma solução única para uma realidade tão complexa, mas acreditamos que uma boa possibilidade de enfrentar o problema seria tentar perceber os conhecimentos de língua que entram em jogo na sala de aula, os saberes que trazem professores e alunos. Façamos isso de maneira objetiva, examinando certas variantes estudadas no ponto gramatical *formas nominais do verbo*.

O ensino descritivo das formas nominais em português aparentemente não traz tantas dificuldades ao professor do nível médio quanto o de outros padrões morfossintáticos. No entanto, quando vierem dúvidas sobre estruturas bem diferentes daquelas escolhidas como orações-exemplo das gramáticas, estas quase sempre muito artificiais, haverá, muito provavelmente, um verdadeiro embate com as desencontradas propostas prescritivas. Imagine-se que os alunos de um 2º ano do ensino médio apresentem as seguintes sentenças:

(5) Quanto dinheiro foi ***ganhado***? Quanto foi ***gastado***? Vocês tinham ***pagado*** tudo a tempo?
(6) Eles tinham ***trago*** tudo de Brasília.
(7) Sempre tinha os gatinhos ***metos*** no cesto, aquecidos...
(8) Deixei ***crescerem*** novas flores em meu jardim.
(9) Todos se inscreveram no curso para ***aprender*** coisas novas.
(10) ***A persistirem*** os sintomas, procure um médico.
(11) Eu ***vou estar enviando*** um carnê de pagamento na segunda-feira de manhã.
(12) Eu ***podia estar dizendo*** besteira sem saber.
(13) ***Teríamos estado esperando*** a noite inteira na fila à toa se você não tivesse avisado para pegar a senha.

Caso eles perguntassem como se classificariam os itens grifados, talvez só houvesse maior dificuldade em categorizar as estruturas (6) e (7) por serem usos não previstos na descrição gramatical. São dados de fala espontânea, tendo sido o primeiro ouvido no Brasil e o segundo, em Portugal. Para o restante, por mais estranho que *soasse* aos nossos ouvidos, encontrariam nomenclatura na gramática tradicional – seriam particípios regulares; infinitivos e reduzida de infinitivo; gerúndios em estruturas analíticas com verbos auxiliares e tempo composto. Problemas descritivos, contudo, não são os que comumente trazem os alunos: perguntam se *está certo*. Para efetuarmos uma ponderação avaliativa do tipo *certo e errado*, precisamos ter consciência dos *saberes* envolvidos nas respostas possíveis. Não adiantará responder que está errado e mostrar a regra em uma gramática tradicional qualquer, se o aluno pode encontrar uma outra gramática que apresente o problema tratado diferentemente. Tampouco adiantará fincar pé numa regra que vá completamente contra o uso social consagrado: dizer que "*Fiz ele no lugar combinado*" está errado e que o certo seria "*Fi-lo no lugar combinado*" soará como uma piada. O aluno só aceitará esse tipo de correção se tiver havido eficiente encaminhamento do professor sobre os diversos saberes em jogo no tratamento dos fatos da língua.

O primeiro é o saber linguístico da norma vernácula de uso do falante, aquilo que, para além da competência linguística inata, é compartilhado por sua comunidade ou região. É o saber social da língua, recebido primeiro no âmbito familiar e, depois, ampliado na rede de convívio social que se prolonga ao alcance do círculo humano mais próximo, formando nossa memória afetiva e identidade cultural de grupo. Se apelarmos para outro ditado popular – "*Cada lugar tem seu fuso, cada povo tem seu uso*" –, é o nosso uso, o jeito de falar que os outros não têm. É a base linguístico-cultural que interagirá com a tradição escrita encontrada na escola, na leitura e nos espaços de *oralização* da escrita.

Se na Idade Média o contato com as variantes da escrita eram as pregações, a leitura das leis em praça pública, o teatro em portas de igrejas, dentre outros, no mundo contemporâneo, a televisão, por exemplo, exerce esse papel: por trás de quase tudo que é falado, existe um texto escrito. Se o saber linguístico local contém "tauba", os membros do grupo não o possuem exclusivamente, pois recebem, pelo contato com a televisão, a variante "tábua", mantendo-a disponível para o reconhecimento na fala de outros.

É importante não esquecermos que toda comunidade conta, em seu saber linguístico, com uma norma padrão independente da norma padrão da escola. Elas até podem coincidir, mas isso não ocorre necessariamente. Quer dizer, todo grupo humano constrói uma ideia de linguagem especial, cuidada, vigiada, para quaisquer eventos sociais que sejam sentidos como importantes. A tradução dessa ideia em usos linguísticos geralmente se espelha em algum gênero textual ou fala de determinado segmento ou função social. Um exemplo disso é a mudança de vocabulário e de construções na fala de alguns indivíduos quando pregam alguma fé religiosa, para eles, evidentemente, muito especial. Mesmo que eles não tenham tido contato com a escola ou com a escrita, selecionam formas linguísticas nos textos sagrados ou na fala de seus líderes religiosos.

Se não quisermos ir muito longe, é só lembrar que antes de existir gramática da língua portuguesa (século XVI), os falantes de português não tinham norma padrão para a escrita, mas isso não impedia a presença da noção do *bem escrever*. Da mesma forma hoje, se abolíssemos completamente o ensino de gramática na escola, a sociedade continuaria vivendo com as diversas normas padrão praticadas. Língua é variação no uso e na normatização.

O segundo é o saber linguístico descritivo/prescritivo partilhado por todo o Ocidente, atingido direta ou indiretamente pelos modelos greco-romanos de gramática. É o saber da gramática tradicional. Nesse caso, além de categorias descritivas gerais como *verbo*, *pronome*, *preposição* etc., sabidos por um brasileiro, um inglês ou um canadense, assume-se o princípio greco-romano de que qualquer variante linguística que não pertença a um dado conjunto de variantes eleitas como padrão seria uma variante errada para o uso formal. Essas variantes eleitas são dispostas como *regras* do tipo "Não se inicia período por pronome átono" (Bechara, 2001: 588) ou "Ênclise – É a colocação normal do pronome na variedade padrão da língua" (Cereja & Magalhães, 2004: 382). No caso da gramática tradicional usada no Brasil e em Portugal, essa e outras regras vêm referendadas, em geral, em variantes literárias lusitanas do século XIX ou início do XX. Tanto para brasileiros, quanto para portugueses, a distância entre o que usam normalmente e o prescrito sempre será grande porque se trata da distância entre o artificial e o natural. A impressão de que os portugueses acertam mais algumas regras, como as de colocação pronominal, acontece em função de os textos literários que serviram de modelo terem sido os de autores portugueses, quer dizer, até mesmo de brasileiros, mas só quando estes estivessem espelhados nos usos portugueses.

Dos escritores do romantismo brasileiro, podemos indicar uma série de exemplos de usos que foram excluídos da montagem do padrão culto das gramáticas tradicionais. Assim, por exemplo, era usual entre eles a alternativa de colocação pronominal depois do verbo em casos que, por convenção, a regra gramatical exige a próclise. Imagine se um aluno ler que a próclise "é a colocação do pronome antes do verbo quando há palavras que exercem atração sobre ele, como: [...] pronomes relativos" (Cereja & Magalhães, 2004: 382) e encontrar o contrário, por exemplo, em *A viuvinha*, de José de Alencar: "Carolina gozava desse prazer, que faz-nos parecer tudo de novo e mais belo do que na véspera". Seria inevitável sua pergunta: Professor, Alencar errou? Não sabia gramática? Se o professor ensina as regras da gramática tradicional escolar igualando-as às regras da língua (regras cognitivas ou sociais), ele terá de dizer que foi erro da editora; quando muito, dirá que era um caso de "liberdade poética" da literatura. No entanto, isso é, no mínimo, fugir do ponto central: seu ensino está mal encaminhado.

Veja-se que nenhum lugar da lusofonia *fala* língua padrão em sua plenitude, pois o próprio conjunto de regras do *certo*, presente na gramática tradicional, foi formado pela reunião de *pequenos pedaços* de um universo de variantes linguísticas escritas por literatos lusitanos. É por isso que não é incomum encontrarmos "*erros*" de gramática mesmo em escritores portugueses, pois, apesar de a gramática ter escolhido uma de suas variantes de uso como padrão, suas outras variantes continuaram existindo.

O conjunto de regras da gramática escolar é uma artificialidade, um conjunto de convenções gráficas, sintáticas, de pronúncia e de variantes morfológicas, conjunto formado por gente de lugares diferentes, de momentos históricos diferentes, de estilos diferentes. O que vimos antes com Alencar ocorre exatamente porque, além de o próprio uso dos autores-modelo para as regras da gramática tradicional ser variável (e apenas uma ou duas de suas variantes foram assumidas no padrão), há uma questão político-ideológica maior: quem determina qual é o padrão? Quem, ou que grupo, é a autoridade magna a ditar o que deve ser posto, ou mudado, na norma padrão ensinada na escola e pedida nos concursos, essa *mina de ouro* editorial? Por tudo que vimos refletindo até aqui, a resposta aponta para o bom senso: mesmo quando uma dada sociedade confia a tarefa a determinados especialistas, cuja autoridade acadêmica foi construída em anos e anos de pesquisa e de produção cultural, nomes reconhecidos pela profunda erudição filológica e linguística, ainda assim a padronização por eles proposta seria um ponto de partida para o bom senso de escolha de todos os falantes, verdadeiros donos da língua.

Nossa sociedade não elegeu nem convocou um grupo específico. Vivemos da tradição de algumas grandes gramáticas consagradas no século xx. Por isso, o conjunto de regras do padrão expresso pela gramática tradicional não é um conjunto nem uniforme, nem imutável, nem fechado. Os próprios gramáticos entram em conflito apresentando regras contraditórias. Digamos que, em torno de uma interseção de regras consagradas por todos – como a referida anteriormente sobre a ênclise obrigatória – existe um grande espaço para sugestões distintas de gramático a gramático. Precisamente nesse espaço, ocorre o perigo do falso purismo: em vez de sugerir um dado uso como padrão – por exemplo, o de não omitir antes de um pronome relativo uma preposição regida pelo verbo da oração adjetiva, quer dizer, em função dativa ou oblíqua –, gramatiqueiros impõem não só a obrigatoriedade em todas as situações de uso, mas até condenam regências típicas no Brasil. Pior que isso, gramatiqueiros com espaço na mídia começam a inventar regras para o que nunca houve convenção referendada no modelo literário.

O terceiro saber linguístico presente em sala de aula é o recebido nos cursos de graduação por ocasião do estudo de diferentes linhas de gramáticas descritivo-científicas – estruturalistas, funcionalistas, gerativistas, dentre outras – ou ainda de abordagens de foco na interação ou no discurso. Esse é o saber do professor, aquele com que ele opera – sem necessariamente expor para suas classes as nomenclaturas científicas – para resolver impasses descritivos das *milhares* de sentenças cuja estrutura não pode ser bem analisada apenas com as categorias da gramática tradicional. Por exemplo, dizer que os vocábulos formados por adjetivo + [*–mente*] (sinceramente, geralmente) são advérbios que expressam o modo como *se processa* o conteúdo verbal (*Protestam eloquentemente*) é ficar sem resposta para a classificação de casos como *"Atualmente os valores estão invertidos"* ou *"Geralmente as pessoas dançam a noite inteira em nossas festas"*. É preciso uma descrição mais ampla para perceber que não se trata de advérbios em –mente, mas de *modalizadores oracionais*, quer dizer, advérbios de toda a sentença e não só de seus verbos. Fora outros casos que funcionam como marcadores discursivos. A gramática escolar não precisa esmiuçar tanto sua descrição dos fatos da língua. É o professor com seu conhecimento, e usando a descrição tradicional como ponto de partida, que lança mão do detalhamento da pesquisa linguística. Se os livros de biologia apresentam um conteúdo didaticamente simplificado sobre genética, só como informação básica que torna o bom aluno capaz de acompanhar as notícias sobre o assunto, por que as gramáticas teriam de ser compêndios exaustivos na escola?

Em geral, como acontece com outras áreas estudadas no ensino médio, o aluno calouro de Letras pensa que aprenderá, de forma mais aprofundada, a mesma coisa que estudou até a faculdade. É muito comum, após alguns semestres de curso tendo acesso a descrições científicas da língua, ouvirmos a pergunta: *"Mas quando é que vou estudar gramática mesmo, assim de verdade?"*. Qualquer que seja a resposta, logo vem uma réplica do tipo *"mas não vou usar isso para nada"*, *"mas isso não cai em concurso"*, *"tudo bem, mas quero saber qual é o padrão..."*. Esse fato revela, por um lado, que ele, por uma série de fatores, não recebeu uma formação sólida em gramática tradicional e, por outro, que o trabalho com a descrição linguística talvez não esteja dimensionando bem as reflexões sobre a linguagem humana.

Para início de conversa, devemos lembrar que, de fato, se a faculdade se limitar a ensinar o padrão da gramática tradicional estará formando um repetidor de livro sem qualquer condição de resolver os impasses e limitações que vimos abordando aqui. Não é preciso ser formado em Letras para ser um criativo treinador das regras convencionais: um bom leitor formado em outras áreas é capaz de desempenhar esse papel. O prejuízo será de seus alunos, que não serão aprimorados e capacitados nas habilidades mencionadas em nossa introdução.

Devemos lembrar que o professor é também um pesquisador que tem de resolver problemas novos, nunca previstos nos manuais, com a habilidade de percepção e reflexão sobre dados e suposições que ele cria no acompanhamento das descrições e hipóteses explicativas de cada escola linguística. Durante as aulas na faculdade, claro que, em certo nível, ele aprende por aprender assim como a ciência pesquisa por pesquisar, sem objetivo imediato ou prático. A universidade, de certa forma, ensina um conjunto mínimo de informações técnicas que interage com seu objetivo maior de fazer o graduando aprender a aprender na área de conhecimento que ele escolheu. Ou alguém pensa que um médico aprende tudo de sua profissão em seis anos? Ou que um advogado sabe como trabalhar todo o conteúdo visto no Direito em cinco anos? Um biólogo ou professor de História cobre o suficiente de suas áreas em quatro anos? Por que para o curso de Letras seria diferente?

O profissional de Letras enquanto *aprende a aprender* sobre os fatos da língua não deve limitar-se a preencher suas lacunas de conhecimento do padrão culto da gramática tradicional escolar (nem se esquecer de preenchê-las). Deve sempre se lembrar de que as pesquisas linguísticas não estão ocupadas da questão do padrão escolar, assim como a gramática escolar não se ocupa em descrever toda a realidade linguística. São preocupações diferentes, ainda que relacionadas.

Se a gramática tradicional for entendida como a descrição da língua portuguesa, como ficarão todos os usos não descritos? Todos errados? Isso seria como se botânicos lançassem um livro com todas as espécies de vegetais que eles conseguiram catalogar na Amazônia e as pessoas pensassem que uma espécie não encontrada no livro não pudesse existir na floresta.

Em contrapartida, se a ciência só pesquisar o que tiver aplicação imediata, como a humanidade dará grandes saltos de conhecimentos tecnológico e cultural? É o acumular de informações da pesquisa científica pura, sem finalidades predeteminadas, que reúne condições para anos, ou séculos depois, uma pesquisa de aplicação realizar descobertas maravilhosas. Alguém pensa que o monge austríaco Gregor Mendel (1822-1884), há 150 anos, tinha noção de que os princípios que ele observou cruzando espécies de ervilha seriam os princípios genéticos para diversas outras pesquisas até chegarmos ao teste de DNA, hoje uma solução para os processos de reconhecimento de paternidade? Se ele, no século XIX, ouviu piadas do tipo *"Nossa! Que importante descobrir as combinações possíveis entre ervilhas verdes e amarelas. Não sei como o mundo viveu sem isso até hoje"*, não deve ter se importado. Sorte nossa.

Sem essa mentalidade de buscar princípios, o professor poderá cair no erro de se perguntar para que servem as gramáticas científico-descritivas. Não perceberá que elas o tornam mais hábil a entender, pela abstração, problemas ainda desconhecidos e também a explicar melhor os já conhecidos.

Levando em conta os *saberes gramaticais*, o professor que queira responder a uma pergunta do tipo "isso está certo?" deverá, antes, perguntar a si mesmo sobre o ponto em questão:

O que dizem os falantes?
O que diz a tradição gramatical?
O que dizem as pesquisas linguísticas?

Apesar da *crise do magistério* abordada no início deste texto, devemos lançar mão de quaisquer expedientes públicos ou privados – bibliotecas, permuta de material entre colegas, pressão política junto às Câmaras, Assembleias ou a candidatos ao Legislativo federal para a criação de leis de descontos ou financiamento de livros para professores, consulta aos bancos de textos acadêmicos na internet, enfim, toda e qualquer forma de o professor formar sua biblioteca pessoal com gramáticas tradicionais escolares diversas, textos acadêmicos, dicionários, textos literários, dentre outros recursos. Sem o convívio com os *saberes* da escrita e sem a capacidade de descrever o uso da comunidade local onde trabalha, o professor não conseguirá responder para si mesmo aquelas três perguntas. Se assim o for, o que conseguirá será apenas repetir o que está no material didático que adota: será a *viva voz* do livro e ficará sempre à mercê das incoerências *atávicas* do ensino da gramática tradicional.

Vamos aprofundar nossa reflexão encaminhando um exemplo dessa busca pelos *três saberes* por meio de uma abordagem prática de certos aspectos ensinados no tópico gramatical *formas nominais do verbo*. Façamos isso de forma quase esquemática, pois, na verdade, não se trata de um modelo unicamente para *particípios*, *infinitivo* e *gerúndio*, mas para qualquer questão de correção gramatical trazida à baila.

Fenômeno em foco

Participios duplos

O que dizem os falantes? Aqui a experiência sempre é local. Há sempre uma impressão geral da comunidade se uma dada forma é certa ou errada, a despeito de conhecer, ou não, a regra da gramática tradicional. Cabe ao professor saber descrever bem essa forma e localizar para o aluno os contextos de uso – tanto para a escrita, quanto para a oralidade. Voltemos aos exemplos (6) e (7). O que dizem os alunos de "trago" como particípio? Causa-lhes estranhamento? Seria um fato geralmente aceito na comunidade de falantes do local onde se encontra a escola? Os alunos, diante dessa forma em outras estruturas, por exemplo, com o verbo *ser*, aceitam-na com tranquilidade? Enfim, é necessário realizar um trabalho de reconhecimento da *norma local*, uma tomada de consciência por parte do professor de quais usos não são avaliados negativamente pelo grupo. Se há a pretensão de comunicar ao aluno a variante padrão escolar, um dos primeiros passos é tornar o grupo consciente de quais seriam seus usos locais que podem diferir do uso convencionado padrão.

Veja-se que a própria descrição da variante "trago" vai exigir do professor a capacidade de aplicar categorias descritivas para estabelecer paralelos entre o uso de "trago" como particípio e como primeira pessoa do presente do indicativo do verbo "trazer". Mais que isso, ele deverá buscar outros usos de formas fortes de particípio que talvez sejam avaliadas negativamente pela turma. Poderia ser o caso de "chego", "falo" e "perco', que, de modo semelhante a "trago", não apenas não fazem parte da norma padrão, mas também são avaliadas negativamente por várias comunidades do Brasil. Se o aluno vê que seu uso de "trago" não faz parte do padrão convencionado, não é bem avaliado por outras comunidades locais, mas é variante legítima da língua, ele decidirá quando usar "trago" ou "trazido" nas situações de interação local ou não local. Ao falante, caberá a decisão de uso de determinadas variantes linguísticas, inclusive a padrão, se a ele for dado o direito de conhecer o padrão seja por descrição escolar, seja pelo contato com os textos escritos modelares, e de conhecer sua própria realidade linguística. Por vezes, não só a comunidade local do aluno, mas também quase toda a sociedade opta por não usar, por conta do estranhamento geral, uma dada variante apesar de ela ser apontada como padrão pela gramática tradicional. Ocorre isso normalmente com "pagado" ou "gastado" em sentenças do tipo "*Tinha pagado*" e "*Tinha gastado*". É a força da norma social de uso em ação.

Se nos voltarmos ao "meto", pronunciado "m(é)to", no lugar de "metido" no exemplo (7), veremos outro exemplo de uso real. Esse dado foi produzido em conversa informal em Lisboa. Variante do local? Idiossincrasia? Só uma pesquisa de campo poderia revelar. No entanto, independentemente de qualquer coisa, esse foi um dado real da língua portuguesa e, portanto, gramatical, que reforça a ideia de que o professor precisa saber observar e descrever as variedades trazidas por seus alunos. Caso contrário, o professor falhará em sua tarefa de apresentar-lhes as categorias gramaticais e a realidade do mundo escrito que guarda a experiência histórica secular da comunidade maior de falantes da língua, realidade essa sempre distante de seu universo linguístico local.

O que dizem as gramáticas tradicionais? O professor precisa verificar se, e de que maneira, o ponto em questão aparece designado, descrito e prescrito nas gramáticas tradicionais. Encontrará essa possibilidade de uso de dois tipos de particípio sob o rótulo *verbos abundantes*.

> Em geral,emprega-se a forma regular, que fica invariável com os auxiliares *ter* e *haver* na voz ativa, e a forma irregular, que se flexiona em gênero e número, com os auxiliares *ser*, *estar* e *ficar*, na voz passiva. [...] Há outros particípios, regulares e irregulares, que se usam indiferentemente na voz ativa (auxiliares *ter* ou *haver*) ou passiva (auxiliares *ser*, *estar*, *ficar*) [...]. (Bechara, 1989: 110)

Examinando várias gramáticas, verificará haver múltiplas possibilidades de combinação cabíveis na convenção, ora aceitando apenas o particípio forte com os auxiliares *ser* e *estar* (passivo), ora apenas o regular em *–do* com os auxiliares *ter* e *haver* (ativo), ora admitindo, na língua culta, a combinação das duas variantes de particípio com os dois grupos de auxiliares. O professor chegará a uma lista semelhante a esta:

Aceitado	(ativo / passivo)	Aceito	(passivo)	Aceite	(passivo)
Assentado	(ativo / passivo)	Assente	(passivo)	Assente	(passivo)
Entregado	(ativo / passivo)	Entregue	(passivo)		
Enxugado	(ativo / passivo)	Enxuto	(passivo)		
Expressado	(ativo / passivo)	Expresso	(passivo)		
Expulsado	(ativo / passivo)	Expulso	(passivo)		
Fartado	(ativo / passivo)	Farto	(passivo)		
Findado	(ativo / passivo)	Findo	(passivo)		
Ganhado	(ativo / passivo)	Ganho	(ativo / passivo)		
Gastado	(ativo)	Gasto	(ativo / passivo)		
Isentado	(ativo)	Isento	(passivo)		
Juntado	(ativo / passivo)	Junto	(ativo / passivo)		
Limpado	(ativo / passivo)	Limpo	(ativo / passivo)		
Matado	(ativo)	Morto	(ativo / passivo)		
Pagado	(ativo)	Pago	(ativo / passivo)		

Salvado	(ativo / passivo)	Salvo	(ativo / passivo)
Acendido	(ativo / passivo)	Aceso	(passivo)
Desenvolvido	(ativo / passivo)	Desenvolto	(ativo / passivo)
Elegido	(ativo)	Eleito	(ativo / passivo)
Envolvido	(ativo / passivo)	Envolto	(ativo / passivo)
Prendido	(ativo / passivo)	Preso	(passivo)
Suspendido	(ativo / passivo)	Suspenso	(passivo)
Desabrido	(sem indicação)	Desaberto	(sem indicação)
Erigido	(ativo / passivo)	Ereto	(passivo)
Exprimido	(ativo / passivo)	Expresso	(ativo / passivo)
Extinguido	(ativo / passivo)	Extinto	(passivo)
Frigido	(ativo)	Frito	(ativo / passivo)
Imprimido	(ativo / passivo)	Impresso	(ativo / passivo)
Inserido	(ativo / passivo)	Inserto	(ativo / passivo)
Tingido	(ativo / passivo)	Tinto	(passivo)

Em seu levantamento por gramáticas tradicionais, os mestres ampliaram, item a item, a consciência das contradições. Na gramática escolar de Nicola & Infante (1997), encontrarão o seguinte: "**Pegar** e **chegar** têm, em língua culta, apenas o particípio regular: **pegado** e **chegado**". Na nova edição de Bechara (2001), verão a inclusão de *pegado* (ativo / passivo) e *pego* (é ou ê). Ora, então *tinha pego* é tido como errado? *Foi pegado* é o certo? Será a hora de aliar o bom senso para coadunar a descrição padrão ao uso normal culto da comunidade.

O que dizem gramáticas descritivas? Ninguém poderá esgotar os estudos descritivos sobre determinados fenômenos linguísticos. No entanto, deverá fazer parte do cotidiano de leitura do professor o acesso e a consulta aos trabalhos que investigam as propriedades dos fatos da linguagem humana. Sempre haverá um pouco de luz sobre os assuntos *na ordem do dia* em nossa pesquisa na bibliografia especializada. Nem que seja um pouco de luz a revelar problemas ou aspectos aos quais nem estávamos atentos.

Em relação aos verbos de 1ª conjugação, por exemplo, Mattoso afirma, em outras palavras, que há uma tendência de se ampliar o uso de *–ado* por sobre a forma irregular em *–o*.

> Dada a situação ambígua, já aqui comentada, do particípio como forma verbal e como nome adjetivo, algumas gramáticas aumentam a lista, incluindo formas que são na realidade nomes adjetivos cognatos do verbo. Por outro lado, em certos dialetos sociais, alguns desses nomes adjetivos têm, com efeito, função de particípio (um bom exemplo é

> *limpo*, relacionado a *limpar*). [...] Ora são incluídos, ora são excluídos da língua literária. [...] A gramática normativa tem procurado, sem grande resultado, regulamentar o emprego de uma ou outra forma. Na realidade, a tendência do uso linguístico é ampliar o emprego do padrão geral. (Câmara Jr., 1984: 115)

Em trabalho variacionista, Barbosa (1993) demonstrou que haveria duas tendências de criação no português falado: uma, a de formar, por analogia ao cognato de primeira pessoa do presente do indicativo, uma variante irregular em *–o* (*perco*, *falo*, *trago*, *chego*), geralmente usada na estrutura ativa com o auxiliar *ter* ("*Eu tinha chego em casa de madrugada*"); outra seria a tendência contrária de ampliar o uso da forma regular em *–do* em contextos com os auxiliares *ser* e *estar*, antes dominados pela forma irregular ("*O cheque não foi aceitado no mercado*"). Lobato (1986), após considerar os padrões de formação de particípios irregulares, conclui que não se tem ainda nem uma teoria fonológica nem uma teoria morfológica capazes de explicar os dados apontados: seriam necessárias teorias que incorporassem o conceito de traços formais, a fim de se chegar a uma verdadeira explicação.

Dessas *luzes* descritivas, o professor retira informações preciosas: a realidade local de seus alunos pode estar mais avançada na tendência à criação de particípios fortes, ou à de regulares; o debate explicativo do que condicionaria essas tendências em nível gramatical profundo ainda não foi estabelecido. Como poderá ver, dos estudos científicos virá matéria-prima para a reflexão que o leva a entender não só a dinâmica da mudança linguística, mas a mudança na própria norma padrão. Quem sabe, ao encontrar escritos afirmando que a gramática normativa não incorporou "*pego (no lugar de pegado) forma puramente plebeia*" (Elia, 1962: 134), será possível perceber que é o bom senso que altera as convenções, e não o contrário.

Infinitivo flexionado

O que dizem os falantes? À semelhança do que foi feito com os particípios duplos, qual seria a impressão dos alunos sobre os exemplos (8) e (9)? Notariam que, em ambos os casos, o singular e o plural são frequentes no uso geral dos falantes, muito embora, em relação a (8), as gramáticas sempre tenham tentado eleger o singular como o *correto*? Qual seria a impressão sobre (10)?

Nessa frase de campanha do Ministério da Saúde veiculada na televisão, parece haver uma sobreposição de estruturas: infinitivo flexionado e a estrutura A + INFINITIVO, com infinitivo sem flexão. Essa estrutura é também conhecida como *infinitivo gerundivo* por ser uma variante do gerúndio em vários contextos ("*estou a falar*" equivalente a "*estou falando*"), inclusive nos de valor circunstancial ("*A sorrir se vive a vida*", alternativa a "*Sorrindo se vive a vida*"). Seu valor, em (10), seria o de uma condicional, equivalente a "*persistindo os sintomas*".

Haveria avaliação negativa ou estranhamento por parte do grupo escolar para a variante plural "*A persistirem os sintomas*", que transformaria uma preposição *a* em um *se* condicionador? Se podemos inverter a ordem com o gerúndio ("*persistindo os sintomas*" e "*os sintomas persistindo*"), a inversão com o infinitivo flexionado ("*os sintomas a persistirem*") seria mais estranha do que a com o infinitivo gerundivo (*os sintomas a persistir*)? E o próprio professor percebe (e por isso descreve) como boa a estrutura com plural nesse caso?

Enfim, qual o saber linguístico da comunidade sobre essa frase de propaganda? Há estilização proposital? Pensar no que pensam os falantes é promover, pela descrição gramatical de suas intuições, a criatividade.

O que dizem as gramáticas tradicionais? Se o professor tiver a oportunidade de um levantamento mais exaustivo sobre as estruturas possíveis com infinitivo flexionado, verá que existem diversas regras para seu uso, quase todas considerando exceções. Em Bechara (2001: 284), por exemplo, verá que "Não se flexiona normalmente o infinitivo que faz parte de uma locução verbal", mas logo em seguida encontrará exemplos que se afastam desse critério. Igual encaminhamento a exceções para a estrutura com infinitivos dependentes de verbos causativos e sensitivos: achará exceções às exceções. Apesar do bom senso do gramático de expor os casos no nível das tendências, o professor terá de fazer valer o bom senso definindo sugestões para o uso culto. Mais que isso, quando houver questionamento para esse ponto gramatical, com base em outros gramáticos, o mesmo professor, por sua vez, terá de fazer valer sua experiência e autoridade de quem não se subjuga ao material didático com que trabalha, mas está acima dele em seus saberes tradicional e científico-descritivo. Se precisar de um apoio tradicional, é sempre bom contar com outras descrições sensatas. Em Cunha & Cintra (1984: 473), encontramos:

> O emprego das formas flexionada e não flexionada do INFINITIVO é uma das questões mais controvertidas da sintaxe portuguesa. Numerosas têm sido as regras propostas pelos gramáticos para orientar com precisão o uso seletivo das duas formas. Quase todas, porém, submetidas a um exame mais acurado, revelaram-se insuficientes ou irreais. [...] Por tudo isso, parece-nos mais acertado falar não de regras, mas de tendências que se observam no emprego de uma e de outra forma do INFINITIVO.

O que dizem as gramáticas descritivas? Além da descrição simples, ou de controles variacionistas das tendências de uso, um ponto de destaque que poderia ser visto pelo professor seria descobrir que a flexão no infinitivo português despertou especial atenção da gramática gerativa, pois, em determinados momentos da história da construção de sua teoria linguística universalista, esse fenômeno serviu de contraexemplo a ser explicado. Em Raposo (1992: 82), já longe da fase inicial de debate, lemos:

> As frases podem ser caracterizadas através de uma tipologia baseada na estrutura morfológica da flexão verbal. A flexão verbal da grande maioria das línguas apresenta marcas de *acordo* ou *concordância* (em geral, mas nem sempre, com o NP sujeito da frase) e de *tempo*. A presença ou ausência dessas marcas permite classificar as flexões verbais em quatro tipos: i. [+ T, + Agr] ii. [-T,-Agr] iii. [+T, -Agr] iv. [-T, +Agr]. (...) A opção *iv* existe em Português, no fenômeno que a gramática tradicional designa por *infinitivo pessoal* ou *flexionado* [...].

Entendendo *T* como marcação de *tempo* e *AGR* como marcação de *concordância*, o que encontramos nas análises da *opção iv* em vários outros trabalhos é a informação de que o caso do infinitivo flexionado é excepcional, ou seja, que uma forma infinita desenvolva marcas flexionais seria claramente uma situação marcada na gramática universal. Interessante descobrir tratar-se de uma estrutura tão específica da língua portuguesa e mesmo assim tão aberta ao controle de condicionadores externos, provocadores daquelas *tendências* mencionadas pelos gramáticos. De qualquer modo, o mais interessante para o licenciado é verificar ser o que ele estuda para lecionar – a sintaxe do infinitivo flexionado – um ponto de interesse na discussão teórica da gramática gerativa.

Estruturas com gerúndio

O que dizem os falantes? Nos últimos tempos, tem ficado bem comum a dúvida a respeito de uma estrutura como a de (11), se estaria certa ou errada. Qual a intuição dos alunos? Qual a intuição do professor? Se há estranhamento geral, ao menos temos de pensar que a construção *Eu vou estar enviando* seria incomum; no mínimo pouco difundida pelos vários dialetos locais e sociais. Mas qual seria seu campo de uso? Os alunos conseguem identificar os contextos em que essa estrutura vem sendo usada? Nessa etapa de investigação da própria norma dos alunos, o professor tem a oportunidade de usar a linguagem do dia a dia para treiná-los na descrição linguística com as categorias gramaticais que ensina em sala. Observe-se que a simples comparação dessa estrutura com uma sentença onde haja duas ações futuras em paralelo e com aspecto contínuo pode revelar que a estrutura IR + ESTAR + Verbo-NDO é aceitável. Algo do tipo: "*Em dezembro, enquanto você estiver se queimando nas praias de Salvador, eu vou estar limpando banheiros no quartel*". Se os alunos conseguirem descrever essas estruturas com a nomenclatura *verbo auxiliar*, *forma nominal gerúndio*, *aspecto verbal contínuo*, perceberá que na sentença (11) não havia situação em que o aspecto verbal necessitasse ser contínuo.

A experiência dos alunos pode fornecer elementos explicativos para o surgimento de variantes incomuns. Costuma-se dizer que a estrutura *vou estar [verbo]-ndo* é fruto de uma tradução malfeita dos manuais de treinamento de *telemarketing* repetida pelos milhares de operadores das mais diversas companhias públicas e privadas no país. Verdade ou não, o fato é que o uso dessa estrutura aumentou o suficiente para ser notada pela sociedade. Mas, se nos perguntam se está certo ou errado, seria porque ainda estaria restrita a contextos específicos? Talvez a pesquisa do mestre em sala revele o que a controla, se é que ela existe, em sua comunidade local. Já vimos considerações de alunos que afirmam ter se tornado, no atendimento ao público, uma estratégia para marcar polidez ou ênfase em situações de compra e venda; uma linguagem especial, uma estilização. É o caso de perguntar aos falantes.

O que dizem as gramáticas tradicionais? Nelas há apenas a descrição de variadas estruturas analíticas e sintéticas em que a forma nominal gerúndio pode figurar, seja marcando o aspecto verbal, seja marcando uma circunstância, seja ainda com referência a um nome. Não existem regras prescritivas para usos da forma nominal *gerúndio* nas gramáticas tradicionais. Contudo, existe aquela grande onda prescritiva no ar: começam a inventar regras por ignorância ou subserviência cultural.

Veja-se bem que uma coisa é encontrar em um manual de redação conselhos para evitar alguns casos de ambiguidade, como o da sentença *O professor encontrou o aluno entrando na sala*, outra coisa é encontrar condenação de todo e qualquer gerúndio em função adjetiva, estrutura que existe na língua portuguesa há séculos. Contra essa ação purista, para uma sentença do tipo *Traga água fervendo*, Bechara (2001: 224) afirma que "Nesta função adjetiva o gerúndio tem sido apontado como galicismo; porém, é antigo na língua este emprego, quando ocupou o lugar vago deixado pelo particípio presente [...]". Por vezes, os "laboratórios" gramaticais são realmente irresponsáveis. Observe-se o trecho a seguir, retirado da seção de *Ciência e Tecnologia* de uma revista de grande circulação no Brasil com o subtítulo *Como escrever bem*: "O uso do gerúndio empobrece o texto. Lembre que não existe gerúndio no português falado em Portugal." (Revista *Época*, 14 jul. 1999).

Dizer que não existe *gerúndio* em Portugal revela, de antemão, não apenas que uma seção especializada de uma revista deixou de consultar especialistas, mas também que não houve o menor bom senso. Em segundo lugar, ao que parece, quem redigiu a indicação nessa matéria para vestibulandos deve ter confundido o caso de variação linguística entre a forma nominal *gerúndio* e o chamado *infinitivo gerundivo*, que, como já dissemos, se equivalem em exemplos do tipo "*estou estudando francês*" e "*estou a estudar francês*" ou "*dependendo da resposta, fico ou não*" e "*a depender da resposta, fico ou não*". O redator, seguindo a falsa impressão de que os portugueses só usassem a variante com o infinitivo, generalizou seu erro supondo que isso fosse verdade para todo e qualquer caso de uso de gerúndio. Mesmo que esse absurdo fosse verdade, porque teríamos de considerar pobre o uso do gerúndio? Estaria havendo confusão entre origem geográfica de uma língua transplantada e legitimidade histórica? Estaria havendo subserviência colonial anacrônica?

Com certeza, entre outras coisas, teria havido lacunas de formação e a falta da pergunta *o que dizem as gramáticas descritivas*? Nelas, e nos trabalhos científicos sobre o assunto, é clara a descrição da mudança linguística quantitativa daquelas variantes referidas anteriormente não no Brasil, mas em Portugal. Ao que parece, trata-se de uma mudança consolidada somente na primeira metade do século XX, quando já estavam estabelecidas várias regras da gramática tradicional escolar. Para que, e por que, inventar regras de bom uso nesse caso? Talvez os princípios de mercado aplicados ao ensino, que transformam alunos em clientes, possam explicar o porquê.

Sistematizando e concluindo: a questão do ensino

Depois de todas essas considerações, como fica o trabalho com os três *saberes* em sala de aula em nossas atividades descritivas com a gramática tradicional? Como entender/ensinar qual o certo? Sistematizemos algumas de nossas ponderações.

A chave está em como se inicia o estudo de língua na escola, em como o professor contextualiza seu trabalho já nos primeiros contatos com a turma:

- Não se pode dizer que ensinar gramática é ensinar o *português certo* porque nem mesmo no nível das regras convencionadas, postas na gramática tradicional escolar, há consenso entre os gramáticos, quiçá nas descrições nelas empreendidas.
- A gramática tradicional escolar não tem a pretensão de cobrir todos os casos existentes na escrita literária, muito menos todos os encontrados na fala considerada culta no ideário social.
- É preciso ensinar gramática como um ponto de partida a ser complementado pelo professor, que não é apenas um porta-voz do texto escrito, mas o profissional treinado para desenvolver habilidades de codificação e decodificação dos textos orais e escritos.

Se o aluno for alvo de um ensino que lhe apresente a gramática tradicional escolar como uma língua, e não como a descrição de parte da língua escrita literária somada ao conjunto de certas convenções artificiais:

- Ele sempre pensará que tudo está errado e que as pessoas estão destruindo a língua ou então pensará que o que não está na gramática não existe, invertendo os valores do saber humano.
- Os melhores alunos sempre cobrarão maior *competência* do professor, pondo-o em *xeque*, ao questionar sobre certos usos que eles próprios sentem como *não habituais* nos diversos níveis de uso real na sociedade. Eles nunca ficarão satisfeitos, tampouco convencidos com a explicação oficial se o professor descrever estruturas mais complexas ou atuais usando, unicamente, o instrumental incompleto da gramática tradicional escolar.

Com essas ponderações, propomos que o professor busque sempre articular os três saberes quando tiver de responder às diversas e insólitas perguntas no exercício do prazer com as Letras. Essa articulação é fruto da constante reflexão nos três níveis aqui apontados, que pode seguir por inúmeras veredas:

No nível habitual (*normas usuais na sociedade*)

Esse uso é habitual...
Para um grupo em específico? Que grupo?
Para camadas escolarizadas chamadas *cultas*?
Na escrita literário-científica produzida no dia a dia do mercado de trabalho?
Para a sociedade brasileira em geral?
Para a comunidade lusófona em geral?

Nos níveis descritivo/prescritivo (*gramática tradicional escolar*)

Para esse fenômeno...

Há alguma convenção, ou seja, há uma regra prescritiva específica criando um uso artificial para diversos grupos de falantes?

Se não há convenção explícita, posso sugerir usos formais com base no meu conhecimento de língua culta, no meu bom senso de leitor assíduo?

Há alguma proposta *na praça* que devo rechaçar por ser pretensiosa, sem base científica ou baseada em falsas premissas?

Que estruturas do fenômeno em questão já foram descritas?

Que outras estruturas não estão explicitadas na descrição tradicional, mas poderiam dela ser inferidas?

Que estruturas não estão explicitadas, não podem ser inferidas, mas devem ser descritas para os alunos compreenderem o que leem (ou ouvem) em discursos fora de suas normas?

Preciso lançar mão de algum instrumental descritivo das escolas linguísticas para melhor explicar as relações/funções do fenômeno em questão? Qual? Estruturalista, funcionalista, gerativista, da análise do discurso, da pragmática etc...? Como usar desse instrumental sem abusar da terminologia universitária no nível médio?

Nos níveis descritivo-teórico/explicativo (*pesquisas linguísticas*)

As relações/funções existentes no fenômeno em foco foram abordadas em alguma gramática ou trabalho descritivo-científico?

Há, na abordagem científica, alguma descrição/explicação do processo que eu possa usar no nível médio para completar as da gramática tradicional escolar?

Como traduzir a terminologia acadêmica em minha explicação para os alunos?

Caso prefiramos traduzir esse roteiro reflexivo em padrões de respostas mais objetivas – por mais que a ideia de receitas prontas nos perturbe –, poderíamos responder à pergunta "*Isso está certo*?" de diferentes modos.

Se houver regra prescritiva expressa em gramáticas escolares de renome, a resposta é "*sim, está certo*" ou "*não, está errado*". Essa resposta categórica serve aos casos de nomenclatura oficial da Nomenclatura Gramatical Brasileira (NGB) ou de convenção ortográfica, como os de emprego de letras, por exemplo, presentes no Vocabulário Ortográfico da Língua Portuguesa e em qualquer dicionário. Se, igualmente, houver regra prescritiva expressa em gramáticas escolares para usos de pronúncia, morfossintáticos, ou em outros níveis estruturais, a resposta seria "*sim, está certo, mas de acordo com...*" ou "*não, está errado, mas de acordo com...*" e, então, se completa de acordo com o objetivo de uso do aluno, quer dizer, certo ou errado para contextos considerados por ele *formais/informais*. Isso se aplicaria às regras-padrão que ferem o uso geral brasileiro, como as de colocação pronominal.

No entanto, se a pergunta vem motivada por regra prescritiva inventada e apregoada pelos puristas de ocasião como verdade consolidada, a resposta do professor deveria ser categórica: *Não, não está errado.* No máximo, o ponto gramatical em questão poderia ser considerado uma inadequação a um dado contexto, não um erro.

Por outro lado, se não houver nem regra prescritiva, nem descrição na gramática tradicional escolar para um dado uso que cause estranhamento ao grupo, a resposta seria: *Nem certo, nem errado, isso é apenas incomum.* Se algo parece estranho, não habitual, não é um erro: é apenas diferente. Foi o que mostramos no item sobre a forma nominal gerúndio em estruturas do tipo *vou estar enviando*. Descreva para o aluno de forma que ele entenda o que acontece e, com sua experiência na leitura/audição *cultas*, sugira, apenas, que ele evite o incomum neste ou naquele contexto.

Por fim, se houver regra prescritiva condenando um dado uso que seja característico da comunidade do aluno, o que ocorrerá em grande parte das ocasiões, a resposta deveria ser: *Nem certo, nem errado, mas está inadequado para uso fora da comunidade*; ou até mesmo *[...] mas está inadequadíssimo para o uso geral do padrão culto*. Seria o caso de "*a gente fazemos*", "*eu tinha trago*" ou de "*nós come*". Difícil? Duro aceitar aquilo que está completamente fora de nosso uso padrão geral? Pior é continuar com metodologias ineficientes ou com passividade social e aceitar que vários cidadãos não saibam optar por seus usos locais ou pelas convenções. Se ainda fosse por convicção ou postura ideológica contra regras impostas... Duro é perceber que não optam devido ao simples desconhecimento dessas mesmas convenções.

Em outras palavras, por não terem tido o direito democrático de ir à escola e, por meio dela, terem entrado em contato com a tradição escrita em língua portuguesa e, principalmente, com o aprimoramento de suas habilidades com textos, os alunos não aprendem a variar o que usam, tampouco a se preparar para as diferenças. A real beleza será que saibam, com segurança, navegar de "*eu tinha trago*" para "*eu tinha trazido*", ou de "*nós vai*" a "*nós vamos*" quando necessitarem e se quiserem usar a linguagem da comunidade de origem ou a norma social padrão de intercurso universalizante. Um espanhol da Galiza ou da Catalunha é capaz de mudar de sua língua familiar, o galego ou o catalão, respectivamente, para a língua estudada na escola, o castelhano. Por que um falante escolarizado do Brasil, um país de maioria absoluta lusófona, não seria capaz de, simplesmente, mudar de registro de uso?

A maneira de conduzir o aluno por entre as malhas textuais se fará realidade de acordo com o bom senso do professor construído em sua própria experiência em leitura culta. O importante será tornar o aluno, como diz Evanildo Bechara, um "poliglota na própria língua".

Referências bibliográficas

Barbosa, A. G. *Particípios duplos na fala culta carioca*: variação e distribuição lexical. Rio de Janeiro, 1993. Dissertação (Mestrado) – Faculdade de Letras, UFRJ.

Bechara, E. *Moderna gramática portuguesa*. 33. ed. Rio de Janeiro: Companhia Editora Nacional, 1989.

______. *Moderna gramática portuguesa*. 37. ed. rev. e ampl. Rio de Janeiro: Lucerna, 2001.

Câmara Jr., J. M. *Estrutura da língua portuguesa*. 14. ed. Petrópolis: Vozes, 1984.

Castilho, A. de. *A língua falada no ensino de português*. 2. ed. São Paulo: Contexto, 2000.

CEREJA, W. R. & MAGALHÃES, T. C. *Gramática*: texto, reflexão e uso. 2. ed. São Paulo: Atual, 2004.

CUNHA, C. F. da; CINTRA, L. F. L. *Nova gramática do português contemporâneo*. Lisboa: Sá da Costa, 1984.

ELIA, S. E. *Globo dicionário gramatical*. 3. ed. Porto Alegre: Globo, 1962 [1953].

LOBATO, L. M. P. *Sintaxe gerativa do português*: da teoria padrão à teoria da regência e ligação. Belo Horizonte: Vigília, 1986.

MAIA, C. de A. *História do galego-português:* estudo linguístico da Galiza e do noroeste de Portugal desde o século XIII ao século XVI (com referência ao galego moderno). Coimbra: INIC, 1986.

NICOLA, J. de; INFANTE, U. *Gramática contemporânea da língua portuguesa*. São Paulo: Scipione, 1997.

RAPOSO, E. P. *Teoria da gramática*: a faculdade da linguagem. 2. ed. Lisboa: Caminho, 1992.

REBELO, M. *Marafa*. Rio de Janeiro: Edições de Ouro, s. d., Série Copa n. 657. (Coleção Prestígio).

QUESTÕES DE DESCRIÇÃO GRAMATICAL

Concordância nominal

Silvia Figueiredo Brandão

Concordância nominal é como, tradicionalmente, se denomina a reiteração do mesmo conteúdo morfológico (categoria de gênero e/ou de número) de um nome no(s) determinante(s) (artigo, demonstrativo, possessivo), quantificador(es) e/ou adjetivo(s) a ele inter-relacionado(s) sintática e semanticamente, o que funciona, por vezes, como uma marca explícita ou redundante dessa interdependência.

Na visão estruturalista de Câmara Jr. (1979: 92), nos nomes, a categoria gramatical de gênero distribui-se por três padrões: (a) nomes substantivos de gênero único; (b) nomes de dois gêneros sem flexão; (c) nomes substantivos de dois gêneros, com flexão redundante.

No caso destes últimos, a flexão se daria por meio do morfema *–a* em substituição às vogais temáticas *–o* ou *–e* – (1a), inclusive em formas teóricas como as dos vocábulos terminados em /R/ ou /S/ – (1b) –, ou em aposição, no caso dos vocábulos atemáticos – (1c).

(1a) alun(o) ⟼ alun*a* / mestr(e) ⟼ mestr*a*
(1b) professor(e) ⟼ professor*a* / freguês(e) ⟼ fregues*a*
(1c) peru ⟼ peru*a*

Observa o autor que os nomes adjetivos nem sempre partilham com os nomes substantivos as mesmas regras em relação a essas categorias, haja vista os casos de *grande, valente, potente* – de tema em *e* –, que não admitem flexão, combinando-se, portanto, com nomes substantivos de ambos os gêneros.

(2a) Mário é um homem *valente.*
(2b) Esta é uma máquina *potente.*

Já a categoria gramatical de número, consistiria na oposição entre os morfemas [ø], de singular, e /S/, de plural, como em

(3a) aluno(ø) ⟼ aluno*S* / mestre(ø) ⟼ mestre*S*
(3b) professore(ø) ⟼ professore*S*

No âmbito tanto da categoria de gênero quanto da de número, haveria, ainda, alomorfias decorrentes de processos fonológicos que atingiriam, por exemplo, formas terminadas graficamente em *–ão* ou em *–l*, que não cabe aqui focalizar (cf. Câmara Jr., 1979: cap. X e XI)

Numa outra perspectiva teórica, Mateus et al. (2003), contrariando a visão tradicional, consideram o gênero uma categoria morfossintática não passível de flexão, processo que, no âmbito do nome e do adjetivo, se restringiria à categoria de número.

Tal posição decorre da forma como interpretam a estrutura dos vocábulos que integram essas duas classes. Para elas, os tradicionais morfemas de gênero dos adjetivos e nomes não se relacionam com o gênero nem com a flexão, mas sim com a classe temática a que pertence uma determinada palavra (p. 931).

A interpretação das autoras sustenta-se nos seguintes argumentos (p. 930): (a) não há obrigatoriedade de existência de contrastes de gênero; (b) quando há contraste, a sua realização pode ser viabilizada por processos de natureza distinta: (i) processos especificamente lexicais, quer por meio de índices temáticos (vogais temáticas) – aluno/aluna –, quer por meio de diferentes palavras – homem/mulher; (ii) processos morfológicos, como a derivação (barão/baronesa) e a composição (águia-macho/águia-fêmea). Tais propriedades distinguiriam o gênero das demais categorias morfossintáticas do português e, consequentemente, justificariam não considerá-la flexional.

Desse modo, seriam "os valores de gênero e número do nome que determinariam a concordância de determinantes e quantificadores e ainda dos sintagmas adjectivais e dos apostos" (p. 330).

Nessa perspectiva, no que se refere ao segundo constituinte oracional em destaque na frase

(4) O professor conhece bem aquelas alunas atentas.

aluna+(S), pertencente à classe dos nomes e flexionado no plural, determina a ocorrência da forma feminina e plural do adjetivo – *atenta+(S)* – e do determinante – *aquela+(S)*. Repetem-se, portanto, nesses dois termos, as mesmas categorias morfossintáticas do nome.

Da mesma maneira, no primeiro sintagma, *professor*, como centro da construção, motiva a ocorrência do determinante – o artigo – na forma masculina singular.

A concordância nominal de gênero e a de número, sobretudo esta última, embora consistam em regras do português, nem sempre são integralmente atualizadas em determinadas de suas variedades, como as do Brasil e mesmo as de Portugal, sendo mais propriamente o que se denomina de regras variáveis, dependentes da atuação de uma complexidade de fatores linguísticos e extralinguísticos.

Assim, na fala de diferentes grupos sociais, o segundo sintagma nominal de (4) poderia apresentar também uma das estruturas indicadas em (5):

(5a) Aquelas alunas atenta.
(5b) Aquelas aluna atenta.

sem que, naturalmente, se perdesse a inter-relação morfossintático-semântica entre os constituintes.

A ausência de marca de número em alguns desses vocábulos não deve ser encarada como algo excepcional ou errôneo, não só pelo fato de um sistema linguístico implicar diferentes normas de uso, mas também porque, na gramática de diversas outras línguas, como a do inglês, por exemplo, são canônicas construções como (6), em que só no nome se concentra a indicação de número singular/plural:

(6) The beautiful *girl(S).*

A concordância nominal (e também a verbal) vem sendo bastante discutida por todos os que se interessam pela história do português do Brasil. Nas mais recentes pesquisas, a perda de morfologia flexional e de regras de concordância vem sendo interpretada como decorrente de um processo de transmissão linguística irregular. Para Lucchesi (2003), tal fato teria sido desencadeado pelo contato do português com as diversas línguas africanas e indígenas que coexistiram no país a partir da fase de seu povoamento. Já para Naro & Scherre (2003), consistiria no desenvolvimento de tendências existentes na deriva da língua de Portugal. Em outras palavras: de acordo com a primeira perspectiva, o processo de transmissão linguística irregular teria originado, no Brasil, novos processos de variação e mudança, enquanto, de acordo com a última, o que ocorreu foi a ampliação de fenômenos já previstos no sistema.

O que diz a gramática tradicional: o cânone

Nas gramáticas normativas mais conceituadas e consultadas, a questão da concordância nominal é focalizada ora como um item à parte (por ex., Bechara, 1999), ora como um subitem da descrição do adjetivo (por ex., Cunha & Cintra, 1985).

Bechara afirma que "em português a concordância consiste em se adaptar a palavra determinante ao gênero, número e pessoa da palavra determinada" (p. 543), sendo a concordância nominal "a que se verifica em gênero e número entre o adjetivo e o pronome (adjetivo), o artigo, o numeral ou o particípio (palavras determinantes) e o substantivo ou pronome (palavras determinados [sic]) a que se referem" (p. 543).

Dentre os gramáticos tradicionais da atualidade, é ele o que mais se detém na questão – não só nas diferentes edições de sua gramática, mas também nas *Lições de português pela análise sintática* –, distribuindo as regras de concordância nominal por três conjuntos: *concordância de palavra para palavra*, *concordância de palavra para sentido* e *outros casos de concordância nominal*, em que são arrolados vinte itens específicos (1999: 453-6).

Na chamada *concordância de palavra para sentido*, também denominada de *ideológica*, o constituinte determinante deixa de adaptar-se ao gênero e número do elemento determinado para concordar com o sentido nele representado, como no exemplo selecionado de Bechara (1999: 547):

(7) Acocorada em torno, *nus*, a **negralhada** miúda, de dois a oito anos.

Cunha & Cintra (1985) apresentam, de forma detalhada, as regras de concordância do adjetivo, quando este funciona quer como adjunto adnominal, quer como predicativo, o que é sintetizado nos quadros 1 e 2, a seguir. Neles se exemplifica o padrão ideal de concordância, o conjunto de regras considerado canônico quando há adjetivo(s) relacionado(s) a um ou a mais de um substantivo. Tais regras, pautadas numa tradição escrita, de natureza literária, não só foge ao que se observa na fala tanto espontânea quanto formal e mesmo na modalidade escrita atual, mas também demonstra instabilidade, decorrente, sem dúvida, de seu caráter variável.

No que se refere ao Quadro 2, Cunha & Cintra (1985: 267) fazem duas ressalvas, uma, antes e outra depois de porem em destaque as duas regras que dele constam:

(a) "Quando o adjetivo serve de predicativo a um sujeito múltiplo, constituído de substantivos (ou expressões equivalentes), observa, na maioria dos casos, as mesmas regras de concordância a que está submetido o adjetivo que funciona como adjunto adnominal."

(b) "O adjetivo predicativo do objeto direto obedece, em geral, às mesmas regras de concordância observadas pelo adjetivo predicativo do sujeito."

Quadro 1
Regras de concordância do adjetivo adjunto adnominal, adaptado de Cunha & Cintra (1985).
Quando há mais de uma opção, a primeira sempre corresponde à considerada mais usual ou menos rara pelos referidos autores.

<table>
<tr><th colspan="5">Adjetivo Adjunto Adnominal</th></tr>
<tr><th rowspan="2">Ordem</th><th rowspan="2">Substantivo(s)</th><th colspan="2">Adjetivo(s)</th><th rowspan="2">Exemplos</th></tr>
<tr><th>Gênero</th><th>Número</th></tr>
<tr><td>Adjetivo
anteposto a substantivos</td><td>Gêneros e/ou números iguais ou diferentes</td><td colspan="2">Os do subst. mais próximo</td><td>Alto respeito e admiração</td></tr>
<tr><td rowspan="6">Adjetivo
posposto a substantivos</td><td>Gêneros iguais
Número singular</td><td>O mesmo dos subst.</td><td>Singular ou plural</td><td>Um vestido e um chapéu escuro/ escuros</td></tr>
<tr><td>Gêneros diferentes
Número singular</td><td>1) O do subst. mais próximo
2) Masculino</td><td>1) Singular
2) Plural</td><td>1) O idioma e a literatura portuguesa
2) O idioma e a literatura portugueses</td></tr>
<tr><td>Gêneros iguais
Números diferentes</td><td>O mesmo dos subst.</td><td>Plural ou o do subst. mais próximo</td><td>A língua e a civilização ibéricas/ibérica</td></tr>
<tr><td>Gêneros diferentes
Número plural</td><td>1) Gênero do subst. mais próximo
2) Masculino</td><td>1) Plural
2) Plural</td><td>1) Os idiomas e as literaturas ibéricas
2) Os idiomas e as literaturas ibéricos</td></tr>
<tr><td rowspan="2">Gêneros diferentes
Números diferentes</td><td>1) Masculino</td><td>1) Plural</td><td>1) Os falares e a cultura portugueses</td></tr>
<tr><td colspan="2">2) Gênero e número do subst. mais próximo</td><td>2) Os falares e a cultura portuguesa</td></tr>
</table>

O Quadro 1, aparentemente complexo, na realidade, expõe dois padrões básicos:

(a) concordância do adjetivo com os núcleos dos sintagmas nominais (SNs) coordenados, o que redunda no uso do plural e, se for o caso de diferentes gêneros, da forma masculina;

(b) concordância do adjetivo com o núcleo do SN dele mais próximo, o que, no âmbito da gramática tradicional, tem recebido o rótulo de *concordância por atração.*

Quadro 2
Regras de concordância do adjetivo predicativo de sujeito composto, adaptado de Cunha & Cintra (1985).

Adjetivo predicativo de sujeito composto				
Sujeito	Substantivos	Adjetivo(s)		Exemplos
		Gênero	Número	
Anteposto ou posposto ao verbo	Gêneros iguais Número sing.	O mesmo dos substantivos	Plural	A **porta** e a **janela** estavam ***abertas***
	Gêneros diferentes Número sing.	Masculino	Plural	O **livro** e a **caneta** são ***novos***
Posposto a verbo de ligação	Gêneros iguais ou diferentes Número sing.	Gênero e número do subst. mais próximo. Verbo no sing.		***Estava aberta*** a **janela** e o portão

Na realidade, mesmo aquelas gramáticas que mais se detêm na questão da concordância deixam de mencionar a complexidade de fatores que concorrem para sua implementação, nelas não havendo observações sobre o fato de essas regras, ou mesmo a regra geral prescrita, não serem observadas em determinadas variedades sociais e/ou situações discursivas.

O que mostram as pesquisas sobre a categoria de número

Na modalidade falada popular

No âmbito do sintagma nominal

Sobretudo a partir da década de 1980, foram realizados diversos estudos sobre a concordância de número no sintagma nominal, entre eles destacando-se os de Scherre (1998; 1989a; 1989b; 1991; 1992; 1994; 1996; 2005), que se tem dedicado especialmente ao tema.

De partida, o que se observa nessas pesquisas, diferentemente do que faz supor a chamada gramática normativa, é a considerável variedade de padrões de concordância, tendo em vista o diversificado número de constituintes que pode compor o sintagma nominal (SN) e, ainda, outros fatores linguísticos e extralinguísticos que a condicionam.

A fim de focalizar a questão é, portanto, necessário levar em conta, para citar apenas os mais relevantes, os aspectos ligados mais propriamente à estrutura do SN, os relativos a alterações morfofonológicas decorrentes do mecanismo de flexão, às características dos falantes (sexo, idade, nível de escolaridade, área de origem ou de residência – urbana, rural), à situação de intercomunicação (formal, informal), à modalidade de língua (falada, escrita).

O SN é uma construção sintática que contém um elemento central ou nuclear – o Nome, que pode ser seu único constituinte, como em (8) – e outros elementos, como quantificadores e determinantes, como em (9), ou sintagmas adjetivais, preposicionais e oracionais, como, respectivamente, em (10).

(8) Vou comprar *disquetes.*
(9) *Alguns* alunos não fizeram *a* prova.
(10a) Indiquei livros *didáticos.*
(10b) Indiquei livros *de linguística.*
(10c) Indiquei livros *que tratam desse tema*.

Desses constituintes, interessam, em particular, pelo fato de apresentarem flexão de número ou indicarem pluralidade, três classes:

(a) a que ocupa, categórica ou usualmente, posição à esquerda do núcleo – a dos *determinantes*, composta por artigos, demonstrativos e possessivos;

(b) a dos *quantificadores*, que inclui vocábulos que exprimem diferentes tipos de quantificação;

(c) a dos *adjetivos*, que pode ocorrer à direita ou à esquerda do núcleo, como em (11).

(11a) Comprei um livro *interessante.*
(11b) Comprei um *interessante* livro.

Pelo fato de esses tipos de vocábulos estarem comprometidos morfossintaticamente com um elemento nuclear (o Nome), por ocuparem uma determinada posição (fixa ou não) no SN, por alguns deles poderem coocorrer à esquerda ou à direita do núcleo, a *classe da palavra* e *a sua posição linear no sintagma* são variáveis importantes para o estabelecimento de padrões de concordância nominal, vistas individual ou conjuntamente.

Também importante para a compreensão do fenômeno é a maior ou menor identidade entre as formas singular e plural dos vocábulos, o que, no âmbito das pesquisas linguísticas, é caracterizado como princípio da *saliência fônica*, proposto por Lemle e Naro (1977).

Para melhor esclarecer a questão, apresenta-se, no Quadro 3, a escala proposta por Scherre (1988: 75-6), em que os itens 1 e 6 representam, respectivamente, o maior e o menor grau de saliência fônica. A importância desse princípio reside no fato de as formas menos marcadas, isto é, aquelas em que a diferença fônica entre a forma singular e plural reside apenas na presença do morfema de número – como em menin[u] / menin[usʃ] –, seriam mais suscetíveis a não apresentar a marca de número quando no plural (*Ela levou os menino pra escola*) do que as mais marcadas – como [o]v[u] / [ɔ]v[usʃ] ou cora[sɐ̃w̃] / cora[sõj̃ʃ] – em, por exemplo, respectivamente *Comprou os ovos no mercado* e *Desenhou uns corações no caderno.*

Quadro 3
Graus de saliência fônica, segundo Scherre (1988).

Saliência fônica		
+	1. Marca dupla de plural	Jornaizinhos, ovos
	2. Itens terminados em –l	Casal/casais
	3. Itens terminados em –ão	Irmão/irmãos; coração/corações
	4. Itens terminados em –r	Mulher/mulheres
	5. Itens terminados em –s	Português/portugueses
–	6. Itens terminados em vogal oral ou nasal	Filho/filhos; homem/homens

Diversos estudos sobre a concordância no SN vêm procurando testar um outro princípio, o do *paralelismo formal*, que consiste na ideia de que *marcas levam a marcas e zeros levam a zeros*, isto é, de que uma vez presente, por exemplo, o morfema (a marca) –*S*, de plural, num constituinte do SN, este poderia condicionar a presença do morfema no elemento subsequente, o mesmo ocorrendo em relação ao ∅ – conforme se observa em (12).

(12a) Todo*S* o*S* meu*S* alunoS leram o livro.
(12b) Comentei oS livro∅ didático∅.

Embora outras variáveis linguísticas devam ser consideradas para a compreensão da variabilidade de padrões de concordância, tais como *tonicidade do item no singular*, *contexto fonológico subsequente*, as que anteriormente se indicaram vêm se mostrando as mais relevantes para a compreensão do fenômeno.

Já entre as variáveis de natureza extralinguística, sobressai o *nível de escolaridade* do falante, que, no Brasil, está intimamente relacionado a seu *status* social.

Para discutir e melhor ilustrar a questão, tomam-se por base, inicialmente, resultados obtidos por Almeida (1997) e Brandão & Almeida (1999) em pesquisas realizadas com indivíduos analfabetos e de baixo índice de escolaridade (no máximo a quarta série do ensino fundamental) em zonas rurais do Rio de Janeiro, e trata-se o fenômeno de forma binária: *presença de marca formal de número plural* x *ausência de marca formal de número plural*, já que a questão é complexa em decorrência de diferentes constituintes do SN poderem receber marca (morfema) de número.

A opção inicial pelos dois referidos estudos deve-se ao fato de se acreditar que a fala desses indivíduos serve bem de exemplo do que se denomina de norma oral popular – a da grande maioria da população brasileira – e constitui excelente amostragem dos padrões que chegam hoje às escolas e que vêm suscitando tanta polêmica, por vezes por falta de compreensão de sua dinâmica e sistematicidade.

Em seu estudo, Almeida (1997) contou com um total de 4.784 vocábulos suscetíveis de receberem marca de número, distribuídos por 2.865 SNs, dos quais 2.544 formados por dois constituintes – a combinação mais produtiva.

É altíssima (87%) a frequência de cancelamento da marca de número no núcleo do SN, em contraste com os índices referentes a determinantes e quantificadores em conjunto (4%) e aos modificadores – 21% (Almeida, 1997: 78).

Pode parecer que esses percentuais por si sós dizem tudo. No entanto, eles têm de ser relativizados, pois indicam apenas uma tendência geral que mascara, por assim dizer, uma série de condicionamentos que se entrecruzam e geram diferentes combinações de itens marcados/não marcados quanto ao número.

Embora, antes do núcleo, possam ocorrer mais de três constituintes passíveis de flexão, como em

> (13) [Todos os nossos últimos bons **momentos** naquela casa] foram registrados.

conforme já se observou, a grande maioria dos SNs que constituíram a amostra de Almeida contém apenas dois elementos, o que está exemplificado em (14). Nesses sintagmas, ora todos os constituintes flexionáveis apresentam marca, ora apenas o primeiro deles, devendo-se ressaltar que, quando ocorre na posição pré-nuclear um numeral, é praticamente categórico o cancelamento da marca formal de número no Nome.

> (14a) *As* **escamas** são tipo uma prata.
> (14b) A gente pesca em *outras* **lagoa**.
> (14c) Ele tem *três* **barco**.

Maior complexidade e interesse apresentam os SNs de mais de dois elementos, conforme os exemplos em (15), (16) e (17), que apresentam três constituintes, e os de (18), formados de quatro constituintes. Além da possibilidade de todos os elementos flexionáveis apresentarem marca, há outros padrões, de significativa variedade.

(15a) As **espinhas** miúdas.	(16a) Todos os **ponto.**	(17a) Dois **filho** meu.	(18a) Todos os **peixes** iguais.
(15b) Uns **barco** novo.	(16b) Todos esses **dia.**	(17b) Três outro **barco.**	(18b) Os dois melhor **mês.**
(15c) Esses três **tipo.**	(16c) As própria **rede.**		(18c) Aqueles **cantinho** mais manso.
(15d) Umas **nuvens** cinzenta.			(18d) Nas **parte** mais baixa.
(15e) Aquelas **onda** perigosa.			(18e) Uns vinte **ano** passado.
(15f) As **guelra** vermelha.			

(a) No constituinte nuclear, no Nome, a marca de plural ora pode ser implementada, como em (15a), (15d) e (18a), ora cancelada, como nos demais exemplos, que é o que predomina no *corpus*.

(b) No que se refere aos constituintes à esquerda do Nome, há diferentes padrões:

(i) havendo apenas um constituinte pré-nuclear flexionável na posição 1, ele recebe marca, como em (15a) a (15f) e em (18c) a (18e);

(ii) ocorrendo dois constituintes pré-nucleares flexionáveis, o que está na posição 1 recebe marca e o que está na posição 2 pode recebê-la, como em (16a) e (16b), ou não, como em (16c), embora a primeira seja a opção mais usual;

(iii) se o constituinte pré-nuclear se encontra na posição 3, a norma é o cancelamento como em (18b), nos exemplos aqui apresentados.

(c) Nos constituintes à direita do núcleo, isto é, pós-nucleares, o padrão é o cancelamento da marca de número, conforme se verifica em (15b), (15d) a (15f), (17a) e (18c) a (18e).

Deve-se, ainda, observar que:

(a) havendo um quantificador numérico em qualquer das posições pré-nucleares, este condiciona a não-realização do morfema de plural no elemento seguinte – cf. (15c); (17a) e (17b); (18b) e (18e);

(b) estando o Nome na primeira posição, é quase categórica a presença do morfema, como em

(19) Tem **lugares** fundo.

Em outro estudo, Almeida & Brandão (1999) analisaram apenas os 321 SNs de três e quatro constituintes que ocorreram no *corpus* do trabalho de Almeida (1997), controlando os dados com base, entre outras, em uma variável em que se cruzaram a *distribuição do constituinte*, *sua posição no SN* e o *tipo de marcas precedentes*, variável essa que se mostrou a mais relevante para o cancelamento da marca de número.

As autoras verificaram que os constituintes pré-nucleares tendem a ser enunciados com a marca de número e os constituintes nucleares e pós-nucleares a não apresentar a marca, por vezes de forma categórica e independentemente de haver ou não marcas formais e/ou semânticas anteriormente expressas.

Levando-se em conta apenas a distribuição dos constituintes, isto é, a ordem em que ocorrem, seriam obtidos, percentualmente, os seguintes índices para o cancelamento da marca: 6,5% nos elementos pré-nucleares, 82% nos nucleares e 89% nos pós-nucleares.

Tais conclusões ficam mais claras ao se observar o gráfico a seguir,[1] organizado com os maiores pesos relativos obtidos em relação à distribuição e à posição dos constituintes nos SNs.

Gráfico 1
Escala, com base em pesos relativos, de probabilidade de ocorrência da marca de número nos constituintes pré-nucleares (PréN), nucleares (N) e pós-nucleares (PósN) de SNs de três e quatro elementos, segundo sua posição.

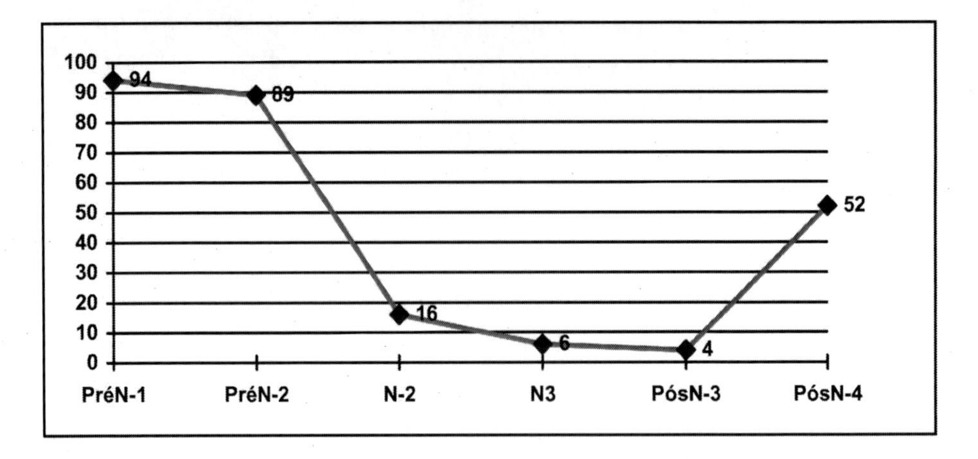

Pelo gráfico, pode-se verificar que o princípio do paralelismo formal atua de uma maneira à esquerda do núcleo – marcas levam a marcas – e de outra, à sua direita – zeros levam a zeros. Em síntese, antes do elemento nuclear, os constituintes tendem a receber o morfema de número. Depois do núcleo, em geral não-marcado, os constituintes tendem a não apresentar o morfema, sobretudo se próximos a ele, por influência do próprio núcleo.

No que se relaciona à atuação da variável *nível de escolaridade*, vale a pena comparar o gráfico 1 com o gráfico 2 (Figura 1, de Scherre, 1997), que diz respeito ao uso da marca de número nos elementos do SN levando em conta a posição do constituinte em sua relação com o núcleo. Scherre avalia a questão considerando três grupos de falantes da cidade do Rio de Janeiro: os de 1 a 4, os de 5 a 8 e os de 9 a 11 anos de escolarização, em separado e em conjunto.

Gráfico 2
Elaborado por Scherre para retratar aspectos da concordância de número do SN com base em pesos relativos (1997: 4).

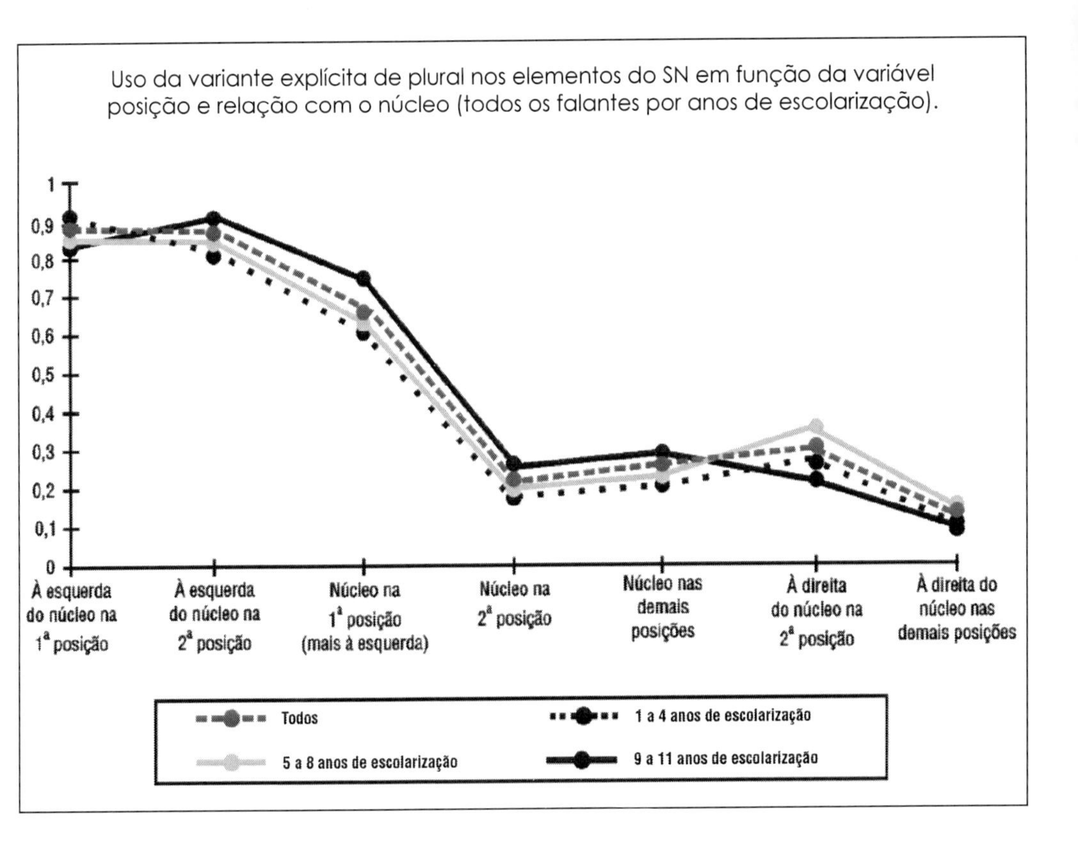

Pode-se observar, guardadas as devidas diferenças, que a tendência é a de marcar os elementos mais à esquerda, comportamento comum a todos os falantes, em maior ou menor grau. É pequena a diferença de desempenho entre os indivíduos menos escolarizados (1 a 4 anos) e os mais escolarizados (9 a 11 anos). No núcleo em segunda posição, por exemplo, a diferença entre os dois grupos é de apenas 0,04, e, no âmbito dos constituintes à direita do núcleo na segunda posição, são os mais escolarizados os que menos se utilizam da marca.

Já na Tabela 1 (a seguir), correspondente à de número 5 em Scherre (1997: 3) e que leva em conta o desempenho dos falantes sem considerar a escolaridade, pode-se observar, com mais detalhes, aquilo que ficou demonstrado no Gráfico 1: qualquer tipo de constituinte à esquerda do núcleo tende a ser marcado, inversamente ao que ocorre com os posicionados à sua direita. Assim, por exemplo, os determinantes quando pré-nucleares, sua posição usual, apresentam majoritariamente a marca de plural (1ª posição: 98%, p.r. 0.88; 2ª posição: 95%, p.r. 0.86), mas, quando pós-nucleares, posição menos usual, o que se observa é a tendência ao cancelamento da marca (na 2ª posição: 47%, p.r. 0,21; nas demais posições: 23%, p.r. 0,09).

Tabela 1
Tabela adaptada da tabela 5, de Scherre (1997: 3), com percentuais e pesos relativos referentes à presença do morfema de número nos diferentes tipos de constituintes segundo a posição no SN.

Área esquerda do SN				Área central do SN			Área direita do SN			
Determinante		Adjetivo		Núcleo			Determinante		Adjetivo	
1ª Pos.	2ª Pos.	1ª Pos.	2ª Pos.	1ª Pos.	2ª Pos.	Demais Pos.	2ª Pos.	Demais Pos.	2ª Pos.	Demais Pos.
98% 0,88	95% 0,86	98% 0,88	91% 0,67	94% 0,64	51% 0,20	61% 0,24	47% 0,21	23% 0,09	73% 0,32	41% 0,15

Os padrões de concordância no âmbito de SNs de três ou mais constituintes suscitam algumas reflexões. Tradicionalmente, costuma-se dizer que, na chamada variedade popular, o mecanismo de concordância é simplificado, econômico, pois se trata de eliminar marcas desnecessárias por serem redundantes. No entanto, do ponto de vista cognitivo, se poderia dizer que é um processo mais complexo do que aquele utilizado pelos falantes cultos, que tendem a aplicar todas as marcas nos constituintes flexionáveis do SN. Para estes últimos, basta ter a noção do conjunto – o SN como um todo – para acrescentar, mecanicamente, a cada constituinte flexionável a marca de plural. Para os demais falantes, a operação é mais complexa: têm não só de ter a noção de conjunto, mas também de nele depreender dois subconjuntos: o que se encontra à esquerda do núcleo e o que nele se inicia. No primeiro, normalmente aplicará as marcas; no último, poderá deixar de aplicá-las.

No âmbito das construções predicativas/passivas

A princípio, concordam em número (a) o particípio passivo com o sujeito da construção (20) e (b) SNs ou SADJs – na função de predicativo – com o sujeito (21) ou o objeto (22), em frases como:

(20) Nunca fomos *revistados.*

(21a) Elas eram *bem infelizes.*
(21b) Aquelas meninas são *minhas primas.*
(21c) Elas chegaram *cansadas.*

(22a) Encontrou-os *muito cansados.*
(22b) Julgava-os *homens de bem.*

Scherre (1991) focaliza a concordância de número em construções do tipo das exemplificadas em (20 e 21), apontando os fatores relevantes para a presença da marca de plural, que, no seu *corpus* inicial de 873 dados, foi da ordem de 46%.

Do estudo em foco depreende-se que, nessas construções, que podem ser sintetizadas como em (23),

$$\text{(23) (SN)} \quad \text{V} \quad \left\{\begin{matrix}\text{aux. passivo}\\ \text{ligação}\\ \text{intrans.}\end{matrix}\right\} \quad \left\{\begin{matrix}\text{V particípio}\\ \text{SAdj}\\ \text{SN}\end{matrix}\right\}$$

mantém-se a tendência a marcar os constituintes mais à esquerda, tanto assim que, entre os fatores que se mostram relevantes para a implementação da concordância, estão, em ordem de importância (Scherre, 1991: 54-64):

(a) o paralelismo formal das sequências de predicativos/particípios no discurso
(b) as características formais do sujeito
(c) as características formais do verbo além do
(d) tipo de estrutura do predicativo e
(e) do processo morfofonológico que atuou na formação do plural do predicativo/particípio.

O *paralelismo formal*, que implica repetição, traço, aliás, característico do discurso falado, mostrou-se, na pesquisa de Scherre, a variável mais significativa para a implementação da regra. A presença ou a ausência de marca de número nesses constituintes da frase está condicionada à presença ou à ausência de marca nas formas que os precedem – cf. (24) e (25) –, exemplos apresentados no referido estudo.

Os primeiros elementos da série tendem a apresentar marca, embora em menor escala do que os constituintes precedidos de formas marcadas. Assim, como primeiros elementos de uma série, o que ocorre com o vocábulo *diferentes* – em negrito em (24) – é mais frequente do que o que se verifica com *crente* – em negrito em (25).

(24) As pessoas eram ***diferentes***, os paiz eram *diferentez*, os filhoz eram *diferentes*, né? Eram bem *diferentes*... (p. 55)

(25) Eles foram ***crente*** que já eram *campião*. Eu acho que se eles fossem maiz divagar, talveyz eles [...] fossem *campião* mesmo. Mayz elez num fizeram pra sê *campião*, purque eles já foram *crente* que já eram, né? (p. 55)

Predicativos em construções isoladas – cf. (26), (27) e (28) – e os casos mistos, isto é, precedidos de elementos marcados e não-marcados, mostram-se neutros em relação à presença da marca. Fundamental para a ocorrência do morfema nesses tipos de construção é o que se verifica no âmbito do *sujeito*, que, no *corpus* utililizado por Scherre, se encontra predominantemente anteposto ao verbo, isto é, à sua esquerda.

A maior incidência de marcas de plural dá-se quando o sujeito está expresso – ou, como denomina Scherre, lexicalizado, isto é, representado por um determinado item lexical – e apresenta uma das seguintes características: todas as marcas de plural (26), os últimos constituintes com marca de plural (26) ou a última marca neutralizada (28).

(26) As pessoas eram *diferentes*... (p. 57)

(27) Mas o meus filhos num... num... ficaram *órfãos*. (p. 57)

(28) As crianças já {as criança[ʒ]a} tão *fantasiada* desde... (p. 57)

Se o sujeito expresso contiver marca semântica de plural (como o pronome *nós* ou um *numeral*) – como em (29) –, ou a marca estiver totalmente neutralizada – cf. (30) –, a tendência é não fazer a concordância.

(29) Treys são *filho* dela... (p. 57)

(30) Elas chegam (ela[ʃ]egam) *cansadona* e vão durmir... (p. 57)

As estruturas que menos predispõem à presença de marca, no caso da atuação da variável *características formais do sujeito,* são aquelas em que, no sujeito expresso, não ocorrem a(s) última(s) marca(s) de plural ou ele se constitui de SNs (no singular) coordenados – como em (31).

(31) *O Rafael maiz o Frederico* são muito *furão*... (p. 57)

O sujeito zero, isto é, não-expresso, apresenta quase tanta probabilidade de condicionar a presença de marca no predicativo quanto SNs com todas as marcas, o que Scherre atribui à necessidade de o falante recuperar informação não presente no SN. Não se deve esquecer, no entanto, de que outro elemento à esquerda do predicativo/

particípio, o *verbo* – de ligação, intransitivo ou auxiliar –, pode já indicar o número, como se verifica em (32).

(32) Esses camaradas hoje estão aí. Foru *eleito* e tal... (p. 57).

As *características formais do verbo*, portanto, também são importantes para a compreensão do fenômeno, remetendo, mais uma vez, ao princípio do paralelismo. Se o verbo não está expresso, isto é, está elíptico (o que Scherre denomina de zero verbal) – como em (33) – ou está explícito e flexionado no plural – como em (34) – é mais frequente a presença de marca no predicativo. Verbos sem marca de plural levam à ausência de marca – cf. (35).

(33) As campainhas lá eram istridentes; { ø } *luminosas*... (p. 60)
(34) As coisas tão muito mais *caras*, né? (p. 60)
(35) Do jeito que as coisas tá *cara*, num dá mesmo... (p. 60)

No que concerne à *estrutura do predicativo*, há mais tendência à presença de marca quando este é constituído por um SN de um só elemento. Quando o predicativo é formado por SNs de mais de um constituinte ou por SADJs/formas de particípio de um só constituinte, há menor incidência de marcas quase na mesma proporção, respectivamente – cf. (36) e (37).

(36) Né dizê que são *meninos largado*... (p. 61)
(37) As crianças já tão *fantasiada* desde... (p. 57)

Há, por fim, de se considerar o tipo de processo morfofonológico que gera a forma plural. Predicativos cuja forma plural é tradicionalmente denominada de irregular (não decorre de simples aposição de *S*) tendem a apresentar marca de plural, diferentemente daquelas de formação regular.

Ao definir essa variável, Scherre levou em conta, ainda, o que denominou de plural misto (formas de diminutivo e aumentativo), na verdade, como ela mesma afirma, para medir também o caráter de informalidade desses itens, já que não havia considerado formalidade e informalidade discursivas em separado.

Observa-se que o plural misto favoreceu menos a não-concordância do que os de formação regular, provavelmente porque por meio dele se tenham medido casos de plural irregular em *–ão*, que apresentam considerável grau de saliência fônica.

Quanto aos resultados concernentes às variáveis sociais (gênero, faixa etária e grau de escolarização) levadas em conta em seu estudo, Scherre (1991: 68) afirma que apresentam um padrão que poderia ser interpretado como de *variação estável*, nos moldes de Labov (1976), pois o uso das formas de prestígio – as mais marcadas – ocorre com mais frequência na fala das mulheres do que na dos homens, sendo diretamente proporcional aos anos de escolarização (primário, ginasial, colegial) do falante. Além disso, o padrão etário é curvilinear, isto é, as formas de prestígio estão mais presentes na fala dos jovens (7-14 anos, 15-25 anos) e dos mais velhos (50-71 anos) do que na dos indivíduos de média idade (26-49 anos).

Em resumo

Comparando-se o processo de concordância no SN ao das estruturas predicativas, pode-se chegar, entre outras, a conclusões de caráter mais generalizante:

(a) nas estruturas sintáticas em que cabe indicar pluralidade por meio de flexão, a sua área esquerda é a que mais predispõe à presença de marca:

(i) nos constituintes pré-nucleares, quando se trata do SN considerado isoladamente;

(ii) no SN sujeito e no verbo, no caso das construções predicativas/passivas que obedecem a uma ordem canônica.

(b) a presença/ausência de marca de plural, intra ou intersintagmaticamente – cf. (a)-(i) e (ii) – parece obedecer ao princípio do paralelismo formal e/ou discursivo.

(c) formas fonicamente mais salientes aparecem, com mais frequência, com marca de plural.

(d) no português do Brasil, apesar de o processo de concordância nominal ser aparentemente simples ou mecânico (de um lado, marcar todos os elementos flexionáveis da construção, de outro, eliminar redundâncias), ele apresenta significativa complexidade, sobretudo nas variedades de menor prestígio, em que diferentes fatores se conjugam para determinar a presença/ausência da marca de plural. Tal complexidade, no entanto, como tudo no âmbito de uma língua, obedece a princípios e é sistemático em sua variação.

Na modalidade falada culta

Pesquisa realizada por Campos et al. (1993) com base em amostras representativas da fala de cinco capitais brasileiras (Rio de Janeiro, São Paulo, Porto Alegre, Recife e Salvador) demonstra que o índice referente à ausência de concordância nominal é de apenas 3% entre indivíduos de nível superior completo. Num total de 3.011 vocábulos suscetíveis de flexão, 2.923, isto é, 97%, apresentam o morfema de número.

Entre seus condicionamentos principais, encontram-se a posição do constituinte no SN, a classe a que pertence e a presença/ausência de marcas precedentes, a exemplo do que ocorre na fala popular. Entre os falantes com nível superior de escolaridade, o vocábulo na primeira posição no SN é categoricamente marcado, determinantes apresentam os maiores índices de marcas, bem como os constituintes que não vêm precedidos por qualquer elemento marcado. Além disso, quanto maior o grau de formalidade do discurso e do item lexical, maior é a probabilidade de aplicação da regra. Quanto ao princípio de saliência fônica, os casos de cancelamento se deram em vocábulos cuja flexão de número é do tipo regular (84 casos) e cuja forma singular termina por –s (3 casos) ou –ão (1 caso).

A observação das 88 formas que fogem ao cânone demonstra que (a) 67 delas se distribuem pela fala de dois informantes, um de Salvador (36), outro de Porto Alegre (31), sendo, portanto, de caráter mais idioletal, isto é, individual, e, ainda, que (b) seria interessante alargar o *corpus* que conta apenas com três representantes de cada uma das áreas urbanas, não estando todas as células sociais uniformemente contempladas.

Sociedade e norma(s)

Para uma melhor compreensão da representatividade das pesquisas aqui focalizadas do ponto de vista linguístico e social, cabe consultar dados estatísticos fornecidos pelo IBGE e referentes às regiões metropolitanas das seis maiores cidades brasileiras, tendo sempre em mente que, hoje, cerca de 80% da população brasileira se concentra em áreas urbanas.

Tabela 2

População com mais de 20 anos em seis regiões metropolitanas (Recife, Salvador, Belo Horizonte, Rio de Janeiro, São Paulo e Porto Alegre).

Níveis de instrução	População
Analfabetos	3.349.774
Só alfabetizados	3.014.020
Nível elementar incompleto (1ª à 3ª série)	2.811.092
Nível elementar completo (até a 4ª série)	4.121.249
Nível médio – 1° ciclo (5ª à 8ª série)	1.229.630
Nível médio – 2° ciclo (2º grau)	1.461.667
Superior	970.045
Mestrado e doutorado	46.874
Total parcial	17.074.351
Não sabe/sem declaração	6.066.338

Fonte: IBGE, abril de 1996.

A Tabela 2 mostra que, nessas regiões, o maior contingente dos 17.074.351 habitantes que declararam seu nível de escolaridade e foram distribuídos por 8 faixas de instrução é constituído de analfabetos e escolarizados até a quarta série do nível fundamental (cerca de 79%), 7% e 8% cursaram, respectivamente, o segundo segmento do nível fundamental e o nível médio, e 6% têm nível superior (cf. gráfico 3)

Gráfico 3

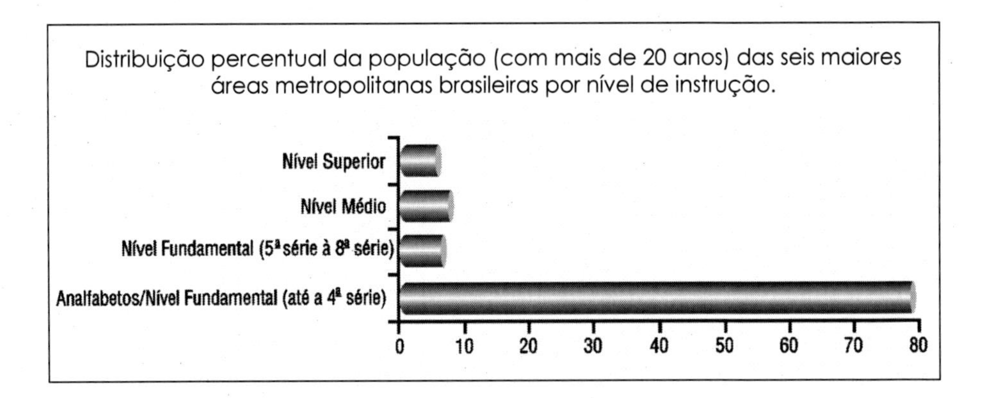

As pesquisas de Scherre, de Naro, de Almeida, de Almeida & Brandão, bem como as de outros pesquisadores que já focalizaram o tema, refletem o desempenho linguístico de indivíduos que vivem em grandes áreas urbanas e em zonas rurais. Como é por meio da fala que se depreendem as regras de uma língua, a sua gramática, e tendo em conta que a grande maioria da população brasileira (nas áreas urbanas, 94%) se enquadra na faixa que vai do analfabetismo a 11 anos de instrução, o que equivale ao atual ensino médio, pode-se dizer que, na gramática do português do Brasil, predominam os padrões anteriormente expostos no que concerne à concordância nominal no âmbito do SN e das construções predicativas/passivas. Em outras palavras, essas são as normas de concordância reais e vernaculares no/do Brasil.

Por outro lado, os resultados obtidos por Campos et al. permitem ressaltar alguns pontos que, a um tempo, aproximam e distanciam a variedade culta da popular no que tange à implementação da concordância nominal:

(a) os fatores linguísticos determinantes do cancelamento da marca na variedade culta estão entre os que mais atuam no âmbito da fala popular, o que demonstra haver, no plano do sistema, uma deriva bem definida;

(b) indivíduos de alto nível de escolaridade (6% da população urbana brasileira), por serem mais sensíveis aos padrões de prestígio, utilizam, predominantemente, as regras canônicas de concordância expostas nas gramáticas normativas, veiculadas pela escola, utilizadas na modalidade escrita não-informal e reiteradas pela mídia.

(c) o padrão de marcação de pluralidade predominantemente à esquerda, embora prevaleça na fala da maioria da população (o que o reforça e dissemina), é um traço considerado estigmatizante pela minoria de falantes que dita as normas sociais e políticas, dentre as quais as linguísticas, constituindo, por esse motivo, um dos aspectos mais delicados do ensino de língua materna e, consequentemente, de mais fortes reflexos sociais. Nessa perspectiva, no Brasil, o ensino da chamada norma culta de concordância nominal (e mesmo verbal) requer métodos muito próximos aos utilizados no ensino de uma língua estrangeira (a chamada Língua 2 – L2).

Realidade (socio)linguística e ensino

Certificado de que a variação é uma característica inerente a qualquer língua ou a qualquer de suas variedades; ciente de que qualquer indivíduo, por mais que tenha consciência de uma norma idealizada ou que dela saiba se utilizar com maestria, apresenta variação em seu desempenho linguístico; certo de que todas as variedades sociais e regionais são funcionalmente equivalentes por permitirem a intercomunicação entre seus usuários; e, por exemplo – para focalizar especificamente o tema aqui proposto –, diante da multiplicidade de fatores que podem concorrer para que o falante utilize ou não a marca de plural de forma canônica, em síntese, diante da realidade, o professor se pergunta: como agir na sala de aula?

Ao tratar dos métodos de recolha de dados em análises sociolinguísticas, Labov (1976: 289-90) diz que o pesquisador enfrenta um sério problema, que ele denomina de *paradoxo do observador*: "a finalidade da pesquisa linguística no seio da comunidade é descobrir como as pessoas falam quando não são sistematicamente observadas; mas a única forma de conseguir isso é observá-las sistematicamente".

Com base no seu já célebre axioma, se poderia afirmar que também aquele que ensina língua portuguesa se vê diante de um paradoxo – o *paradoxo do professor de língua materna* –, que acrescentaria às questões linguístico-sociais, didático-pedagógicas e políticas que interferem na dicotomia variação/ensino uma outra, que se poderia classificar de psicossocial. Tal paradoxo consistiria no fato de o professor:

(a) saber que qualquer indivíduo tem internalizada uma gramática e dela faz uso, com sucesso, em sua comunidade, sendo, portanto, funcionalmente competente;

(b) ser um observador privilegiado dos fenômenos linguísticos e, em consequência, estar sensível às variações e mudanças que se vão operando na língua;

(c) ter de privilegiar a norma (qual?) considerada pelo grupo social a mais adequada às situações formais de uso, o que implica, em alguns casos, selecionar aquelas estruturas que, a despeito de ainda não terem sido objeto de descrição em manuais de teor prescritivo, vão sendo tacitamente respaldadas pelos falantes;

(d) reconhecer, por outro lado, as estruturas que já não se mostram frequentes até na chamada modalidade [?] culta, dando, assim, a impressão de preciosismos ou arcaísmos;

(e) descrever o funcionamento da língua de forma técnica, o que pressupõe uma nomenclatura atualizada e, ao mesmo tempo, clara e pedagogicamente produtiva.

E – aqui reside a outra face do paradoxo – tudo isso sendo ele também um falante da língua e, como tal, portador de crenças, conceitos e pré-conceitos que, ao longo da vida, foi adquirindo e o fazem julgar, de forma subjetiva, o desempenho linguístico do outro – no caso, o do aluno – com base no seu próprio desempenho, que acredita ser espelho da norma ideal, e a essa altura já eivado de artificialismos e de inovações que a dinâmica da língua impõe.

Como bem enfatizou Magda Soares (1999: 40), assim como não se pode falar de "inferioridade" ou "superioridade" entre línguas, mas apenas de diferenças, não se pode falar de "inferioridade" ou "superioridade" entre dialetos geográficos ou sociais ou entre registros, pois todos têm a mesma validade como instrumentos de comunicação. Além disso, não há nenhuma evidência linguística que permita considerar um dialeto mais "expressivo", "correto" ou "lógico" do que outro: "todos eles são sistemas linguísticos igualmente complexos, lógicos, estruturados".

O palco por excelência dos conflitos intersocioletais é a escola, sobretudo a pública, para onde convergem, predominantemente, crianças das classes populares.

Eglê Franchi (1996: 118), ao relatar sua bem-sucedida experiência como professora em escolas de periferia, afirma que é ilusório admitir que a instituição escolar é o espaço onde, "operando mediante padrões cultos", se igualizam todas as oportunidades. Ao contrário, ao desprestigiar a variedade que a criança traz da sua comunidade, ela só contribui para reprimi-la e discriminá-la, com isso prejudicando, também, o próprio processo de aprendizagem. Como já havia alertado Labov (1972), não se comprova que crianças e adolescentes inibidos por uma estrutura escolar centrada nos ideais das classes dominantes sejam linguisticamente deficitários.

Para Franchi (1996: 121), a solução para ensinar a norma padrão sem comprometer o relacionamento da criança com seu grupo de referência é que o processo se desenvolva "com base no saber prévio que os alunos possuem de sua linguagem, sobretudo de sua fala, e na compreensão de suas características pelo professor". Além disso, devem-se comparar as estruturas que tipificam os dialetos, o de base e o culto, a fim de que eles compreendam o valor social relativo a cada uma delas. O fundamental, em síntese, seria propiciar a liberdade de expressão na própria linguagem, como comprova o depoimento que lhe fez a mãe de uma aluna: "Minha filha tava sempre sufocada, ingasgada. A sinhora como qui bateu nas costa dela e fez ela sortá as palavra, não só na boca mas na mão tamein." (p. 130).

Após tantas reflexões, cabe repetir a pergunta: como agir na sala de aula?

Respeitando o vernáculo do aluno, o professor pode:

(a) ensinar-lhe, com bom senso e sempre ancorado na realidade, a variedade de prestígio;

(b) buscar estratégias que facilitem esse aprendizado e contribuam para evitar que o aluno falsamente acredite que a norma linguística privilegiada é um bem que não somente deve possuir, mas que deve substituir o bem linguístico de que já dispõe, crença, que, segundo Franchi (1996:120) os compromissos ideológicos da escola só tendem a perpetuar;

(c) descrever o funcionamento da língua de acordo com suas diferentes situações de uso;

(d) levar o aluno a dominar a variedade padrão, em especial a da modalidade escrita, que requer estratégias discursivas bastante diferenciadas das utilizadas na modalidade falada, de modo que ele se *instrumentalize*, como diz Magda Soares (1999: 74), para ter condições de participar da luta contra as desigualdades inerentes a uma estrutura social que rejeita a sua classe, através da rejeição de sua linguagem.

A (difícil/fácil) tarefa: o ensino (da concordância nominal)

Não há fórmulas quando se trata de ensino. Há apenas três requisitos para que o processo de ensino-aprendizagem chegue a bom termo: *boa formação*, *bom senso* e *boa didática* da parte do professor.

Uma *boa formação* implica estar instrumentalizado no que toca ao tradicional e ao novo, não só para transmitir conhecimentos de forma segura e atualizada, mas também para refletir sobre cada novo fato que observa no desempenho linguístico de seus alunos com espírito de pesquisador, isto é, de forma isenta, sem preconceitos, procurando buscar suas possíveis motivações, que, certamente, serão de natureza linguística e social.

Bom senso consiste, em primeiro lugar, em conhecer a turma (o grupo social) que está sob sua responsabilidade durante um determinado período, de modo a adaptar os conteúdos programáticos, a formular exercícios e propor leituras adequadas aos seus interesses e às suas necessidades.

Boa didática significa ter clareza na exposição, adequar recursos metalinguísticos, exercitar a criatividade própria e a do aluno, chamá-lo a refletir sobre as estruturas linguísticas quer dedutiva quer indutivamente, realçar as diferentes situações de uso da língua, utilizando as mais diversas fontes para exemplificação – textos orais formais e informais, textos escritos de diferentes gêneros (selecionados de jornais, revistas, obras literárias, anúncios em lojas, cartas, bilhetes, ofícios) – de modo que o aluno veja o ensino de português, a aquisição de outras normas, como uma maneira de universalizar-se sem, no entanto, minimizar a funcionalidade da gramática de seu grupo.

Um bom caminho para tratar a concordância nominal seria utilizar, entre outros, os seguintes procedimentos:

(a) chamar a atenção do aluno para o fato de haver, em português, pelo menos dois padrões básicos e opostos de aplicação da categoria de número plural no âmbito do SN: *(i)* um, redundante, em que se usa a marca (o morfema) em todos os constituintes flexionáveis do SN; *(ii)* outro, simplificado, em que se utiliza a marca no primeiro constituinte, ou nos constituintes pré-nucleares, não se esquecendo, no entanto, de apontar os demais padrões intermediários. Os referidos padrões podem ser observados no quadro a seguir, em que se contrastam dados do *Corpus Aperj* e do *Corpus Nurc-RJ*, representativos, respectivamente, das chamadas normas popular e culta.

Corpus Aperj	*Corpus Nurc*
(i) a gente tira [as espinhas miúdas]	*(i)* e mais parecido com [as receitas estrangeiras]
(ii) [muitas pessoa] aparece aqui.	*ii)* eles têm [muitos produtos]
(iii) tem [esses tipo de rede]	*(iii)* eu como [essas frutas assim mais conhecidas]
(iv) aparece [outras nuvens cinzenta]	*(iv)* procuro tirar [as outras coisas]
(v) forma [aquelas onda perigosa]	(v) não gosto d[esses regimes brutos]
(vi) mostrar [as minhas rede nova]	*(vi)* todo tempo é tomado n[as minhas atividades]
(vii) esse peixe anda n[as parte mais baixa]	*(vii)* existem [os peixes mais comuns] né?
(viii) hoje em dia [cinquenta mil cruzado mais ou menos]	*(viii)* tem [mil e um curso]
(ix) para o barco n[aqueles cantinho mais mansos]	*(ix)* procuro tirar [as outras coisas]
(x) a gente marca [todos os ponto]	*(x)* o ovo entra em [quase todos os produtos]

(b) enfatizar que todos esses padrões são funcionais, isto é, atingem os mesmos objetivos comunicativos e, por isso, são igualmente válidos;

(c) delimitar as situações de uso de cada padrão, discutindo, inclusive, com a turma suas implicações sociocomunicativas;

(d) focalizar o tema em consonância com o estudo do mecanismo de flexão ou utilizando exemplificações/exercícios que ajudem a fixar formas de plural que, por conta de determinados processos fonético-fonológicos, apresentem maior ou menor grau de saliência fônica;

(e) levar o aluno a selecionar SNs de textos orais/escritos tipologicamente diversos, mas, a princípio, próximos de sua realidade social, de modo que ele identifique os mecanismos predominantes nas diferentes variedades e modalidades da língua e, assim, introjete a noção de norma e, sobretudo, a de pluralidade de normas;

(f) desenvolver no aluno o gosto e a prática da leitura, incentivando-o a ler jornais, revistas e obras literárias as mais diversificadas, o melhor caminho para a aquisição e fixação de normas que não fazem parte de sua variedade de base.

Só para concluir (este texto)

Em capítulo introdutório à publicação sobre a *Declaração Universal dos Direitos Linguísticos*, em que escreve sobre as línguas brasileiras e os direitos linguísticos, Oliveira (2003: 10-1) observa:

> Para além da violência contra os falantes desses dois grupos de línguas, *autóctones* e *alóctones*, é forte no Brasil a discriminação dos falantes de variedades não padrão da língua portuguesa (Bagno 1999; Silva e Moura 2000), mantida e reproduzida por um *stablishment* que envolve escolas, mídia, repartições públicas, onde esses falantes veem desvalorizado o *conteúdo* do que falam por causa da *forma* como falam. Certos grupos de intelectuais – gramáticos, acadêmicos – desenvolveram uma maquinaria de conceitos para manter essa discriminação, a começar pelo conceito de *erro*, esgrimido para cercear a amplas camadas da população *lusófona* do país o direito à fala. Sobre isso, entretanto, a *Declaração Universal dos Direitos Linguísticos* cala, restringindo-se apenas aos direitos dos falantes de línguas específicas, definidas político-linguisticamente e, deixando a descoberto a regulamentação de políticas linguísticas *dentro* dos idiomas, área evidentemente muito mais polêmica e sujeita mais fortemente às tradições e conjunturas internas de vários países.

As palavras de Oliveira, sem dúvida, espelham a realidade sociopolítico-linguística brasileira: língua e poder sempre estiveram juntos, e não só no Brasil. Mecanismos de dominação sempre implicaram imposição de uma língua (ou de uma de suas variedades), entre outros motivos pelo fato de ela espelhar a ideologia, a psique, a cultura do dominador. Não é à toa que, até hoje, outro célebre axioma, este do século XV – *língua companheira do império*, de Nebrija, autor da primeira gramática do espanhol – pareça tão atual.

A luta pela unidade (este ideal inatingível e, por certo, empobrecedor) é essencialmente política e dela não escapa a língua. Lamentavelmente, tudo faz parte de um sistema, de estruturas de poder e hierarquia que se constituíram desde que uns homens se juntaram a outros homens para formar uma comunidade.

Nota

[1] Para facilitar a comparação dos dados da pesquisa de Almeida & Brandão com os de Scherre, reformulou-se o gráfico, originalmente organizado com base na regra de não-realização da marca de número.

Referências bibliográficas

ALMEIDA, E. M. *A variação da concordância nominal num dialeto rural*. Rio de Janeiro, 1997. Dissertação (Mestrado) – Universidade Federal do Rio de Janeiro.

BECHARA, E. *Moderna gramática portuguesa*. 37. ed. revista e ampliada. Rio de Janeiro: Lucerna, 1999.

———. *Lições de português pela análise sintática*. 9. ed. Rio de Janeiro: Fundo de Cultura, 1970.

BRANDÃO, S. F. Presença/ausência da marca de número em constituintes do sintagma nominal. In: I Congresso Internacional da Abralin/ Atas.../ Salvador, 1994. Bloco 8, comunicação 11. Impressão em disquete, v. 2: Comunicações.

———. Em torno de um velho tema: o cancelamento da marca de número na fala das comunidades rurais brasileiras. *Revista Internacional de Língua Portuguesa*. Lisboa, n. 12, pp. 50-7, 1994.

———; ALMEIDA, E. M. Ainda sobre a concordância no âmbito do sintagma nominal. In: Estudos da Linguagem: renovação e síntese. VII Congresso da ASSEL-Rio /Anais.../ Rio de Janeiro, 3-6 nov. 1998. Rio de Janeiro: Associação de Estudos da Linguagem do Rio de Janeiro (ASSEL-Rio), pp. 835-43, 1999.

CÂMARA JR., J. M. *Estrutura da língua portuguesa*. Petrópolis: Vozes, 1979.

CAMPOS, O. G. L.de S. et al. Flexão nominal: indicação de pluralidade no sintagma nominal. In: ILARI, R. (org.) *Gramática do português falado*. 2. ed. Campinas: Editora da Unicamp, 1993, v. 2 : Níveis de análise linguística.

CUNHA, C. & CINTRA, L. F. L. *Nova gramática do português contemporâneo*. Rio de Janeiro: Nova Fronteira, 1985.

FRANCHI, E. O conflito sociolinguístico nos primeiros anos de escolaridade. *Pesquisa & ensino da língua: contribuições da sociolinguística*. II Simpósio Nacional do GT de Sociolinguística da Anpoll /Anais.../ Rio de janeiro, 23-25 out. 1995. Rio de Janeiro: Timing Editora; UFRJ, Curso de Pós-Graduação em Letras Vernáculas, 1996.

LABOV, W. The Logic of the Non Standard English. In: _____ *Language in the Inner City*. Philadelphia: University of Pennsylvania Press, cap. 5, 1972.

______. L'étude de la langue dans son contexte social. In: ____ *Sociolinguistique*. Paris: Les Éditions de Minuit, 1976, cap. 8.

LEMLE, M.; NARO, A. J. *Competências básicas do português*. Rio de Janeiro: Mobral/ Fundação Ford, 1977.

LUCCHESI, D. O conceito de transmissão linguística irregular e o processo de formação do Português do Brasil. In: RONCARAT, C.; ABRAÇADO, J. (org.). *Português brasileiro*: contato linguístico, heterogeneidade e história. Rio de Janeiro: 7 Letras, 2003, pp. 272-84.

MATEUS, M. H. M. et al. *Gramática da língua portuguesa*. 5. ed. rev. e aum. Lisboa: Caminho, 2003.

NARO, A. J.; SCHERRE, M. M. P. O conceito de transmissão linguística irregular e as origens estruturais do português brasileiro: um tema em debate. In: RONCARAT, C.; ABRAÇADO, J. (org.). *Português brasileiro*: contato linguístico, heterogeneidade e história. Rio de Janeiro: 7 Letras, pp. 285-302, 2003.

OLIVEIRA, G. M. de. (org.). *Declaração Universal dos Direitos Linguísticos*: novas perspectivas em política linguística. Campinas: Mercado de Letras, Associação de Leitura do Brasil; Florianópolis: Ipol, 2003.

SCHERRE, M. M. P. *Reanálise da concordância nominal em português*. Rio de Janeiro, 1988, 2v. Tese (Doutorado) – Universidade Federal do Rio de Janeiro.

———. Sobre a atuação do princípio da saliência fônica na concordância nominal. In: TARALLO, F. (org.). *Fotografias sociolinguísticas*. Campinas: Pontes, 1989a, pp. 301-2.

———. Reanálise da concordância nominal em português. *Boletim da Abralin*. São Paulo, n. 11, pp. 97-124, 1989b.

———. A concordância de número nos predicativos e nos particípios passivos. *Organon*, n. 5 (18), pp. 52-70, 1991.

———. Paralelismo formal e cognição. *Boletim da Abralin*. São Paulo, n. 13, pp. 43-53, 1992.

———. Aspectos da concordância de número no português do Brasil. *Revista Internacional de Língua Portuguesa*, Lisboa, n. 12, 1994, pp. 37-49.

———. Sobre a influência de três variáveis relacionadas na concordância nominal em português. In: SILVA, G. M.; SCHERRE, M. M. P. (org.) *Padrões sociolinguísticos*: análise de fenômenos variáveis do português falado na cidade do Rio de Janeiro. Rio de Janeiro: Tempo Brasileiro, 1996, pp. 85-117.

———. *Variação da concordância nominal no português do Brasil*: influência das variáveis posição e classe gramatical. Comunicação apresentada ao Colóquio Internacional Substandard e Mudança Linguística no Português Brasileiro. Berlim: Ibero-Amerikanisches Institut, 13-16 out., 1997, 12p. (mimeo).

———. *Doa-se lindos filhotes de poodle*: variação linguística, mídia e preconceito. São Paulo: Parábola, 2005.

SOARES, M. *Linguagem e escola*: uma perspectiva social. 16. ed. São Paulo: Ática, 1999.

Concordância verbal

Silvia Rodrigues Vieira

A concordância verbal costuma ser um tema muito valorizado nas aulas de Língua Portuguesa, especialmente na avaliação da produção textual dos alunos. O relevo que se dá ao fenômeno está intimamente relacionado a sua caracterização sociolinguística.

A não-realização da regra de concordância verbal, no português do Brasil, constitui, sem dúvida, um traço de diferenciação social, de cunho estigmatizante, que se revela, com mais nitidez, no âmbito escolar. O forte contraste entre o uso ou não do mecanismo de concordância e as políticas de ensino, espelhadas em práticas didático-pedagógicas fundamentadas em gramáticas que pressupõem uma norma única, indicam a necessidade de se conhecerem as regras em uso pelas diversas comunidades de falantes.

Assim sendo, o primeiro passo para o estabelecimento de uma metodologia adequada ao ensino da concordância é o conhecimento real dos fatores que presidem à opção do falante pela aplicação ou não da regra, visto que a presença da marca de número na forma verbal não é categórica em nenhuma variedade do português brasileiro. Nesse sentido, apresentam relevante contribuição à compreensão do fenômeno os resultados oriundos de pesquisas de natureza variacionista, que permitem conhecer os possíveis elementos favorecedores da realização ou da não-realização de determinada variante.

O que propõe a abordagem tradicional

Preocupada em estabelecer as normas da "arte de falar e de escrever corretamente", a abordagem tradicional, no caso da concordância verbal, estabelece, para as construções com um só núcleo, a regra geral, que propõe que o verbo deve se conformar ao número e à pessoa do sujeito. Sendo um fato morfossintático, essa relação entre verbo e sujeito se concretiza por meio das desinências verbais de natureza número-pessoal.

Em casos de sujeito de mais de um núcleo na construção, estabelece, quanto à pessoa, que o verbo vai para a primeira do plural, se houver um sujeito de primeira pessoa; não existindo sujeito de primeira pessoa, vai para a segunda do plural, se houver um de segunda; e para a terceira do plural, se os sujeitos forem de terceira pessoa.

Por vezes, a gramática tradicional busca recursos para explicar a variabilidade que envolve a concordância verbal, legitimando-a, embora de forma não explícita. Nesse sentido, faz normalmente a distinção entre concordância gramatical e concordância ideológica. A concordância gramatical é aquela que atende às exigências postuladas na regra geral, enquanto a ideológica (ou silepse ou sínese) envolve as realizações que não se enquadram nas regras básicas propostas pela gramática.

À regra geral de concordância verbal se somam, ainda, diversas outras que são focalizadas como "regras particulares, particularidades, exceções". Recebem tratamento diferenciado os casos de sujeito que envolvem as expressões partitivas e de quantidades aproximadas; os pronomes relativos *que* e *quem*; os pronomes interrogativos; os conectivos *ou, nem* ou *com*; a expressão *um e outro*; as orações com verbo *ser*, entre outros. A título de exemplificação, apresentam-se, a seguir, algumas dessas regras especiais:

– Expressões partitivas:

> Quando o sujeito é constituído por expressão partitiva (como: parte de, uma porção de, o grosso de, o resto de, metade de e equivalentes) e um substantivo ou pronome plural, o verbo pode ir para o singular ou para o plural. (Cunha & Cintra, 1985: 487)

– Pronome interrogativo, demonstrativo ou indefinido plural, seguido da expressão *de* (ou *dentre*) *nós* (ou *vós*):

> O verbo pode ficar na 3ª pessoa do plural ou concordar com o pronome pessoal que designa o todo. (Cunha & Cintra, 1985: 492)

– Verbo ser mais predicativo:

> Quando o sujeito do verbo ser é um dos pronomes isto, isso, aquilo, tudo, o (que)= aquilo (que), ou uma palavra de sentido coletivo (o resto, etc.), e o verbo vem acompanhado de um predicativo constituído por um substantivo do plural, o verbo concorda, em regra geral, com o predicativo. (Sousa da Silveira, 1983: 216)
>
> Quando o verbo ser, usado impessoalmente, tem um predicativo, concorda com este. (Sousa da Silveira, 1983: 217)

Tais casos, descritos de forma particularizada nas gramáticas, demonstram, por um lado, a inconsistência do tratamento tradicional que, pouco criteriosamente, privilegia ora aspectos sintáticos ou morfológicos, ora semânticos, e chega a admitir que o verbo concorde com outros termos da oração que não o sujeito. Por outro lado, tais casos denotam a expressiva variabilidade que envolve a concordância verbal, legitimada pelas gramáticas normativas, embora de forma não explícita.

O que propõem as pesquisas de cunho descritivo

Os estudos sociolinguísticos revelam que a concordância verbal constitui um fato variável, ou seja, a concordância pode ser concretizada ou não pelo usuário da língua em função de fatores diversos de natureza linguística ou extralinguística.

Lemle & Naro (1977), em *Competências básicas do português*, foram pioneiros no que se refere à depreensão dos elementos condicionadores do fenômeno, tendo abordado a regra de concordância do verbo com o sujeito na linguagem oral empregada por vinte alunos de um programa brasileiro de alfabetização (o Mobral) da cidade do Rio de Janeiro e adjacências.

Em se tratando, especificamente, do Rio de Janeiro, os resultados de estudos de diferentes autores[1] comprovam a produtividade da não-concordância nas chamadas variedades populares do estado do Rio de Janeiro, em comparação à realização da concordância nas variedades de falantes com alto grau de escolaridade.

Levando em consideração a distribuição dos dados nos trabalhos de Vieira (1995) – produzidos por falantes analfabetos ou semialfabetizados – e de Graciosa (1991) – produzidos por falantes com curso superior completo –, fica nítido o contraste na realização da regra consoante o grau de escolaridade do indivíduo.

Na variedade "culta" carioca, verifica-se um alto grau de realização da regra de concordância verbal (89%), se comparado ao encontrado nos dialetos "populares" do estado do Rio de Janeiro (24%).

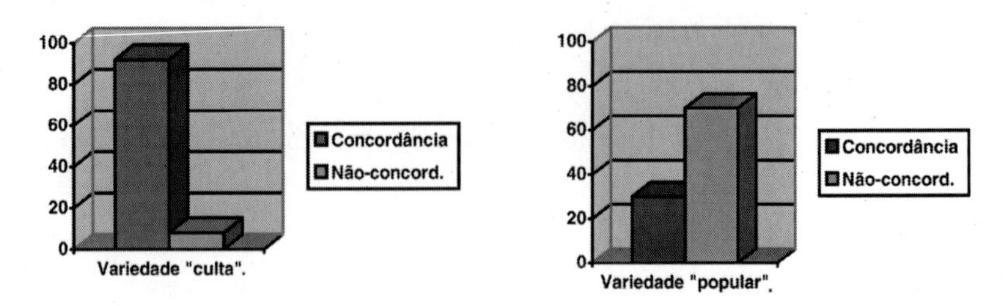

O estudo de Vieira (1995) investiga o fenômeno com base na fala de comunidades do norte do estado do Rio de Janeiro, a partir de formas verbais de 3ª pessoa do plural coletadas em entrevistas realizadas com informantes naturais de 12 localidades do norte fluminense, todos do sexo masculino, analfabetos ou pouco escolarizados (até a quarta série) e distribuídos por três faixas etárias – A (18 a 35 anos), B (36 a 55 anos) e C (56 a 70 anos).

Para investigar a opção do falante em relação ao fenômeno da concordância verbal, controla-se a influência de diversos elementos possivelmente condicionadores, as chamadas variáveis linguísticas, tais como:

a) a posição do sujeito em relação ao verbo: sujeitos pospostos favoreceriam a não-concordância (*Chegou os menino(s)*);

b) a distância entre o núcleo do sintagma nominal sujeito e o verbo: quanto maior a distância entre esses dois constituintes, maior seria o cancelamento da regra de concordância verbal (*Os livros, sobre a viagem dos navegantes do século XVI, já menciona o fato narrado.*);

c) o paralelismo no nível oracional: o menor número de marcas explícitas de plural no sujeito levaria à ausência de marcas de plural no verbo (*os peixe nada velozmente*);

d) a animacidade do sujeito: sujeitos de referência animada (*peixe, homem*), que funcionam em geral como agentes da oração, favoreceriam a realização da marca de plural no verbo, enquanto os de natureza inanimada (*barco*) não a favoreceriam;

e) o paralelismo no nível discursivo: no caso de verbos em série discursiva, a ausência da marca de plural em um verbo levaria à ausência da marca de plural no verbo seguinte (*os peixe pula, corre, nada sem parar.*);

f) a saliência fônica (além da relação entre a tonicidade e o número de sílabas das formas singular e plural): no que se refere à diferença material fônica entre as formas singular e plural, as formas verbais mais perceptíveis, mais salientes (como, por exemplo, *cantou/cantaram* ou *é/são*), seriam mais marcadas no plural do que as menos perceptíveis, menos salientes (como *come/comem*);

g) o tempo verbal e o tipo de estrutura morfossintática: testa-se, ainda, a hipótese de que os índices de concordância poderiam ser diferenciados a depender do tempo verbal e da construção sintática.

Como variáveis extralinguísticas, levam-se em conta a localidade e a faixa etária a que pertencem os informantes da pesquisa e, com caráter auxiliar, a escolaridade.

A alta produtividade do cancelamento da marca de número, em verbos de 3ª pessoa do plural, é condicionada, sobretudo, por fatores de ordem estrutural. Dos elementos de caráter linguístico, mostram-se significativos a saliência fônica, o paralelismo nos níveis oracional e discursivo, e a posição do sujeito em relação ao verbo.

Pelo controle da variável saliência fônica, verifica-se que o cancelamento da marca se intensifica à medida que diminui a diferença material fônica entre as formas singular e plural dos verbos. Assim, nos casos de formas foneticamente semelhantes – como *come/comem, fala/falam, faz/fazem* –, registram-se altos índices de não-concordância, ao contrário do que ocorre nas demais.

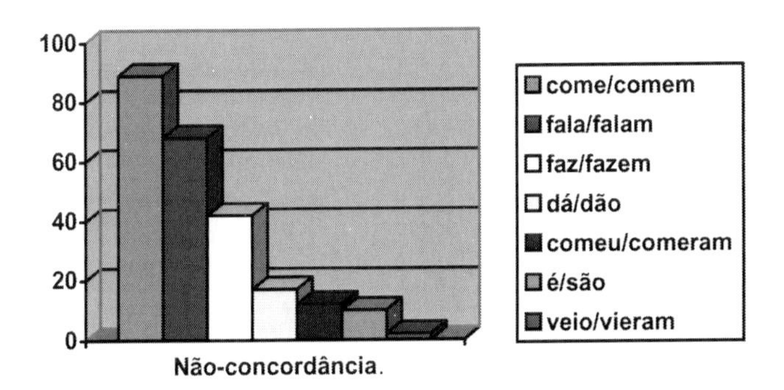

Para o condicionamento da regra, confirma-se, também, a pertinência do princípio do paralelismo nos níveis oracional e discursivo, o qual postula que marcas levam a marcas e zeros levam a zeros.

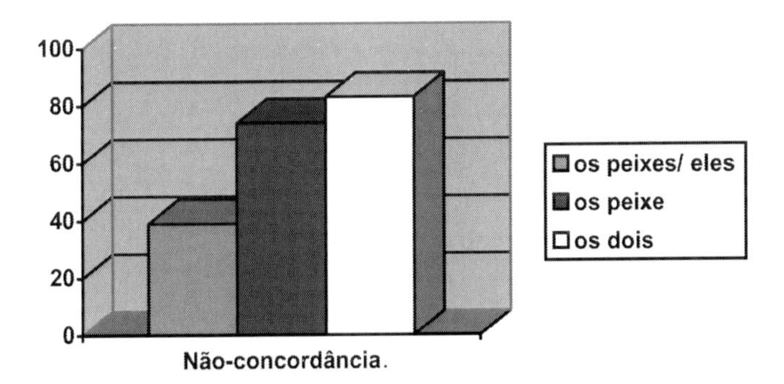

No nível oracional, o menor número de marcas formais no sintagma nominal sujeito – detalhadamente exploradas no capítulo anterior – conduz à ausência de marcas formais no sintagma verbal (*os peixe pula*), ao contrário da presença de marcas, que faz diminuir o índice de não-concordância (*os peixes pulam*). Os casos de sujeitos constituídos por numerais que apresentam o traço semântico de pluralidade não propiciam a concordância verbal (*os dois pula*); antes, favorecem o cancelamento de forma significativa, o que permite afirmar que o princípio do paralelismo atua pela repetição de formas e não de ideias.

No nível discursivo, o controle da variável possibilitou verificar que o cancelamento da marca de número é mais frequente quando, em contexto antecedente, ocorre uma oração com um sintagma verbal sem marca de plural (de mesma referência ou de referência distinta) – *os peixes pulaØ, saiØ e correØ*. Em outras palavras, quando se trata de verbos em série, a realização da forma do plural conduz à realização de outras formas de plural no contexto seguinte e a não-realização da marca leva à não-realização da marca.

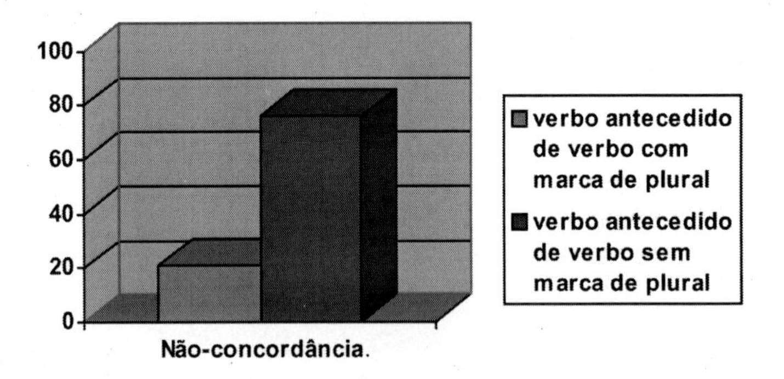

Os casos de sujeito posposto favorecem acentuadamente o cancelamento da marca de número do verbo, como em *Chegou os livros*. Das estruturas de sujeito anteposto – em que predomina a concordância –, destoam aquelas que apresentam sintagmas nominais retomados pelo pronome relativo *que*, o qual, por não ser uma forma marcada quanto ao número, induz também ao cancelamento.

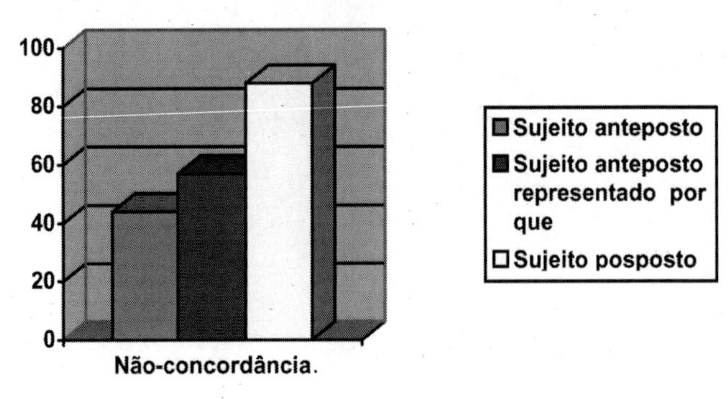

As variáveis animacidade do sujeito e distância entre o núcleo do SN sujeito e o verbo apresentam comportamento instável em relação à concordância verbal e demonstram exercer influência de nível secundário, da seguinte forma: (a) sujeitos inanimados favorecem o cancelamento, quando comparados aos animados; (b) quanto maior a distância entre o sujeito e o verbo, menor a tendência à concordância.

Embora a falta de concordância seja favorecida, predominantemente, por fatores de natureza linguística, variáveis extralinguísticas também exercem influência na aplicação da regra, como, por exemplo, a faixa etária. Há alto índice de cancelamento na fala de indivíduos pertencentes às três faixas etárias controladas. Em linhas gerais, a tendência à não-concordância intensifica-se à proporção que aumenta a idade dos informantes, ou seja, quanto mais velho o informante, maior a falta de concordância. Os menores índices de cancelamento na fala dos indivíduos mais jovens se devem, certamente, a um complexo de fatores que abrange todas as injunções sociocomportamentais que envolvem esses indivíduos, como, por exemplo, o contato com o turismo e o acesso a meios culturais.

No estudo de Graciosa (1991), que aborda o fenômeno em dados produzidos por falantes escolarizados, a concordância verbal é altamente produtiva e extremamente controlada.

A autora também investiga a influência de variáveis linguísticas e extralinguísticas relativas: (i) ao sintagma nominal sujeito – como, por exemplo, animacidade, posição do sujeito em relação ao verbo, distância entre o núcleo do sintagma nominal e o verbo – e (ii) ao sintagma verbal – como a salência fônica, paralelismo formal das sequências verbais no discurso, tipos de verbos, transitividade e ordenação dos argumentos do verbo.

As variáveis que se mostraram relevantes para o condicionamento da concordância verbal foram as seguintes: ordenação dos argumentos do verbo, distância entre o núcleo do sintagma nominal e o verbo, e paralelismo formal das sequências verbais no discurso.

A partir do comportamento dessas variáveis, a autora apresenta as condições para o estabelecimento da regra geral. A concordância verbal, opção preferida pelos escolarizados, é favorecida de modo acentuado no contexto em que o sujeito está anteposto e próximo ao verbo, e o verbo se acha numa sequência discursiva, conforme o efeito do paralelismo formal.

De um lado, a comparação dos resultados de Vieira (1995) com os de Graciosa (1991) revela tendências absolutamente opostas quanto à concretização da regra de concordância verbal. De outro, fica clara a atuação semelhante de variáveis linguísticas no condicionamento do fenômeno, sugerindo que, independentemente da escolaridade, fatores estruturais influenciam o falante na realização da regra.

Das pesquisas ao ensino da concordância verbal

Visto que toda comunidade de fala privilegia algumas variantes mais do que outras, o professor de Língua Portuguesa deve, primeiramente, avaliar a natureza do fato em análise em termos sociolinguísticos, no que se refere ao prestígio das variantes.

Diferentemente de outros fatos linguísticos, concordar ou não concordar não constitui opção legitimada pelo registro (como seria o caso das variantes *nós*, ainda vista por alguns falantes como mais formal, e *a gente*, menos formal) –, nem pela modalidade (como seria o caso da estrutura tópico-comentário do tipo *o menino, eu encontrei ele ontem*, altamente produtiva na oralidade brasileira e desprezada na escrita), nem ainda por fatores diatópicos (como seria o caso das variantes *próclise*, no PB (Português do Brasil) oral, e *ênclise*, no PE (Português Europeu) oral, nas orações ditas independentes) ou diafásicos (como seria o caso do maior uso de diminutivo na fala de mulheres, em comparação à dos homens). O fenômeno da (não-)concordância é o caso prototípico de variação que identifica, discrimina, (des)valoriza o usuário da língua em termos sociais.

Trata-se, portanto, de um traço estigmatizante na avaliação dos usuários da língua portuguesa, aquele que, da forma mais perversa, codifica a desigualdade das relações socioculturais de um povo. Diante do postulado de que a variação que envolve a concordância verbal admite motivação extralinguística e permite juízos de valor sociolinguísticos, cabem as questões: Para que ensinar a concordância verbal? O que ensinar sobre o fenômeno? E, ainda, como apresentar a regra variável?

Para que ensinar a concordância verbal

A primeira das perguntas formuladas depende da concepção que se tem sobre o ensino de gramática. Em poucas palavras, assume-se o pressuposto de que, para cumprir o propósito maior do ensino de Língua Portuguesa – o de desenvolver a competência de leitura e produção textual –, é fundamental que nenhum elemento que entre na configuração formal de um texto seja desprezado.

Perini (2001: 27-34), ao estabelecer os objetivos do estudo da gramática, defende que este tem muito a oferecer no desenvolvimento de habilidades intelectuais, componente essencial do processo de ensino-aprendizagem. Estudar a disciplina gramática é um meio de desenvolver o raciocínio científico sobre a linguagem, no sentido de que aguça a observação, propicia a formulação de hipóteses e estimula a produção (e não a mera recepção) de conhecimento.

Assim, ensinar o que é a concordância verbal – independentemente de sua maior ou menor produtividade de uso – constitui uma das oportunidades de construção de um raciocínio científico sobre a língua, com base em um tópico gramatical que diz respeito a uma série de outros que se inserem na interface Morfologia e Sintaxe, como se verá adiante.

Esse primeiro motivo já seria suficiente para justificar o ensino da concordância verbal, mas outras razões podem ser apresentadas.

Adotando, ainda, o pressuposto de que o ensino de Língua Portuguesa deve contemplar a maior diversidade de tipos e gêneros textuais, em todas as variedades, modalidades e registros, é fundamental que o aluno tenha contato com estruturas linguísticas diversas, de modo que não só as produza, mas também as reconheça. Ainda que a realização da marca de número no sintagma verbal possa ser periférica na fala do estudante, ele deve ser convidado a ler e reconhecer a concordância em outras falas, o que faz do ensino de gramática uma atividade plural.

Nesse sentido, Neves (2003: 94) adverte que a "variação está a serviço da linguagem". Nenhuma variedade linguística pode ser ignorada e cada variante, por suas especificidades e funções sociais, tem de ser cultivada nas instâncias apropriadas.

Dada sua importância sociolinguística, a finalidade do ensino da concordância coaduna-se com a argumentação daqueles que defendem o ensino da dita norma padrão como uma das formas de inserção dos indivíduos nos mais diversos estratos, uma vez que lhe permite conhecer opções linguísticas a que se atribui normalmente prestígio social. É nesse domínio que mais se percebe a contribuição dos estudos sociolinguísticos.

A partir das considerações feitas, dois objetivos do ensino da concordância, pelo menos, podem ser claramente definidos: (a) desenvolver o raciocínio lógico-científico sobre a linguagem na esfera dessa estrutura morfossintática específica; e (b) promover o domínio do maior número possível de variantes linguísticas, de forma a tornar o aluno capaz de reconhecê-las e/ou produzi-las, caso deseje.

O que ensinar sobre a concordância verbal

Em relação ao primeiro objetivo

Levando em conta a proposta de um ensino reflexivo sobre a gramática, o ensino de qualquer fato linguístico não pode prescindir de estabelecer, como ponto de partida, o trabalho com o conceito em questão: o que é a concordância verbal?

Por razões de objetividade e espaço, não será possível discutir cada definição de concordância verbal na literatura linguística, tampouco as consequências dessas definições para a concepção da gramática do português brasileiro. Não obstante, é preciso estar atento ao fato de que a definição de concordância verbal está fortemente atrelada à concepção que se tem da variedade linguística em questão.

Em termos tradicionais, a definição pauta-se apenas na conformidade morfológica do verbo com o número e a pessoa do sujeito, independentemente de ela ser produtiva ou não no uso geral da língua. Interessa, a partir daí, estabelecer a regra de concordância e delimitar os usos que fogem à regra geral.

De certa forma, os demais compêndios gramaticais, com ou sem interesses prescritivistas, brasileiros ou portugueses, não costumam se distanciar dessa definição geral.

Mira Mateus et al. (2003: 403), por exemplo, definem o fenômeno da seguinte forma: "atribuição dos morfemas de pessoa e número à forma verbal – entre o sujeito e o verbo principal". A essa definição, as autoras acrescentam a descrição do fenômeno como um fato da interface morfologia-sintaxe, o que deve ser levado ao conhecimento do aluno nas aulas de Língua Portuguesa. A concordância, embora afete diretamente o verbo, por meio de afixos de tempo, modo, aspecto, pessoa e número, constitui um processo essencialmente sintático com reflexos morfológicos, visto que se efetiva "entre certas palavras sob certas condições estruturais" (p. 403).

Uma proposta de conceituação da concordância verbal diferenciada da que se expôs é a que apresenta Perini (2001) em sua *Gramática descritiva do português*. Para o autor, a concordância verbal tem por papel atribuir funções sintáticas aos sintagmas nominais de nível oracional.

Com base nessa concepção e por meio do estabelecimento de diversos filtros e restrições, Perini propõe que a concordância seja o grande traço organizador da estrutura oracional. Decorre da definição de concordância adotada, por exemplo, o conceito de sujeito proposto: "É o termo da oração que está em relação de concordância com o núcleo do predicado" (p. 77).

Com graus de adequação à maturidade do público-alvo, o professor de Língua Portuguesa, a partir da aplicação das definições a um conjunto de dados linguísticos, deve promover o conhecimento e a reflexão sobre a concordância verbal inserida no sistema linguístico concretizado nas diversas situações sociocomunicativas.

Levando em conta especialmente o fato de que a concordância verbal é um fenômeno de natureza morfossintática, fazer o aluno compreender seu conceito é, a um só tempo, introduzi-lo no conhecimento da estrutura oracional e apresentar-lhe noções fundamentais da morfologia da língua portuguesa. Trata-se de um fato linguístico que permite ao professor mostrar ao estudante como a estrutura da língua revela pontos de imbricação de dois níveis da gramática. Nesse sentido, a apresentação do conceito de concordância constituirá uma oportunidade para, de um lado, promover a compreensão das funções sintáticas ("sujeito" e "predicado"), bem como da transitividade verbal e sua relação com o sujeito, e, de outro, fazer perceber a realização dos diversos morfemas em consonância com um sistema pronominal igualmente variado, dentre outros tópicos da gramática portuguesa.

Uma proposta para a organização do conteúdo de Língua Portuguesa que busca dar conta da imbricação entre os níveis gramaticais é apresentada por Lima (2000). Nesse artigo, a autora propõe que os conteúdos linguísticos não se organizem segundo uma sequência previsível, como sugerem as listas de conteúdos frequentemente organizadas nos planos de aulas e compêndios pedagógicos. O desenvolvimento da "competência de leitura-escrita" exige o domínio de uma série de outras competências particulares, que precisam ser apresentadas de forma integrada, e não fragmentada (para que o aluno, sozinho, as integre).

A fim de orientar a prática dessa integração de conteúdos, a autora desenvolve quatro princípios (Lima, 2000: 45): (i) o *da complexidade crescente* – partir "do conhecido ao desconhecido, do mais simples ao mais complexo, do mais fácil ao mais difícil"; (ii) o *da continuidade* – promover a "manutenção de tópicos em diversos momentos do *continuum* de qualquer curso", ora como alvo de estudo, ora como pré-requisito para o que vai ser aprendido; (iii) o *do encadeamento em espiral* – apesar da *continuidade*, os conteúdos devem ser ampliados e aprofundados; (iv) o *da integração* – promover a "integração entre os tópicos, tanto numa mesma disciplina quanto entre várias disciplinas, e entre tópicos e habilidades".

Para ilustrar o último princípio, o da integração, Lima (2000: 46-9) apresenta e desenvolve um diagrama que integra o tópico "adjetivo" a diversos elementos concernentes ao ensino de português, a partir de algumas relações, a saber: "de dependência" (subordinação, substantivo, concordância nominal, funções sintáticas do adjetivo), "de independência" (coordenação, pontuação, conjunção coordenativa, recursos estilísticos), "de forma" (estrutura, ortografia); "textual" (habilidade de descrever, caracterizar, especificar, avaliar).

À semelhança do que faz a autora em relação ao tópico "adjetivo", propomos uma ilustração do chamado princípio da integração a partir do tópico "VERBO", de modo a estabelecer a integração do fenômeno da concordância verbal à categoria em que ele se aplica.

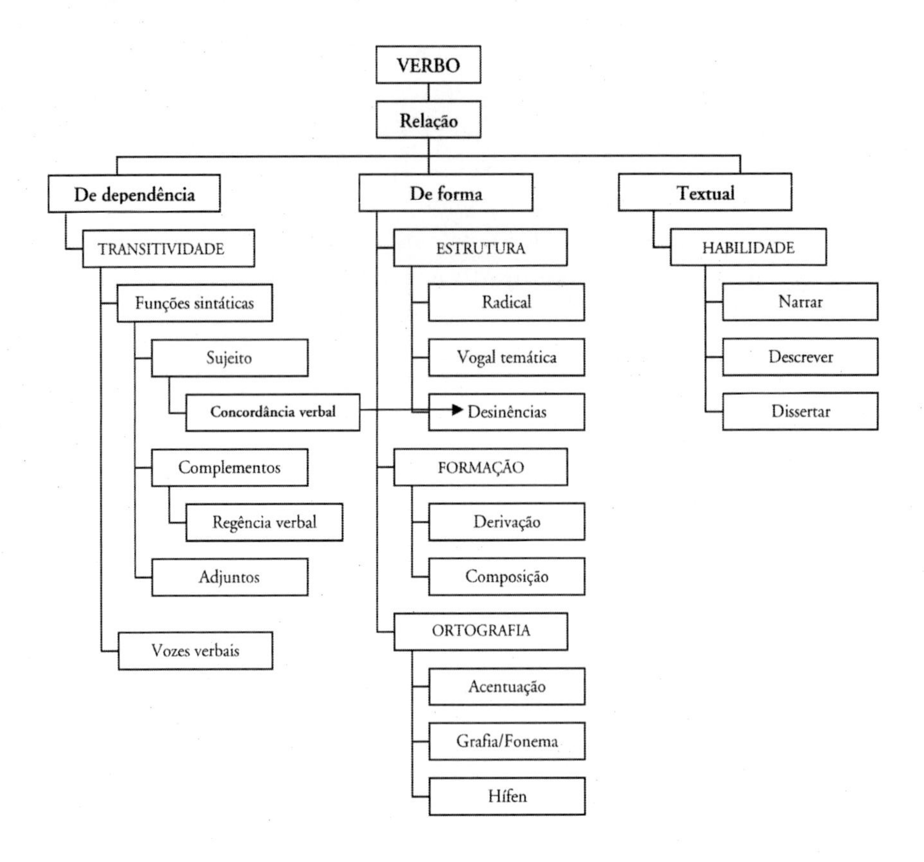

Na relação sintática "de dependência", o verbo vai ser o elemento central, em torno do qual se organizam diversos sintagmas que exercem as variadas "funções sintáticas". No eixo da relação sujeito-verbo, dá-se (ou não) o fenômeno da concordância verbal. Os sintagmas que estabelecem relação de "complementação" podem, segundo a "regência" do verbo, exercer os tradicionais papéis de objeto direto e indireto, por exemplo. De acordo com a disposição dos sintagmas estabelecida pela transitividade verbal, as orações podem figurar nas "vozes" ativa, passiva e reflexiva, segundo a abordagem tradicional.

Em termos "formais", a categoria do verbo será descrita quanto a sua "estrutura" mórfica, constituída de radical, vogal temática e desinências modo-temporais e número-pessoais, o que remete imediatamente ao fenômeno da "concordância verbal" e permite o destaque à interface Morfologia-Sintaxe na depreensão do fenômeno. Ainda em termos formais, podem ser analisados os diversos processos de "formação" de verbos, sejam eles de derivação ou de composição. No que se refere à expressão escrita, a forma verbal poderá ser tratada em relação a sua constituição gráfica, por exemplo.

Para abordar a relação "textual", concebe-se o verbo como a categoria preferencial no desenvolvimento da habilidade que se desenvolve no modo de organização narrativo.

Pode-se, ainda, associar a categoria verbal ao texto descritivo, quando se concebe tipologicamente a descrição de procedimentos. No modo de organização dissertativo, podem-se descrever os verbos de semântica tipicamente avaliativa. Para cada um desses modos de organização discursiva, cabe vincular o uso dos verbos ao tempo verbal preferencial, o que faz associar as "habilidades" à relação de "forma", que, por sua vez, se concretiza, especificamente, pelas desinências modo-temporais.

Essa breve apresentação – que constitui uma mera ilustração e não uma proposta detalhada de abordagem do conteúdo curricular – demonstra o que pode ser feito, de forma criteriosa e detalhada, como estratégia para inter-relacionar os tópicos de Língua Portuguesa, dentre os quais figura a concordância verbal, numa abordagem que respeita o princípio da integração.

Em relação ao segundo objetivo

Levando em conta o segundo objetivo enunciado para o ensino da concordância – promover o domínio do maior número possível de variantes linguísticas –, uma proposta pedagógica precisa responder à seguinte questão: quais são as variantes de concretização da regra de concordância e quais os contextos que favorecem o emprego de cada uma delas?

Como se trata de uma regra variável – concordância *versus* não-concordância, sendo a primeira variante a eleita pela gramática normativa –, uma das necessidades do professor é conhecer os condicionamentos dessa variação, para que possa desenvolver satisfatoriamente o trabalho com variados textos, especialmente no que se refere às diferentes variedades, modalidades e registros.

Além disso, é salutar que o professor assuma o pressuposto, desenvolvido por Bortoni-Ricardo (2004: 51), de que não "existem fronteiras rígidas entre entidades como língua-padrão, dialetos, variedades não-padrão etc.". A autora propõe que a variação no português brasileiro deveria ser compreendida segundo três contínuos fundamentais: *contínuo de urbanização, contínuo de oralidade-letramento* e *contínuo de monitoração estilística*.

No âmbito do domínio da variação da regra de concordância, os resultados dos estudos sociolinguísticos são fundamentais para um ensino que não seja "caprichoso e contraproducente" (cf. Câmara Jr., 1988 [1970]: 15). O que parece imprescindível é que as propostas de ensino da concordância decorram de uma forma realista de encarar a diversidade, traço inerente de qualquer língua, e se baseiem na observação sistemática do comportamento de dados concretos.

É preciso admitir que, se, de um lado, a variedade dos escolarizados desprivilegia a não-concordância, a concordância, em sua fala, também não é absoluta; de outro lado, a variedade dos não-escolarizados, embora privilegie a não-concordância, também realiza a concordância verbal. Trata-se de um fato variável em qualquer das variedades em proporções inversas, padrões reais que não devem ser desqualificados, nem um nem outro, como expressão linguística legítima, natural e altamente caracterizadora do perfil linguístico do português do Brasil.

Como apresentar a regra variável de concordância verbal

Primeiramente, partindo do pressuposto de que o texto deverá ser o ponto de partida para a percepção geral do fenômeno, o conceito de concordância verbal e a percepção da regra variável poderão ser desenvolvidos, em termos metodológicos, a partir da unidade textual, segundo dois procedimentos possíveis.

O primeiro deles seria o aproveitamento de materiais que exploram o fenômeno da concordância como recurso expressivo para a construção do sentido global do texto, o que pode ser um instrumento eficaz na apresentação do assunto. A título de ilustração e apenas para tornar mais objetiva a sugestão, a letra da canção "Inútil", do grupo Ultraje a Rigor (LP *Nós vamos invadir sua praia,* 1985), parece ser um bom exemplo de texto que concretiza esse recurso.

Outro procedimento que poderá ser bastante útil é a análise de textos que exploram a variação da concordância verbal para a indicação do perfil de uma personagem da obra. Diversas canções brasileiras ilustram esse tipo de texto, como "Saudosa maloca", de Adoniran Barbosa (LP *Eldorado,* 1984), só para citar um exemplo.

Com os procedimentos aqui sugeridos, o aluno deverá despertar sua consciência quanto ao perfil sociolinguístico das variantes "concordância" e "não-concordância", o que o fará atentar para a realidade de uso em relação a esse fato linguístico.

No trabalho com o texto e também nas atividades em nível oracional, o professor precisa fazer opções diante da gama variada de estruturas que ora promovem a realização da marca de número no sintagma verbal, ora favorecem o cancelamento dessa marca. Desse modo, deve eleger as estruturas que servem como ponto de partida para a abordagem do fenômeno e aquelas que necessitam de maior atenção em termos de fixação de conteúdo.

Em sua pesquisa, Lemle & Naro (1977: 50) propõem que o ensino deve enfatizar os aspectos em que a variedade do aluno mais difere do padrão que se pretende ensinar. Assim, sugerem, segundo os resultados obtidos com o controle da variável saliência fônica, que os exercícios focalizem os verbos regulares no presente e no imperfeito do indicativo, visto que nesses tempos há menor diferenciação fônica entre as formas singular e plural e, portanto, menor tendência à concordância. No que diz respeito à posição e à distância do sujeito em relação ao verbo, propõem que os exercícios privilegiem as estruturas de sujeitos pospostos e distantes do verbo, que propiciam maior tendência ao cancelamento da marca de número do verbo.

Os autores recomendam, ainda, o "princípio didático" de que as explicações e os primeiros exercícios devem priorizar os contextos em que o estudante já concretiza a estrutura em questão. Posteriormente, as atividades de fixação de conteúdo deveriam focalizar os pontos em que se verifica maior discrepância entre a norma dominada pelo aluno e a norma que se pretende ensinar.

Evidencia-se, nessa proposta, a ideia de que, didaticamente, se deve partir dos fatos que apresentem menor dificuldade ao aprendiz para, então, alcançarem os níveis de maior complexidade, conforme o "princípio da complexidade crescente". No caso da concordância verbal, o ponto de partida será a exploração dos casos em que, normalmente, se flexiona o verbo. De acordo com a saliência fônica, por exemplo, os verbos de maior diferenciação entre as formas singular e plural constituirão o modelo para os menos salientes.

Graciosa (1991) parece concordar com as sugestões dos autores supracitados, quando afirma ser fundamental, para a assimilação do mecanismo da concordância verbal, que se enfatizem contextos que induzem à supressão da marca de plural, como, por exemplo, os itens menos salientes. A autora propõe, ainda, que, somente após essa fase, deve ser trabalhada a variação linguística, de modo que o estudante perceba com naturalidade as amplas possibilidades que a língua faculta ao usuário.

Mollica (2003), a partir de resultados de outros estudos sobre a concordância verbal e de experimentos realizados em escolas, adverte que "uma proposição pedagógica sobre o português escrito pode deixar muitas lacunas, se não forem levados em conta aspectos importantes dos mecanismos que operam os fenômenos dos usos da língua oral coloquial" (p. 90).

Com base no condicionamento das variáveis "posição do verbo em relação ao sujeito" e "possível distância entre o sujeito e o verbo", a autora apresenta como propostas pedagógicas três sugestões:

- Deve-se dar ênfase especial à inversão sujeito/verbo, já que este é um ponto que usualmente causa confusão no aprendiz; b) deve-se dar preferência aos exercícios que apresentam sujeito e verbo distantes, especialmente com sintagmas nominais grandes e complexos estruturalmente.

- Uma metalinguagem eficaz e adequada a serviço do ensino-aprendizagem do fenômeno de concordância verbal pressupõe a conscientização e o exercício insistente com o falante em relação à identificação do sujeito, esteja ele preposto, posposto, perto ou distante do verbo.

- Deve-se, portanto, começar o trabalho pelo contexto vs e, preferencialmente, por estruturas em que v esteja distante de s, que não se apresentem contíguos, como em:

1. Acabaram finalmente todas as propostas;
2. Enchem de carros, quase todos os domingos e feriados, as estradas. (Mollica, 2003: 90)

Os resultados obtidos na pesquisa de Vieira (1995) permitiram traçar algumas diretrizes para o ensino da concordância verbal, resultados que aqui são retomados e ampliados.

Considerando-se as variáveis que se revelaram significativas para o cancelamento da concordância e aquelas que se mostraram de importância secundária, é possível estabelecer os contextos em que o falante tenderia mais à concordância. Observe-se, no quadro que se segue, uma sistematização das estruturas em que se registra maior realização da marca de número no verbo e aquelas em que ocorre o contrário.

Quadro 1
Variáveis favorecedoras e desfavorecedoras
da concordância segundo Vieira (1995).

VARIÁVEIS	CONTEXTOS FAVORECEDORES DA MARCA DE Nº	CONTEXTOS DESFAVORECEDORES DA MARCA DE Nº
saliência fônica	formas verbais de alto nível de saliência	formas verbais de baixo nível de saliência
paralelismo oracional	verbo precedido de SN sujeito marcado	verbo precedido de SN sujeito não-marcado
paralelismo discursivo	verbo precedido de verbo com marca de plural	verbo precedido de verbo sem marca de plural
posição do sujeito	sujeito anteposto	sujeito posposto
animacidade	sujeito animado	sujeito inanimado
distância entre SN e SV	SN sujeito próximo ao verbo	SN sujeito distante do verbo

Partindo do pressuposto de que o ensino deve tomar como ponto de partida os contextos em que a norma do falante se aproxima da norma que se quer apresentar, os fatores que propiciam a ocorrência de marca devem constituir os contextos pelos quais se deveria iniciar o ensino da concordância, quais sejam:

a) formas verbais no singular e no plural com alto nível de saliência fônica;
b) verbos precedidos de sintagma nominal sujeito com mais marcas de plural;
c) verbos precedidos de verbos com marca de plural; e
d) orações com sujeito anteposto, de referência animada, e próximo do núcleo verbal.

Pela observação dos fatores que levam ao cancelamento da marca, evidenciam-se as construções que devem ser priorizadas nas atividades propostas e que visam ao alcance do domínio do uso padrão da concordância:

a) formas verbais de baixa saliência fônica;
b) verbos precedidos de sintagma nominal sujeito com menos marcas de plural;
c) verbos precedidos de verbo sem marca de plural; e
d) orações com sujeito posposto, de referência inanimada, e distante do núcleo verbal.

No que se refere especificamente à variável paralelismo oracional, pode-se sugerir que deveriam ser abordadas, primeiramente, as construções em que se efetuam as marcas de plural do SN sujeito em seus termos determinante e determinado, conforme os condicionamentos detalhados no capítulo anterior. Sabendo-se que o cancelamento da marca de número no SN também predomina na língua falada, pressupõe-se que o ensino da concordância nominal deve preceder o da concordância verbal ou a ele ser simultâneo. A relação existente entre as marcas do SN sujeito e as marcas do SV sugere a viabilidade de se ensinar a concordância verbal aliada à concordância nominal.

Os livros didáticos utilizados nos níveis escolares fundamental e médio privilegiam, muitas vezes, a oração como unidade de aplicação das noções sintáticas. Os resultados obtidos com o controle da variável paralelismo discursivo sugerem que exercícios sobre concordância devem alcançar níveis superiores ao da oração, enfocando construções com verbos em série que possibilitem ao aprendiz a percepção da interinfluência que exercem as marcas de número ou a ausência delas nos sintagmas verbais.

* * *

De modo geral, as reflexões ora apresentadas sobre o ensino da concordância verbal sublinham a importância do aproveitamento dos estudos linguísticos para uma prática de ensino que se quer pautada em normas reais, depreendidas dos diversificados contextos de uso da língua.

A partir dos objetivos centrais do ensino de Língua Portuguesa, deve-se promover o raciocínio lógico-científico do aluno, com base em atividades reflexivas, para que ele desenvolva o conhecimento acerca da concordância verbal e esteja consciente da valoração sociolinguística da concordância ou da não-concordância, de modo a fazer opções linguísticas conscientes na produção de textos orais e escritos.

Nota

1 Oferecem contribuição importante para o conhecimento das variáveis de reconhecida influência para o fenômeno da concordância verbal os estudos de Anthony Naro e de Marta Scherre (cf. Naro, 1981; Scherre, 1992; Scherre & Naro, 1993, Naro & Scherre, 2003; Scherre, 2005; dentre outros).

Referências bibliográficas

BORTONI-RICARDO, S. M. *Educação em língua materna*: a sociolinguística na sala de aula. São Paulo: Parábola, 2004.

CÂMARA JR., J. M. *Estrutura da língua portuguesa*. 18. ed. Petrópolis: Vozes, 1988 [1970].

CUNHA, C.; CINTRA, L. F. *Nova gramática do português contemporâneo*. Rio de Janeiro: Nova Fronteira, 1985.

GRACIOSA, D. M. D. *Concordância verbal na fala culta carioca*. Rio de Janeiro, 1991. Dissertação (Mestrado) – Faculdade de Letras, Universidade Federal do Rio de Janeiro.

LEMLE, M.; NARO, A. J. *Competências básicas do português*. Rio de Janeiro: Fundação Movimento Brasileiro de Alfabetização, 1977.

LIMA, R. L. de M. Critérios de organização do conteúdo. In: MOURA, D. (org.) *Língua e ensino*: dimensões heterogêneas. Maceió: Edufal, 2000, pp. 41-50.

MATEUS, M. H. M. et al. *Gramática da língua portuguesa*. Lisboa: Caminho, 2003.

MOLLICA, M. C. *Da linguagem coloquial à escrita-padrão*. Rio de Janeiro: 7 Letras, 2003.

NARO, A. J. The social and structural dimensions of a syntactic change. *Language*, n. 57(1), 1981, pp. 63-98.

———; SCHERRE, M. M. P. Estabilidade e mudança linguística em tempo real: a concordância de número. In: PAIVA, M. C.; DUARTE, M. E. L. (org.) *Mudança linguística em tempo real*. Rio de Janeiro: Contra Capa, 2003, pp. 47-62.

NEVES, M. H. de M. *Que gramática estudar na escola*. São Paulo: Contexto, 2003.

PERINI, M. A. *Gramática descritiva do português*. São Paulo: Ática, 2001.

SCHERRE, M. M. P. Paralelismo formal e cognição. *Boletim da Associação Brasileira de Linguística*, n. 13, pp. 43-53, 1992.

———. *Doa-se lindos filhotes de poodle*: variação linguística, mídia e preconceito. São Paulo: Parábola, 2005.

———; NARO, A. J. Duas dimensões do paralelismo verbal no português popular do Brasil. *DELTA*, n. 9(1), pp. 1-14, 1993.

SILVEIRA, S. da. *Lições de Português*. 9. ed. Rio de Janeiro: Presença, 1983.

VIEIRA, S. R. *Concordância verbal*: variação em dialetos populares no norte fluminense. Rio de Janeiro, 1995. Dissertação (Mestrado) – Faculdade de Letras, Universidade Federal do Rio de Janeiro.

Pronomes pessoais

Célia Regina Lopes

A integração, principalmente no português do Brasil, de *você* e *a gente* no quadro de pronomes criou uma série de repercussões gramaticais em diferentes níveis da língua. Originada de uma expressão nominal de tratamento (*Vossa Mercê*) que leva o verbo para a terceira pessoa do singular, a forma *você* manteve algumas propriedades mórficas que acarretaram o rearranjo no sistema. Persiste a especificação original de 3ª pessoa, embora a interpretação semântico-discursiva passe a ser de 2ª pessoa. Algumas alterações afetaram em cadeia as subclasses dos oblíquos átonos (pronomes-complemento) e dos possessivos, como ilustrado em (1)

(1) Você_i disse que eu te_i acharia na faculdade para pegar o teu_i livro.

em que novas possibilidades combinatórias (*você* com *te, teu /tua)* se tornam usuais. Entretanto, os compêndios gramaticais rotulam (1) como "mistura de tratamento" e só aceitam as combinações propostas em (2)

(2) $\underline{\text{Você}}_i$ disse que eu $\underline{\text{o}}_i$ acharia na faculdade para pegar o $\underline{\text{seu}}_i$ livro.

Os rearranjos não terminam aí. Com a migração do possessivo de terceira *seu* (e variantes) para o paradigma de segunda pessoa, ocasionada também pela inserção de *você* no sistema, a forma *dele* tem sido utilizada como estratégia "possessiva" de 3ª pessoa para evitar a ambiguidade do possessivo *seu,* que atende às duas pessoas (2ª e 3ª).

Condenada pela gramática tradicional, a chamada "mistura de tratamento" apresentada em (1) atingiu também o imperativo com o crescimento do seu uso referente ao sujeito *tu,* mesmo quando o tratamento do ouvinte se faz com *você.* Em propagandas oficiais veiculadas pela mídia, encontramos exemplos dessa natureza: *Vem pra Caixa,* ***você*** *também.*

Outra reestruturação ocorreu no paradigma verbal que perde sua riqueza flexional passando de seis para três formas básicas (*eu* ***falo****, tu/você/ele/a gente* ***fala****, vocês/eles* ***falam***). Estudos mostram que o português do Brasil estaria passando de uma língua de *sujeito não-preenchido* (*Ø Falamos muito*) para uma língua de *sujeito preenchido* (*Nós falamos muito*). A perda da desinência verbal dá aos novos pronomes o *status* de únicos indicadores da categoria de pessoa, daí sua presença ter se tornado cada vez mais obrigatória. São várias as alterações morfossintáticas: introdução de novas formas pronominais, simplificação da flexão verbal e preenchimento obrigatório do sujeito. As novas formas *você* e *a gente* adquirem ainda valor indeterminado. Além da referência definida, o uso de *você* e de *tu* se expandiu para os contextos de referência indeterminada e já aparece em construções existenciais, como em "*Você* tem uma loja lá na rua que só vive em liquidação" com o sentido de "*Existe/Há* uma loja lá na rua que só vive em liquidação". No plural, pode-se dizer que *vocês* acabou por substituir o pronome *vós.* O pronome *a gente* apresenta também um caráter indeterminador em oposição a uma nuança mais específica de *nós.* O falante se descompromete com o discurso, tornando-o mais vago e genérico, pois tal forma pode englobar as demais pessoas (*eu + você(s) + ele(s) + todo mundo ou qualquer um*).

Não há, ainda, um completo mapeamento descritivo do quadro atual de pronomes e das repercussões gramaticais ocasionadas pelo emprego cada vez mais frequente de *você/a gente.* Com relação à substituição de *nós* por *a gente,* permanece a convivência das duas estratégias de referência à primeira pessoa do plural no português falado do Brasil, embora a forma inovadora venha ganhando espaço nas últimas décadas. A variação entre *você* e *tu* apresenta um comportamento diferenciado nas diversas regiões do país. Em termos evolutivos, o uso majoritário de *tu* – forma recorrente no século XIX – só será suplantado por *você* por volta dos anos 1920-30 do século passado. No último quartel do século XX, no entanto, há um retorno do pronome *tu* à fala carioca sem a marca flexional de segunda pessoa. Nas três capitais do Sul também há uma distribuição irregular: a ausência de *tu* em Curitiba, sua concorrência com *você* em Florianópolis e Porto Alegre, com uma interessante particularidade: em Florianópolis, *tu* é menos frequente que *você,* mas tende a aparecer mais com a flexão verbal marcada, enquanto em Porto Alegre *tu* é mais frequente, mas a flexão verbal é mais rara. Falta-nos uma descrição mais detalhada dessa variação nas regiões Norte e Nordeste.

A questão é complexa,[1] principalmente se forem levadas em conta as descrições apresentadas nas gramáticas normativas que pautam o ensino de língua portuguesa no Brasil. Como afirmaram Lopes e Cunha (1994):

> [..] já há algum tempo deixamos de viver no país do *eu, tu, ele, nós, vós, eles*, mas ainda é com estes trajes que as pessoas do discurso se apresentam aos desavisados. Que a norma gramatical dos manuais escolares não serve de espelho para "a língua como ela é" nossas crianças percebem sempre, e não é à toa que comentam: "mas não é assim que a gente fala". Em geral, a ideia do aprendiz – não por culpa sua – se forma a partir de um juízo bastante negativo: a língua dos livros é a certa e a que frequente a nossa boca é uma corruptela, um apanhado de usos imperfeitos. Todos, enfim, falam um português mal-aprendido. Isto são coisas mais que sabidas, não chovamos no molhado. A questão é: que foi feito dos pronomes pessoais?

Quais as regras prescritivas ainda operantes? Como ajustar o ensino a uma realidade linguística concreta?

A visão tradicional

Nas diversas gramáticas normativas, não há divergências significativas quanto ao elenco dos pronomes pessoais sujeitos e a forma de apresentá-los. Os gramáticos caracterizam os pronomes pessoais como indicadores universais das três pessoas do discurso: quem fala, com quem se fala e de quem/que se fala, admitindo formas no singular com correspondentes no plural. Em síntese, o quadro é o seguinte:

	Singular	Plural
1ª pessoa	Eu	Nós
2ª pessoa	Tu	Vós
3ª pessoa	Ele/ela	Eles/elas

Esse leque de pronomes, além de não incluir formas amplamente utilizadas na linguagem coloquial, como é o caso de *você/vocês/a gente*, concebe, equivocadamente, *nós* e *vós* como meros plurais de *eu* e *tu*.

As gramáticas normativas e os manuais didáticos, que raramente explicam fenômenos já consagrados na linguagem coloquial, não apresentam uma posição coerente e única quando se referem à forma *a gente*. A classificação é, em geral, controvertida, pois ora consideram *a gente* como "fórmula de representação da 1ª pessoa", forma de tratamento, pronome indefinido ou, ainda, recurso para indeterminar o sujeito.

Com relação à forma *você*, a situação não é diferente. Alguns autores consideram-na como forma de tratamento de 3ª pessoa (Bechara, 2001: 135; Rocha Lima, 1983; Almeida, 1985), outros afirmam ser uma estratégia de 2ª pessoa ou pronome de tratamento de 2ª pessoa (Cunha e Cintra, 1985: 284). Outro aspecto controvertido refere-se à chamada *mistura de tratamento*. Numa postura prescritiva, Almeida (1985) afirma que, em cartas ou em escritos de qualquer natureza, se deve manter a uniformidade de tratamento do pronome escolhido para a pessoa a que nos dirigimos. Se o interlocutor for tratado por *vós*, os pronomes oblíquos devem ser os que correspondem a essa pessoa, e o mesmo se deve dizer dos adjetivos possessivos. Se optarmos por *tu*, devemos usar os oblíquos *te, ti, contigo* e os possessivos *teu, tua teus, tuas* (jamais *seu, sua*). Ao empregar *Vossa Senhoria, Senhor, Você,* devem-se empregar *o, lhe, seu, sua* etc, segundo o gramático.

O quadro de pronomes pessoais, que ainda vigora nas gramáticas, estruturado a partir de três pessoas do discurso (*eu/tu/ele*) com variação de número (*nós/vós/eles*), está longe de ter uma coerência interna e de dar conta da realidade concreta do português do Brasil. Urge uma revisão. Primeiramente, precisamos de uma definição coerente. Em que consiste a classe dos pronomes? Qual a diferença entre pronome e nome?

A classe dos pronomes: por uma definição coerente

Adotando a perspectiva discutida no capítulo "Classes de palavras", o pronome se distinguiria semanticamente dos nomes pelo seu caráter indicativo ou mostrativo (dêitico), que se oporia ao caráter representativo (simbólico) da outra classe. Outras propriedades peculiares estabeleceriam o contraste entre nomes e pronomes. Embora não necessariamente expressas pela flexão, os pronomes apresentam três características privativas: a noção de pessoa gramatical, situando a referência do pronome em função do falante (*eu, nós*), do ouvinte (*tu/você, vós/vocês*), ou fora da alçada dos dois (*ele/ela, eles/elas*); a noção de caso – variação de forma de acordo com o caso (*eu* nominativo x *me/mim* acusativo e genitivo); e o gênero neutro – referência a entidades inanimadas (*isso/aquilo*).

Com relação às propriedades funcionais propostas por Câmara Jr. (substantivos, adjetivos e advérbios), como mencionado no capítulo "Classes de palavras", não se pode opor eficazmente a classe dos pronomes à dos nomes, porque ambas podem exercer as mesmas funções sintáticas (núcleo do sujeito, complementos e sintagmas preposicionados). Há pelo menos uma diferença fundamental em termos de comportamento sintático: os pronomes, principalmente os pessoais, ao contrário dos nomes, não podem ser antecedidos por determinantes e funcionam, em geral, como núcleos isolados no sintagma nominal (doravante SN). Se não é no nível oracional que melhor serão identificadas as diferenças entre a classe dos nomes e a subclasse dos pronomes pessoais, num nível hierarquicamente mais baixo, no SN, as posições ocupadas e as funções exercidas são diferentes.

Tradicionalmente, o pronome é definido como substituto do nome. A ideia de substituição não se aplica, entretanto, a toda a classe de pronomes, sendo restrita a alguns deles. Formas pronominais que se caracterizam como determinantes, particularmente os possessivos, não podem substituir um nome: *(Maria/ela/aquela/alguém/*minha* foi à festa*)*. Outro aspecto que merece atenção é o fato de a dita substituição não ser necessariamente do nome, mas de todo o SN. Quando o sintagma tem como núcleo apenas um nome, a substituição será exclusiva, como em (a); caso contrário, o pronome tomará o lugar de todo o sintagma como em (b):

(a) *Patrícia* viajou *x ela/alguém* viajou.

(b) *Aquela esperta menina de três anos* viajou sozinha *x ela/alguém* viajou sozinha.

A substituição apenas do nome "menina" em (b) torna agramatical a oração: "**Aquela esperta ela/alguém de três anos* viajou sozinha".

Os pronomes pessoais, ao contrário dos nomes, não podem ser antecedidos por determinantes e funcionam, em geral, como núcleos isolados no SN. Pode-se dizer "a menina falou", mas "*a ela falou", ou "*o eu falei" seriam agramaticais. Os pronomes pessoais admitem um determinante posposto, que se restringe a adjetivos (*mesmo, próprio*) e a numerais: *"eu mesma fiz isso, nós mesmos fizemos tal coisa, nós três fomos ao cinema"*. Quanto a esse aspecto, considera-se, ainda, a diferença que se estabelece entre as formas de primeira pessoa (P1) e segunda pessoa (P2) no singular e no plural. A restrição quanto aos determinantes nas formas do singular (*eu, tu/você*) é bem maior do que com as formas plurais. Nessas últimas, é possível a determinação com numerais (*nós três, vocês quatro*) e com lexias do tipo *três de nós*. Com formas no singular, só é possível a modificação pelos adjetivos *mesmo* e *própria (eu mesma, eu própria)*.

A mudança no sistema de traços: pessoa, número e gênero

As formas invasoras *a gente* e *você* são advindas de nomes ou expressões nominais, respectivamente, o substantivo *gente* e o tratamento de base nominal *Vossa Mercê*. Ao assumirem, em certos contextos discursivos, determinadas propriedades, valores e funções, essas novas formas pronominalizadas passaram a fazer parte de uma outra classe/categoria. Que propriedades semântico-formais se mantiveram e quais se alteraram durante o processo de mudança linguística de nome para pronome? As formas pronominalizadas *você* e *a gente* (formas nominais que passaram a ser pronomes) apresentam, ainda hoje, especificidades que as distinguem dos demais pronomes pessoais e causam as assimetrias no quadro atual dos pronomes do português. Então, vejamos:

Revisitando um conceito: quem é a terceira pessoa?

A noção de pessoa remete à situação linguística, à enunciação, ao intercâmbio verbal, que pressupõe duas pessoas: o locutor (o *eu*) e o interlocutor (o *tu*). A dita terceira pessoa está fora deste eixo dialógico, caracteriza-se como a "não-pessoa" (Benveniste, 1988), em oposição às verdadeiras pessoas do discurso (quem fala, *eu*, *versus* quem ouve, *tu*). A "não-pessoa" é o próprio objeto da enunciação, o enunciado. O pronome de terceira pessoa *ele* originou-se do pronome demonstrativo latino *ille* e ainda mantém a propriedade de flexão de gênero (*ele/ela*) e número (*ele/eles*) dos demonstrativos. Os pronomes pessoais "legítimos" não sofrem flexão de gênero/número (*eu/nós, tu/vós*), pois são itens lexicais diferentes, e não a variação de um mesmo item. A dita não-pessoa combina-se a verbos que, em geral, levam desinência zero, confirmando sua impessoalidade. As formas de primeira e segunda pessoas teriam maior dimensão pragmática, no sentido de serem os verdadeiros vocábulos dêiticos situacionais. As formas de terceira pessoa são, em geral, menos situacionais e mais textuais, ou seja, anafóricos. Tanto os pronomes de terceira quanto os nomes compartilham o traço neutro para pessoa (P3).[2] Os nomes têm essencialmente, no plano semântico, um caráter representativo ou simbólico, ao passo que os pronomes se caracterizam como formas indicativas que situam os seres ou/coisas no mundo biossocial.

A forma pronominal *a gente* teria mantido o traço formal de 3ª pessoa,[3] porque continuou a se combinar com verbos em P3 (*a gente tem uma paisagem bonita no Rio*), mas a interpretação semântico-discursiva se alterou para [+EU],[4] uma vez que passou a incluir o falante. Tal postulação pode ser referendada por dois indícios sintáticos. O primeiro seria a concordância verbal com P4, frequente no português não-padrão, e o segundo seria a coindexação pronominal com *nosso(s)/nossa(s)*. Numa frase como "*a gente* andava de bicicleta, pois era o *nosso* esporte predileto", verifica-se que, embora a concordância verbal se dê com a 3ª pessoa do singular, a interpretação semântica para *a gente* pressupõe o "falante + alguém".

Mesmo entre falantes cultos que não costumam estabelecer a concordância de *a gente* com verbo em P4, verifica-se a interpretação semântica [+EU] presente em termos formais. Nos exemplos (3) e (4), extraídos de reportagens de jornais (texto escrito), inicia-se um enunciado com *a gente* e é encadeada uma série de estruturas com a presença de P4, seja no verbo, seja em formas pronominais correlatas.

(3) O objetivo era preparar tudo para a chegada da Regina. *A gente* **trabalhou** à beça e **pesquisamos** um monte de coisa. Para parecer que tudo foi feito de improviso, conta Alberto. (*Jornal do Brasil*, 19/08/1997)

(4) [...] por isso, *vamos* conversar. Entre em contato com *a gente*, para *nos* contar o que aconteceu. *Queremos* saber os motivos que levaram a essa decisão. (Extraído de uma carta comercial da diretoria da editora Globo, 05/1998)

Com *você* ocorreu o mesmo processo. Persiste a especificação original de 3ª pessoa [Øeu], apesar da alteração ocorrida em termos semântico-discursivos. Mesmo correlacionada a formas tradicionalmente consideradas de 2ª (*te/teu/vos/vosso*) [-eu][5] ou de 3ª pessoa (*seu-s*) [Øeu], o pronome *você* definido passou a fazer referência à segunda pessoa [-eu]. Aos poucos, tal interpretação semântico-discursiva passa a figurar formalmente, apesar de ainda ser condenada pelo ensino tradicional. A combinação de *você* com formas de 2ª pessoa não é, como muitos pensam, uma novidade da fala contemporânea. Em cartas do Paraná escritas em 1888 e no Rio de Janeiro, em fins do século XIX (1880-1881), indícios da "mistura de tratamento", ainda repudiada no século XX pelos manuais escolares, são localizados. Os exemplos de (5) a (7) evidenciam que a possibilidade da combinação de *você* com formas pronominais de 2ª pessoa (*te/teu*) e a variação entre formas verbais na 2ª pessoa e o imperativo de 3ª pessoa em (8) não são fenômenos novos.

(5) ***Dizes*** que ***tens*** muita saudade de ***teu*** papai que morreu e de todos nos de ca nos tambem temos muitas saudades delle de ***ti***, de ***teu*** irmão, de ***tua*** mamae, de Thia Paulina e Thio Julio; bem desejo que venhão todos e estou fazendo uma casa em Botafogo, onde caberemos todos melhor do que na rua do Conde. Bebê me diz que ***voce*** come bem e ***esta*** engordando muito; e como ninguem de la me diz – Tichet fes tolices – estou acreditando que ***és*** um menino de juiso" (*Carta de Christiano Ottoni ao neto Misael, carta 2*, 02/1880-RJ)

(6) ***Has*** de notar que a cartinha que eu escrevo a Christiano é mais comprida do que esta: a razão é que elle escreveu, e eu tive de fallar da carta delle. Mas não deixo de escrever-***te*** tambem, não so porque quero bem a ambos, mas para que ***voce*** tambem va adquirindo gosto por estas comunicações, que servem de exercício para vir a escrever bem. (*Carta de Christiano Ottoni ao neto Misael, carta 3*, 18/12/1881-RJ)

(7) ***Voce*** e Juvelina recebão lembranças de todos e um apertado abraço d'esta ***tua*** irmã que muito ***te*** estima. (*Carta de Julieta F. L. Ascencao à sua irmã Josephina*, Curitiba, 26/08/1888-PR)

(8) Com praser li ***tua*** estimada carta de 12 Setembro ultimo, e por ela comprehendi que ***frues*** vigorosa saude, bem assim ***tua*** família. [...] A leitura que ***fiseste*** dos jornaes da terra, e o que a "Gaseta" verberou sobre

> a policia é a expressão da verdade. [...] ***Recommende***-nos a ***sua*** mulher e filhas. Quando ***vier*** me traga um bom sobre tudo: ***receba*** um saudoso abraço do ***teu*** velho amigo. (*Carta 12 de Francisco de Paula França ao amigo José*, Curitiba, 02/11/1888-PR)

A integração da forma *você* no quadro de pronomes pessoais ocasionou a reestruturação do sistema em termos das variadas possibilidades combinatórias ou de correspondência que *você* passou a assumir, seja em relação aos pronomes possessivos *você – teu ~ seu*, seja no rearranjo causado também nos pronomes oblíquos (dativos ou acusativos – *de você – te ~ lhe ~ o/a)*. Tal mudança não pode, contudo, continuar sendo considerada como "mistura de tratamento" ou como "falta de uniformidade no tratamento".

O traço de número: Quem é *a gente*? Quem são vocês?

Os nomes podem ocorrer tanto no singular, quanto no plural, o que leva à seguinte oposição semântica: "um elemento" *versus* "mais de um elemento" (*o livro* "um elemento" x *três livros* "+ de um elemento").

Com os pronomes, a correlação não é tão automática. Existe um aspecto a ser considerado por divergir da descrição gramatical. Trata-se da oposição entre singular e plural nos pronomes pessoais. A noção de número implica o grupamento de elementos de mesma natureza e não é isso o que ocorre, por exemplo, com a forma *nós*, apresentada tradicionalmente como plural de *eu*, e *vós/vocês* como plural de *tu/ você*. No primeiro caso, é inconcebível a junção de elementos iguais (*eu+eu)*, havendo, na verdade, várias possibilidades interpretativas: *eu+você, eu+ele, eu+ vocês, eu+ eles, eu+ todos*. No segundo caso, do mesmo modo, a forma plural refere-se a um conjunto indeterminado, abrangente, genérico e até difuso. Quando o falante diz "Havia uma tradição, desde a Copa do Mundo de cinquenta, pelo menos aquele pessoal que assistiu e se lembra daquilo. Ah, até nós sairmos perdendo. O Brasil estava jogando mal", pode estar se referindo a ele pessoalmente associado ao interlocutor, aos jogadores que participaram da partida, aos torcedores, enfim, a todos os brasileiros em geral.

O substantivo *gente* apresentava, na história do português, comportamento similar ao que ocorre com *povo, grupo, multidão* e com os substantivos coletivos: podia ser usado não só no singular (*esta gente*), mas também no plural (*estas gentes*). O *traço formal de número* plural, registrado na sintaxe, se perdeu com o tempo. A forma cristalizada *a gente,* cuja referência conceptual é uma massa indeterminada de pessoas disseminada na coletividade – com o *eu* necessariamente incluído –, herdou, justamente, a possibilidade combinatória com o singular, e não com o plural. Manteve-se uma interpretação semântica pluralizada, ao mesmo tempo em que *a gente* designa um todo abstrato, indeterminado e genérico, representando o conjunto base "ser-pessoa".

Assim como ocorreu nos primeiros tempos com *gente*, o substantivo *mercê* também apresentava variação de número *(mercê – mercês)*. No processo de mudança categorial, não houve transformações quanto a esse aspecto. A presença ou ausência do morfe flexional de número tanto em *Vossa Mercê* como em *você* determinam a sua interpretação pluralizada (segunda pessoa do plural) ou singularizada (segunda pessoa do singular). Em relação ao número, a forma gramaticalizada *você* apresenta comportamento similar aos pronomes de 3ª pessoa (*ele/eles*).

A perda do gênero formal: assumindo comportamento de pronome pessoal

Nos nomes substantivos, o *gênero formal* pode estar presente na estrutura sintática, embora a informação do *gênero semântico* possa estar ausente. Em *a mesa limpa* ou *o prato sujo,* apesar dos traços formais de gênero, não há informação de sexo (gênero semântico). Quando se diz *A cobra foi capturada* ou *as pessoas estão atrasadas,* tem-se a concordância com o feminino, apesar de não se ter necessariamente *cobra fêmea* ou *pessoas do sexo feminino*. Nos substantivos em que há certa correlação entre forma-sentido, como é o caso dos variáveis (aqueles que admitem flexão de gênero – *o(a) aluno(a), o(a) pato(a)*), o *gênero semântico* faria parte do significado lexical dos itens. Entre os substantivos animados invariáveis, há casos de isomorfismo entre os traços formais e os semânticos, como acontece em: *vaca* [+fem], *rei* [-fem], *pai* [-fem]. Em outros, o gênero semântico é "neutro", isto é, refere-se genericamente aos dois sexos. Incluem-se, nesse último grupo, formas como *gente, mercê, pessoa, vítima.*

Nos pronomes pessoais, as formas de terceira pessoa *ele/ela, eles/elas* são marcadas formal e semanticamente quanto ao gênero. No que se refere aos outros pronomes pessoais legítimos, o gênero formal é neutro, pois *eu, tu, nós* e *vós* não têm marca de gênero expressa em termos flexionais. Semanticamente, no entanto, há uma dupla possibilidade interpretativa, porque formas pronominais como *eu, tu/você, nós/a gente* podem combinar-se com adjetivos no masculino e/ou no feminino em estruturas predicativas, acionando uma interpretação de gênero. Quando alguém diz *"eu estou velha"*, sabe-se que o *eu* é uma mulher, porque o adjetivo *velha* está no feminino, é seu correferente, mesmo que o pronome *eu* não apresente gênero formal. A variação de gênero assumida pelos adjetivos em coocorrência com o pronome de 1ª pessoa aciona uma interpretação semântica, embora o gênero formal do pronome *eu* em si seja nulo.

Com a entrada no sistema pronominal da forma gramaticalizada *a gente,* a especificação positiva de gênero formal [+fem] do substantivo *gente* teria se perdido, tornando-se neutra, como ocorre com as outras formas pronominais de primeira e segunda pessoas *(eu/nós, tu/você(s)/vós),* que não têm gênero formal. O substantivo *gente*, apesar de formalmente feminino, não impõe restrições quanto ao sexo dos referentes, uma vez que se refere a um grupamento de pessoas [+genérico]. No seu processo de pronominalização, a forma *a gente* pronominal, apesar de não ter gênero formal como os outros pronomes pessoais legítimos (*eu, tu, nós, vós*), apresenta subespecificação semântica quanto ao gênero, uma vez que *a gente* pode combinar-se com adjetivos no masculino e/ou no feminino dependendo do gênero semântico (*a gente ficou arrasada* (referência exclusiva a mulheres) ou *a gente ficou arrasado* (referência mista ou exclusiva a homens). A partir dessa mudança de propriedade, a combinação formal no predicativo com formas no masculino e no feminino aciona um tipo de interpretação semântica quanto ao gênero.

Com *Vossa Mercê* > *você* ocorre processo semelhante (Rumeu, 2004). *Vossa Mercê* era formalmente uma expressão no feminino, pelo fato de *mercê* ser um substantivo [+fem] (*Estou à sua mercê*). Em termos semântico-discursivos, *Vossa Mercê*, como tratamento, já diverge do substantivo, pois o predicativo que acompanha *Vossa Mercê* permite resgatar o gênero do referente (*Vossa Mercê está animado/animada*). *Você* conserva tal interpretação subespecificada do gênero semântico, mas perde o traço formal da antiga expressão nominal de tratamento e passa a se comportar como os outros pronomes pessoais legítimos que não têm gênero formal *(eu/tu/nós/vós): Tu estás cansada/Você está cansada.*

Em suma:

a) Os pronomes pessoais – os legítimos dêiticos – que se referem às pessoas do discurso (*eu/tu/você/nós/a gente/vós/vocês*) não apresentam gênero formal, embora possam acionar interpretação de gênero semântico (*eu estou cansada* – uma mulher falando).

b) Os pronomes de terceira pessoa (não-pessoa), mais anafóricos que dêiticos, apresentam correlação entre o gênero formal e semântico (*ele está cansado/ela está cansada; eles(as) estão cansado(a)s*).

c) Os pronomes pessoais apresentam, no geral, correlação entre os traços formais e semântico-discursivos de número e pessoa. Se a forma está no singular (*eu* ou *tu*, por exemplo), a interpretação semântica é singular (*eu* – um indivíduo que fala ou *tu* – um indivíduo que ouve), se está formalmente no plural (*nós*), a interpretação é plural (mais de um indivíduo falando), e assim por diante. No que se refere às formas pronominalizadas *a gente* e *você* não há tal correlação, pelo fato de tais formas terem herdado propriedades nominais (a concordância verbal com a terceira pessoa, a "não-pessoa"). O pronome *você*, por exemplo, estabelece concordância verbal com a terceira pessoa gramatical (manutenção de um traço original), embora faça referência à segunda pessoa (ganho de uma propriedade pronominal).

A variação entre *nós* e *a gente*: alguns resultados empíricos

Diversos estudos com base em amostras de fala do português do Brasil (cf. Omena, 1986, 2003; Lopes, 1993, 1999, 2003; Machado, 1995; entre outros) procuraram demonstrar que a forma inovadora *a gente* vem suplantando o pronome *nós* nos últimos 30 anos. Para dar um panorama geral do estágio atual da mudança, será apresentada uma síntese dos resultados de dois trabalhos (Lopes, 2003 e Omena, 2003) com amostras diferenciadas em termos de grau de escolaridade: nível superior (amostra do Projeto Norma Urbana Oral Culta, doravante Nurc) e nível médio (amostra do Programa de Estudos do Uso da Língua, doravante PEUL-RJ). Para a análise do comportamento da comunidade, são confrontadas duas décadas de cada projeto: anos 1970 e 1990 e anos 1980 e 2000, respectivamente.

Na figura a seguir, são apresentados os resultados das duas variedades nos dois períodos de tempo. A substituição de *nós* por *a gente* está se efetivando progressivamente, seja entre os falantes cultos, seja entre os não-cultos. Na amostra Nurc relativa aos anos 1970, o uso da forma mais antiga *nós* suplantava a forma inovadora, mas a nova amostra referente à década de 1990, com informantes diferentes, sugere, ao contrário, um uso mais frequente da forma inovadora, indicando uma aceleração rápida na implantação da substituição de *nós* por *a gente* entre falantes cultos. Nos resultados obtidos a partir de falantes de escolaridade média (Omena, 2003) – décadas de 1980 e anos 2000 –, no entanto, a comunidade não mudou, pois as proporções no uso das variantes continuam praticamente as mesmas. Há instabilidade no comportamento linguístico dos falantes cultos, enquanto os de menor nível de escolaridade apresentam uma certa estabilidade de uma década para outra.

Gráfico 1
Uso de *a gente* em duas amostras (Callou e Lopes, 2004).

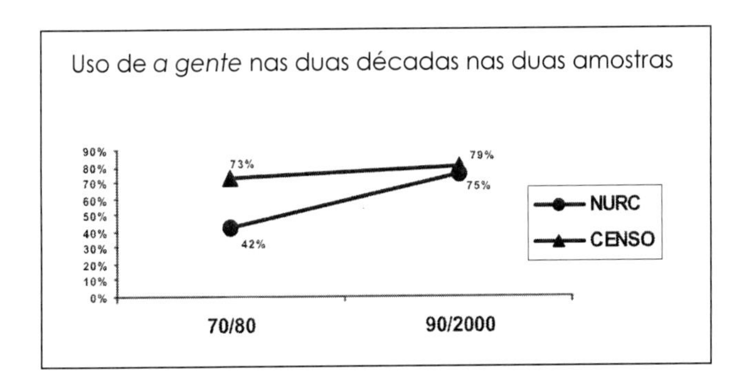

O comportamento linguístico configurado para os falantes com escolaridade média, na verdade, evidenciava um prenúncio do que se observaria mais tarde entre os falantes cultos, tanto que os índices percentuais nos anos 1990 e nos anos 2000 se tornaram praticamente os mesmos (entre 75 e 80%). A gradativa implementação da forma inovadora se disseminou pela comunidade, pelo que tudo indica, propagando-se de baixo para cima, ou seja, das classes menos escolarizadas para as mais escolarizadas.

O que estaria determinando tais escolhas linguisticamente?

Por ter herdado o traço indeterminado do substantivo *gente*, a forma *a gente* integra-se ao sistema pronominal concorrendo com *nós*. Postula-se que *a gente* resultou do seguinte processo: *gente* [nome genérico] → *a gente* [pronome indefinido] → *a gente* [substituto virtual do pronome pessoal *nós*]. O plural *nós* também permite leituras interpretativas diversas que vão desde uma determinação precisa, como *eu* + *você* ou *eu* + *ele*, até um grau máximo de indeterminação e generalidade: *eu* + *todo mundo* ou *eu* + *qualquer um*. Em termos comparativos, os diversos estudos sincrônicos[6] já demonstraram que há uma diferenciação no emprego de *nós* e *a gente* em relação a um uso mais restrito ou mais genérico. O falante utiliza preferencialmente o pronome *nós* para se referir a ele mesmo e ao interlocutor (*não-eu*), ou a *não-pessoa*: referente [+perceptível] e [+determinado]. No momento em que o falante amplia a referência, indeterminando-a, há maior favorecimento para a forma *a gente*. Utiliza *a gente* também com o presente do indicativo, o infinitivo e o gerúndio, que são formas verbais características das enumerações de atos cotidianos, frequentes ou até mesmo atemporais, associados aos discursos descritivo, argumentativo ou expositivo. Com a forma *a gente*, o falante se descompromete com o seu discurso, comentando assuntos gerais e não particulares. Quando eventualmente narra um fato vivido, o comprometimento com aquilo que enuncia é maior; por isso, o falante emprega o pronome *nós*, que possui um caráter mais específico e determinado, daí a sua presença em contextos linguísticos cujo referente é identificável e conhecido e o tempo verbal é o pretérito, característico da narração de fatos reais. Existe ainda uma questão formal a ser considerada. Pelo fato de o presente e o pretérito terem a mesma forma na 1ª pessoa do plural (*nós* cantamos hoje, *não* cantamos ontem), a desinência **-mos** tem sido cada vez mais utilizada pelo falante para marcar o tempo pretérito. Daí a maior utilização de *nós* nesse tempo, empregando-se a forma *a gente* no presente do indicativo para estabelecer uma oposição antes neutralizada pela falta de marcas formais entre os dois tempos (Fernandes e Gorski, 1986).

Mas isso tudo está em pleno processo de mudança e, aparentemente, a forma inovadora avança em alguns contextos mais do que em outros.

E as contribuições ao ensino? O que ensinar? Últimos comentários

Os manuais didáticos raramente fazem alusão às novas formas pronominais quando descrevem o quadro de pronomes pessoais, embora, como os resultados mostraram, a substituição de *nós* por *a gente* venha sendo implementada de forma acelerada nos últimos trinta anos no português do Brasil. Tal processo ocorreu não só na oralidade, mas também nos textos escritos, em que há a reprodução de situações dialógicas ou menor grau de formalidade (textos narrativos, cartas pessoais, publicidade e propaganda, e-mails etc.). Nos textos lidos em sala de aula, veiculados pela mídia eletrônica, extraídos dos jornais ou dos manuais didáticos, as formas pronominais inovadoras são recorrentes. Por que deixar, então, de apresentar aos alunos tais estratégias alternativas que ocorrem em contextos linguísticos e extralinguísticos específicos?

É fato que a implementação de *você* e *a gente* no sistema de pronomes pessoais gerou uma série de reorganizações gramaticais, tanto no subsistema de possessivos, quanto no de pronomes que exercem função de complementos diretos ou indiretos. O emprego de *com a gente* é mais produtivo que *conosco* na fala das crianças (Omena, 1986 e 2003). Como complemento e sujeito, *a gente* é a forma preferida. Em contrapartida, na variação entre *da gente*, como adjunto adnominal, e o possessivo *nosso(a)(s)*, há predomínio da forma conservadora e suas variantes (Omena, 1986). A correlação de *a gente* com formas de P4 (*nos-nosso*) é cada vez mais produtiva mesmo entre falantes cultos, do mesmo modo que *você* se combina a formas de 2ª pessoa (*te-teu*). A constituição desse paradigma supletivo é resultado de um processo de mudança similar ao que ocorreu em outras línguas românicas, como é o caso, por exemplo, do *voseo* hispano-americano.

Não é possível continuar considerando como "falta de uniformidade de tratamento". Seria tão incoerente como dizer que *ele* não é pronome pessoal por já ter sido um demonstrativo um dia!

Os quadros a seguir (Menon, 1995) registram as alterações comentadas e as novas correlações variáveis:

Quadro I
Descrição tradicional.

Pessoa	Pron. Suj.	Pron. Comp. Direto	Possessivos
P1	eu	me	meu/minha
P2	tu	te	teu/tua
P3	ele/ela	o, a/lhe/(se)	seu/sua
P4	*nós*	nos	nosso(a)
P5	vós	vos	vosso(a)
P6	eles/elas	os, as/lhes/(se)	seu(s)/sua(s)

Quadro II
Situação atual.

PESSOA	PRON. SUJ.	PRON. COMP. DIRETO	POSSESSIVOS
P1	eu	me	meu/minha
P2	tu/você	te, lhe, (se), você	teu/tua/seu/sua/ de você
P3	ele/ela	o, a (se)/lhe/ele(a)	seu/sua/dele(a)
P4	*nós/a gente*	*nos/a gente*	nosso(a)/d*a gente*
P5	vocês	vocês/lhes/se	seu(s)/sua(s)/de vocês
P6	eles/elas	os, as (se)/lhes/eles(as)	seu(s)/sua(s)/deles(as)

Qual deve ser o papel do professor diante de tal realidade? A mera substituição de um quadro por outro não resolveria o problema, pois as formas *nós~a gente* e *tu~você* ainda coexistem no português brasileiro. O pronome arcaizante *vós* está presente nos textos bíblicos e talvez ainda possa ser ouvido em templos religiosos que se espalham hoje pelo país. Deixar de apresentar aos alunos o atual sistema em toda sua complexidade é um equívoco, mas não mencionar a existência dos pronomes em desuso seria um equívoco ainda maior. Trata-se de um conhecimento passivo que precisa estar disponível, para que seja possível ler um texto de sincronias passadas (o cancioneiro medieval ou poesia trovadoresca dos primeiros tempos de nossa história, a *Carta de Caminha*, a poesia, os romances de época). Defende-se a apresentação paralela do novo quadro (não a mera substituição do antigo) e a aceitação das consequências geradas pela inserção das novas formas pronominalizadas no quadro geral de pronomes, como, por exemplo, a fusão/o sincretismo do paradigma de 2ª com o de 3ª pessoa do singular com as devidas repercussões nos possessivos e pronomes-complemento, a reformulação do sistema de tratamento da segunda pessoa do discurso (arcaização de *vós* e desenvolvimento de *vocês* e *senhor*), o rearranjo na conjugação verbal, as alterações na formação do imperativo etc., etc. Defende-se a apresentação do que é *normal*, *usual* e *frequente* no português brasileiro, sem perder de vista o que está disponível na nossa literatura, na nossa língua, na nossa história. São os diferentes *saberes* envolvidos, como foi discutido no capítulo "Saberes linguísticos na escola": a norma vernácula, o saber descritivo/prescritivo e o saber do professor. Um saber não anula o outro.

Como se percebe, há muito ainda por descrever, explicar, entender e, parafraseando João Ubaldo, apresentado no primeiro capítulo: "vamos estudando, somos ignorantes, havemos de aprender. Nosso consolo é que muitas das coisas que nos afligem (ou que afligem a gente) devem afligir vocês também".

Notas

[1] Há diversos estudos sobre pronomes no português do Brasil sob diferentes perspectivas teóricas, além de dissertações de mestrado e doutorado sobre o tema. Os comentários feitos até agora basearam-se em alguns deles: Amaral (2003), Faraco (1996), Menon (1995, 1996, 1997), Menon & Loregian-Penkal (2002), Silva (1982, 1991), Abraçado (2000), Negrão & Müller (1996), Paredes Silva (2000a, 2000b, 2003), Scherre et al. (2000), Duarte (1993, 1995, 1999, 2003), Lopes e Duarte (2003), Rumeu (2004), Lemos Monteiro (1994), Avelar (2003), Lopes (1993, 1999), Omena (1986), Machado (1995), entre outros.

[2] Adota-se a subdivisão de Câmara Jr. (1970), pois não se considera que *nós* e *vós* são verdadeiros plurais de *eu* e *tu*, respectivamente, mas sim pessoas diferentes. *Nós* não é a soma de *eu+eu*, nem *vós/vocês* é a soma de *tu+tu/você* + *você*. Teríamos então: P1 = primeira pessoa do singular, P2 = segunda pessoa do singular, P3 = terceira pessoa do singular, P4 = primeira pessoa do plural ou o "eu-ampliado", (*eu* + *alguém*), P5 = segunda pessoa do plural (*você/ vós* + *alguém*) e P6 = terceira pessoa do plural.

[3] Em Lopes (1999, 2003) postula-se um sistema de traços para explicar o processo de mudança. Para o atributo "pessoa", utiliza-se o traço [eu] que seria mais ou menos marcado: [+eu] e [–eu]. Codifica [+eu] para 1ª pessoa, [–eu] para a 2ª pessoa (pronomes pessoais "legítimos") e [Deu] para a "não-pessoa" (a dita 3ª pessoa).

[4] Entende-se como [+EU] a representação de uma propriedade semântica do item que necessariamente inclui o falante.

[5] Os traços formais são indicados em minúsculas e os semântico-discursivos em maiúsculas como discutido em Lopes (2003).

[6] Cf. Omena (1986), Lemos Monteiro (1994), Lopes (1993).

Referências bibliográficas

Abraçado, J. O possessivo seu: diferentes tipos de ambiguidade e de posse. *Gragoatá*, 9: 193204. Niterói, 2º sem. 2000.

Almeida, N. M. de. *Gramática metódica da língua portuguesa*. 33. ed. São Paulo: Saraiva, 1985.

Amaral, L. I. C. *A concordância verbal de segunda pessoa do singular em Pelotas e suas implicações linguísticas e sociais*. Porto Alegre, 2003. Tese (Doutorado) – Universidade Federal do Rio Grande do Sul.

Avelar, J. O. *Estruturas com o verbo ter, preenchimento de sujeito e movimento em forma lógica*. Comunicação apresentada no III Congresso Internacional da Abralin. Rio de Janeiro: UFRJ, 2003.

Bechara, E. *Moderna gramática portuguesa*. Rio de Janeiro: Lucerna, 2001.

Benveniste, E. *Problemas de linguística geral I*. Campinas: Pontes/Editora da Unicamp, 1988.

Callou, D.; Lopes, C. Contribuições da sociolinguística para o ensino e a pesquisa: a questão da variação e mudança linguística. *Revista do ENEL*. João Pessoa, 2004.

Câmara Jr. J. M. *Estrutura da língua portuguesa*. Petrópolis: Vozes, 1970.

Cunha, C.; Cintra, L. *Nova gramática do português contemporâneo*. Rio de Janeiro: Nova Fronteira, 1985.

Duarte, M. E. L. Do pronome nulo ao pronome pleno: a trajetória do sujeito no português do Brasil. In: Roberts, I.; Kato, M. A. (orgs.) *Português brasileiro*: uma viagem diacrônica. Campinas: Ed. da Unicamp, 1993, pp.107-128.

———. *A perda do princípio "Evite pronome" no português brasileiro*. Campinas, 1995. Tese (Doutorado) – Unicamp.

———. Sociolinguística Paramétrica: perspectivas. In: Hora, D. da; Christiano, E. (orgs.) *Estudos linguísticos*: realidade brasileira. João Pessoa: Ideia, 1999, pp. 107-14.

———. A evolução na representação do sujeito pronominal em dois tempos. In: Paiva, M. da Conceição; Duarte, M. Eugênia L. (orgs.) *Mudança linguística em tempo real*. Rio de Janeiro: Contra Capa/Faperj, 2003, pp. 115-28.

Faraco, C. A. O tratamento *você* em português: uma abordagem histórica. *Fragmenta 13*, publicação do Curso de Pós-Graduação em Letras da UFPR. Curitiba: Editora da UFPR, 1996.

Fernandes, E.; Gorski, E. A concordância verbal com os sujeito Nós e *A gente*, um mecanismo do discurso em mudança. *Atas do I Simpósio sobre a Diversidade Linguística no Brasil*. Salvador: Instituto de Letras da UFBA, 1986, pp. 175-83.

Lopes, C. R. dos S. *Nós e a gente no português falado culto do Brasil*. Rio de Janeiro, 1993. Dissertação (Mestrado) – Faculdade de Letras, UFRJ.

———. *Nós* e *a gente* no português falado culto do Brasil. *Revista D.E.L.T.A.* São Paulo: Educ, n. 14 (2), pp. 405-22, s. d.

———. *A inserção de* a gente *no quadro pronominal do português*: percurso histórico. Rio de Janeiro, 1999. Tese (Doutorado) – Faculdade de Letras, UFRJ.

———. *A inserção de 'a gente' no quadro pronominal do português*. Frankfurt/Madri: Vervuert/Iberoamericana, 2003, v. 18.

———; Duarte, M. E. L. De "Vossa Mercê" a "Você": análise da pronominalização de nominais em peças brasileiras e portuguesas setecentistas e oitocentistas. In: Brandão, S. F.; Mota, M. A. (org.) *Análise contrastiva de variedades do português*: primeiros estudos. Rio de Janeiro: In-fólio/Faculdade de Letras da UFRJ, pp. 61-76, 2003.

———; Cunha, C. de S. *Pronomes pessoais*: a pesquisa sociolinguística e a atualização da gramática. I Congresso Internacional da Abralin. Salvador: UFBA, 1994. (mimeo).

Machado, M. dos S. *Sujeitos pronominais "nós" e "a gente"*: variação em dialetos populares do norte fluminense. Rio de Janeiro, 1995. Dissertação (Mestrado) – Faculdade de Letras, UFRJ.

Menon, Odete da S. P. O sistema pronominal na região sul. *Anais do XI Encontro Nacional da ANPOLL*, 1997, pp. 510-2.

———. O sistema pronominal do português. *Revista Letras*. Curitiba, n. 44, pp. 91-106, 1995.

———. Variação e mudança: o papel dos condicionamentos linguísticos. *Fragmenta 13*, Publicação do Curso de Pós-Graduação em Letras da UFPR. Curitiba: Editora da UFPR, pp. 89-113, 1996.

______; Loregian-Penkal, L. Variação no indivíduo e na comunidade: tu/você no sul do Brasil. In: Vandresen, Paulino (org.). *Variação e mudança no português falado da Região Sul*. Pelotas: Educat, 2002, pp. 147-88.

Monteiro, J. L. *Pronomes pessoais*: subsídios para uma gramática do português do Brasil. Fortaleza: Edições UFC, 1994.

Negrão, E. V.; Müller, A L. As mudanças no sistema pronominal do português brasileiro: substituição ou especialização de formas? *Revista D.E.L.T.A.* São Paulo: Educ, n. 12(1), pp. 125-52, 1996.

Omena, N. A referência variável da primeira pessoa do discurso no Plural. In: Naro, A. J. et al. *Relatório final de pesquisa*: projeto subsídios do projeto censo à educação. Rio de Janeiro: UFRJ, n. 2, pp. 286–319, 1986.

______. A referência à primeira pessoa do plural: variação ou mudança? In: Paiva, M. da C.; Duarte, M. E. L. (org.) *Mudança linguística em tempo real*. Rio de Janeiro: Faperj/Contracapa, 2003.

Paredes Silva, V. L. A distribuição dos pronomes de segunda pessoa do singular na fala carioca ao longo do século XX. *II Congresso Nacional da Abralin* (CD-rom), 2000a.

______; Santos, G. M. dos; Ribeiro, T. de O. Variação na 2ª pessoa: o pronome sujeito e a forma do imperativo. *Gragoatá*. Niterói, n. 9, pp. 115-123, 2000b.

______. O retorno do pronome *tu* à fala carioca. In: Roncarati, C.; Abraçado, J. (org.) *Português brasileiro*: contato linguístico, heterogeneidade, história. Rio de Janeiro: 7 Letras, 2003, pp. 160-9.

Rocha Lima, C. H. da. *Gramática normativa da língua portuguesa*. 23. ed. Rio de Janeiro: José Olympio, 1983.

Rumeu, M. C. de B. *Para uma História do Português no Brasil*: formas pronominais e nominais de tratamento em cartas setecentistas e oitocentistas. Rio de Janeiro, 2004. Dissertação (Mestrado) – Faculdade de Letras, UFRJ.

Silva, G. M. de O. *Estudo da regularidade na variação dos possessivos no português do Rio de Janeiro*. Rio de Janeiro, 1982. Tese (Doutorado) – Faculdade de Letras, UFRJ.

______. Um caso de definitude. *Organon*. Porto Alegre, n. 18, pp. 90-108, 1991.

Scherre, M. M.P. et al. *Restrições sintáticas e fonológicas na expressão variável do imperativo no português do Brasil*. II Congresso Internacional da Abralin e XIV Instituto Linguístico. Florianópolis, Taciro – Produção de Cds Multimídia, pp. 1333-47, 2000.

Colocação pronominal

Silvia Rodrigues Vieira

As reflexões sobre o ensino da colocação pronominal (ou ordem dos clíticos pronominais) tomam feições muito particulares, em virtude de sua definição e caracterização sociolinguística. Quanto à definição, trata-se de um dos temas mais apropriados para que se observe a interface Fonologia-Morfossintaxe. No que se refere à caracterização sociolinguística, a ordem dos pronomes átonos foi e é ainda hoje utilizada como um forte indicador das divergências entre o português do Brasil e o português europeu.

A colocação pronominal constitui um fenômeno variável "aquém e além-mar". No português do Brasil, a colocação pré-verbal, a preferida, e a pós-verbal constituem variantes possíveis, formas alternantes para um mesmo contexto estrutural. Por isso, é preciso conhecer os elementos favorecedores de cada variante, sejam eles de natureza linguística ou extralinguística, na língua portuguesa como um todo e na variedade brasileira em particular.

Dada sua especificidade na caracterização do português em termos de variedades nacionais, não é possível refletir sobre a prática do professor sem conhecer detalhadamente o uso da ordem dos pronomes átonos. De posse desse conhecimento, deve-se buscar a caracterização sociolinguística do fenômeno no português brasileiro e, então, vislumbrar possibilidades (enfatize-se, possibilidades) de abordagem do tema.

Colocação, em termos linguísticos superficiais, pode ser definida como a disposição dos elementos na oração ou das orações dentro do período, a qual é regulada por fatores de natureza variada. No que se refere à colocação pronominal, há muito se tem por hipótese que a possibilidade de o pronome átono figurar em próclise (*me dá um cafezinho*), em ênclise (*dá-me um cafezinho*) ou, ainda, em mesóclise (*dar-me-ia um cafezinho*) é favorecida por fatores não só estruturais, mas também estilísticos e rítmicos.

Nesse sentido, a ordem dos clíticos pronominais constitui forte ilustração de um fenômeno que advém da inter-relação de diferentes níveis gramaticais, legítimo caso de interface, que, por isso mesmo, ainda não se encontra de todo elucidado na(s) gramática(s) do português. De fato, um trabalho sobre colocação pronominal pode investigar, levando em conta a amplitude do fenômeno: (a) sua face sintática, colaborando, em especial, com os estudos que buscam explicações para a variação e a mudança linguísticas, a partir das estruturas gramaticais; (b) sua face morfológica, averiguando, em primeiro plano, a natureza categorial dos pronomes átonos numa dada variedade; e (c) sua face fonológica, estabelecendo os elementos prosódicos e acústicos que determinam os parâmetros de cliticização,[1] os quais poderiam justificar opções distintas entre as variedades da língua.

Embora muitos estudos tenham sido dedicados ao conhecimento das diferentes faces do fenômeno, alguns elementos parecem estar mais intuídos do que efetivamente atestados. Cite-se, nesse sentido, o pouco conhecimento de que se dispõe sobre as características rítmicas das variedades do português, fundamentais para a determinação dos parâmetros prosódicos de cliticização. Ademais, não se pode afirmar que já se encontrem registradas as normas de uso referentes à ordem dos clíticos. Apesar de se ter conhecimento da opção preferencial tanto do português do Brasil quanto do português europeu (doravante, PB e PE, respectivamente), queixam-se renomados estudiosos de falta de informações que sirvam de base às generalizações teóricas.

Em estudos de cunho tradicional, a importância das diversas áreas gramaticais no tratamento da colocação pronominal já foi atestada. Ora mais voltados às categorias morfossintáticas que exerceriam uma atração sobre o pronome, ora mais dedicados a questões rítmicas, esses estudos esboçam conclusões pertinentes em relação aos diversos componentes gramaticais na abordagem do fenômeno. Destacam-se, nesta seção, as observações feitas, no início do século XX, por um europeu (Figueiredo, 1917 [1909]) e um brasileiro (Ali, 1966 [1908]), bem como as recomendações apresentadas em gramáticas tradicionais utilizadas no ensino da língua no Brasil e em Portugal.

Cândido de Figueiredo, em *O problema da colocação de pronomes*, cuja primeira edição data de 1909, relata, em detalhe, a discussão que travou com um escritor brasileiro, seu "antagonista", acerca da legitimidade de alguns fatos linguísticos presentes na variedade brasileira. A primeira parte do livro, mais especificamente, constitui uma resposta a alguns artigos que o Sr. Paulino de Brito, professor da Escola Normal do Pará, publicou em jornal "contra a exata colocação dos pronomes átonos" (Veríssimo, J. apud Figueiredo, 1917: 389).

Apesar do radicalismo e do explícito conservadorismo purista em afirmar que algumas estruturas verificadas no PB não são "portuguesas", o autor admite que, de acordo com a intenção e a entoação de quem fala, a disposição dos membros de uma frase ou de um período pode variar. O autor ressalta que estaria sendo pioneiro no tratamento da questão e que muito ainda haveria de ser feito no sentido de compreender melhor a influência de base entonacional.

No que se refere, ainda, a aspectos fonológicos, já se considera a influência da acentuação da forma verbal a que se liga o pronome, na discussão entre os dois referidos contendores. Paulino de Brito postula que "na linguagem verbal proparoxítona se deve evitar a ênclise, para evitar que o acento tónico fique antes da antepenúltima sílaba, o que não é admissível na nossa língua..." (apud Figueiredo, 1917: 95).

Embora com propósitos diferentes dos de Cândido de Figueiredo, Said Ali reúne em *Dificuldades da língua portuguesa*, publicado pela primeira vez em 1908, observações importantes sobre o que seria a norma de colocação dos pronomes átonos em Portugal e no Brasil, entre as quais merecem destaque as de ordem fonética, especialmente no que diz respeito ao conceito de atração.

O autor defende que qualquer vocábulo, independentemente de pertencer a categorias gramaticais específicas, pode atuar na atração fonética do pronome átono, desde que usado antes do verbo, destituído de entonação e sem admitir pausa. Quanto à tonicidade dos vocábulos, menciona a tendência do português em evitar a criação de grupos proparoxítonos ("esdrúxulos"). Atenta, ainda, quanto à entonação, para a influência da modalidade da frase sobre o fenômeno da colocação pronominal. Quando trata da frase interrogativa, estabelece que a atração do pronome por determinadas partículas é atenuada, já que a entonação da pergunta desprezaria a partícula para realçar outros termos da frase (cf. Ali, 1966: 46).

Bechara (1999) demonstra que, embora durante muito tempo se tenha estudado a colocação pronominal apenas pelo aspecto sintático, graças a trabalhos como o de Said Ali, o fenômeno passou a ser visto pelo aspecto fonético-sintático. Na explicação para o comportamento da variedade brasileira, o autor concorda com que a explicação do fenômeno se relaciona a um conjunto de fatores – "fonético (rítmico), lógico, psicológico (estilístico), estético, histórico" (p. 591) – reconhecendo que se trata de um tema interdisciplinar.

A breve retomada de opiniões de obras tradicionais sobre a natureza da ordem dos clíticos serve, acima de tudo, para demonstrar que o tema é interdisciplinar e precisa ser conhecido e tratado como tal. É um fato sintático, por se tratar de ordem de palavras, mas também morfológico – por lidar com uma categoria pronominal que se reveste de características semelhantes às de um afixo, em alguns casos – e, ainda, fonético – pelo fato de um clítico ser um elemento átono que se apoia em outros vocábulos para, juntos, formarem um só vocábulo fonológico.

O que propõe a abordagem tradicional

Apesar de já haver no início do século, como se pôde observar, a consciência de que as regras de colocação pronominal brasileiras divergem das portuguesas, as gramáticas prescritivas atuais ainda estabelecem normas que, aparentemente, se aplicariam tanto no Brasil quanto em Portugal. Essas gramáticas, embora admitam casos conflitantes entre PB e PE, propõem a ênclise como regra geral, "a posição normal, lógica" (cf. Cunha & Cintra, 1985: 300).

Determinam-se, então, os contextos em que se faz obrigatória a próclise, devido à "atração" exercida por alguns vocábulos. Levando-se em conta as formas finitas do verbo, são normalmente considerados contextos obrigatórios da variante pré-verbal:

(a) orações negativas: *Nunca se viu tal arrogância.*[2]

(b) orações exclamativas: *Quanto sangue se derramou inutilmente!*

(c) orações interrogativas: *Quem o obrigou a sair?*

(d) orações subordinadas: *Espero que me atendas sem demora.*

(e) construções com alguns advérbios (já, aqui, bem etc.):[3] *Aqui se aprende a defender a pátria.*

(f) pronomes indefinidos e numeral ambos: *Tudo se fez como você recomendou; Todos os barcos se perdem, entre o passado e o futuro.*

A pausa entre o elemento "atrator" e o verbo é indicada como um fator que altera a opção quanto à colocação pronominal. Sempre que houver pausa entre um elemento favorecedor da próclise e o verbo, pode ocorrer a ênclise.

Com as formas do verbo no infinitivo e no gerúndio, propõe-se a ênclise como regra geral. Admite-se, entretanto, no caso do infinitivo, a dupla possibilidade de colocação, se o verbo for precedido de preposição ou de palavra negativa. Quando se trata do infinitivo regido da preposição <*a*> associado ao pronome *o/a*, indica-se a ênclise como opção preferencial (*Se soubesse, não continuaria a lê-lo.*). No caso do gerúndio, prescreve-se a próclise obrigatória quando o verbo se encontra precedido pela preposição *em* (*Em se tratando de minorar o sofrimento alheio, podemos contar com a sua colaboração.*) e por advérbio que modifique diretamente o pronome, sem pausa (*Não nos provando essa grave denúncia, a testemunha será processada.*).[4]

Com as locuções verbais, admitem-se, em geral, três possibilidades: (a) ênclise ao verbo auxiliar (*O presidente quer-lhe falar ainda hoje.*), (b) próclise ao verbo auxiliar (*O presidente lhe quer falar ainda hoje.*) e (c) ênclise ao verbo principal (*O presidente quer falar-lhe ainda hoje.*) – esta última não se aplicaria às construções com particípio.

Em segundo plano (seção à parte), numa espécie de "concessão" à norma brasileira, as gramáticas reconhecem que é "sintaxe brasileira a interposição do pronome átono nas locuções verbais, sem se ligar por hífen ao auxiliar" (Rocha Lima, 1999: 455). Em outras palavras, a linguagem falada e escrita brasileira realiza com frequência a próclise ao verbo principal, que, "com certo exagero, ainda não foi aceita pela Gramática Clássica" (Bechara, 1999: 590).

Para o caso de locuções, como *vem ver-me*, algumas gramáticas (cf. Cunha & Cintra, 1985: 308-9; Bechara, 1999: 591)[5] registram que a variedade brasileira tem por opção a ligação do pronome ao verbo que o rege. Predominaria, nesse caso, o fator lógico, que traz por consequência: (a) a próclise ao particípio (*Aqueles haviam se-corrompido*); (b) a colocação do pronome após as formas do futuro do indicativo (*poderá/poderia se-reduzir*); e (c) a ligação do pronome ao verbo principal em locuções como *vamos nos-encontrar* (e não *vamo-nos encontrar*).

O que propõe a abordagem descritiva

A proposta de duas gramáticas descritivas

Levando em conta a necessidade de abordagem diferenciada do tema consoante a variedade, brasileira ou europeia, convém observar o tratamento oferecido em duas gramáticas assumidamente descritivas: uma que toma por base o português europeu (Mateus et al., 2003) e outra, o português do Brasil (Perini, 2001).

Mateus et al. (2003), considerando o que seria a norma padrão utilizada na variedade europeia do português moderno, apresentam uma descrição que, em muitos aspectos, se aproxima da que propõem os compêndios tradicionais brasileiros já mencionados.

As autoras estabelecem que os pronomes clíticos exigem um hospedeiro verbal – forma finita ou não finita –, em torno do qual figuram em adjacência. Para o contexto de posição inicial absoluta de frase, estabelecem, como regra geral, que os pronomes átonos europeus se seguem ao verbo.

Quanto às perífrases verbais, as autoras apresentam os contextos em que se dá o fenômeno conhecido como "subida de clítico",[6] que consiste na seleção de um verbo do qual o pronome não é dependente para hospedeiro verbal. Nesses casos, os pronomes ocorrem obrigatoriamente proclítico ou enclítico ao verbo auxiliar (*O João tinha-a já convidado várias vezes; o convite foi-lhe finalmente enviado; o João ia-se esquecendo do convite; O João não a tinha convidado; o convite não lhe foi nunca enviado; o João não se ia esquecendo do convite.*).

Com base em argumentos de natureza histórica e fornecidos por dados de aquisição, as autoras propõem que a ênclise é o padrão básico, não marcado, e que a posição proclítica é induzida por fatores de natureza sintático-semântica ou prosódica. Estabelecem como condição para a próclise que os chamados atratores "comandem e precedam o clítico no mesmo sintagma entoacional" (p. 853). Desse modo, para que a atração ocorra, é preciso que o sintagma verbal esteja no mesmo domínio sintático e prosódico do atrator.

Segundo as autoras, funcionam como "atratores de próclise", no português europeu, os seguintes elementos: operadores de negação e sintagmas negativos (*O João não/nunca me telefonou*), sintagmas-Q (*Quem te disse que eu ia hoje jantar contigo?*), complementadores (*Sei que o João a viu no cinema ontem*), advérbios de focalização (*Só/Apenas o João as cumprimentou.*), de referência predicativa (*A Maria também nos viu*), confirmativos (*O João sempre te convidou para a festa*), de atitude proposicional (*Talvez/Oxalá ele lhe telefone*) e aspectuais (*O João já/ainda se lembra desse incidente*), subtipos de quantificadores (*todos, ambos, qualquer; alguém, algo; bastantes, poucos*) e de conectores de coordenação (correlativas com um elemento de polaridade negativa – *não só... mas / como também, nem... nem* – e correlativas disjuntivas – *ou... ou, ora... ora, quer... quer, seja... seja*), além de constituintes ligados discursivamente em construções apresentativas (de inversão locativa – *Aqui se assinou a paz* – e outras – *Isso te dissemos todos.*) (Mateus et al., 2003: 853-7).

Desse modo, ficam estabelecidos os contextos em que os clíticos precederiam o verbo no PE. Apesar do maior grau de detalhamento e do rigor técnico na terminologia utilizada, verificam-se vários pontos de contato entre a descrição da variedade europeia proposta e a estabelecida nos compêndios tradicionais (em Portugal e no Brasil).

Perini (2001), na obra que ele considera uma tentativa de descrição de uma variedade padrão da língua portuguesa (o português padrão escrito, especialmente representado nos textos jornalísticos ou técnicos), objetiva oferecer a professores e alunos um material atualizado e que não contenha três problemas recorrentes nas gramáticas tradicionais: falta de coerência teórica, falta de adequação à realidade da língua e normativismo sem controle.

No que se refere à colocação pronominal, o autor considera que os princípios atuantes no fenômeno são simples e que "o verdadeiro problema está nas frequentes incertezas de julgamento quanto à posição dos clíticos em certos casos" (Perini, 2001: 229). Essas incertezas são decorrentes da significativa diferença entre as variedades brasileira e europeia: o usuário da língua vacila entre o respeito ao padrão europeu – que, no Brasil, predomina nas gramáticas escolares – e a adaptação ao uso brasileiro. Segundo o autor (p. 230), a ênclise estaria desaparecendo do português brasileiro, especialmente na modalidade falada, e essa tendência já teria deixado marcas muito profundas no próprio padrão escrito.

Assim sendo, bastaria propor para o PB um princípio geral que estabelecesse que os clíticos se colocam sempre antes do núcleo do predicado (o verbo). Ocorre que, para tanto, seria necessário um levantamento do uso dos clíticos no padrão brasileiro moderno, especialmente na modalidade escrita, de que o autor alega não dispor. Desse modo, propõe uma análise do que ele próprio considera uma forma muito conservadora da língua, aquela que seria mais amplamente aceita pelos usuários do padrão brasileiro.

Concebendo duas posições dos clíticos, a próclise e a ênclise,[7] Perini estabelece restrições que dariam conta da maioria dos casos:

> Restrição à próclise:
>
> É mal formada toda oração que contenha proclítico no início de estrutura oracional não-subordinada ou logo após elemento topicalizado.
>
> Restrição à ênclise:
>
> É mal formada toda oração que contenha enclítico quando: o elemento verbal (Aux ou NdP) é gerúndio, precedido de em; ou o Aux/NdP é particípio; ou a oração se inicie com item marcado [+ Atração].
>
> Em todos os outros casos, usa-se próclise ou ênclise, indiferentemente.
>
> (Perini, 2001: 229-30)

Para que a descrição se faça completa, é preciso ter conhecimento dos elementos que são marcados como [+ "atratores"]. Recorrendo aos compêndios tradicionais, o autor atesta que, embora se indiquem recorrentemente alguns vocábulos – relativos; interrogativos; os itens *não*; *nunca, só, até, mesmo, também; tudo, nada, alguém, ninguém*; o complementizador *que* –, não há muito consenso, em alguns casos, sobre que elementos atuariam realmente como "atratores". Uma vez mais, a falta de estudos que atestem as estruturas efetivamente usadas nas variedades do PB impede qualquer generalização.

É importante salientar que, embora considere conservadora a variedade que descreve, o tratamento oferecido por Perini não se restringe ao que propõe a abordagem tradicional. Ao estabelecer que, na ausência de "atratores", a opção pelas variantes pré-verbal ou pós-verbal é, de certa forma, livre, o autor admite que uma frase que tenha apenas o sujeito, por exemplo, aceita próclise ou ênclise no PB escrito (*Minhas primas se comportam / comportam-se bem.*). Um avanço.

Tratando de exemplos de pronomes átonos em complexos verbais, o autor afirma que o clítico se posiciona nos limites da mesma oração (*O sujeito demonstrou interessar-se pelo tema,* e não *o sujeito se demonstrou interessar pelo tema.*). Adverte, entretanto, que dois casos parecem, por vezes, contrariar a hipótese: (a) as construções com verbo 'saber' admitiriam a próclise ao verbo auxiliar (*Ela me sabe agradar.*); e (b) em construções com verbo auxiliar acompanhado de preposição (*Ela se deixou de maquiar.*), a próclise pode ter certa aceitabilidade na língua escrita do Brasil.

Também no caso dos complexos verbais, fica nítido que não dispõe do levantamento do uso dessas construções na variedade brasileira para a confirmação das hipóteses enunciadas.

A proposta dos estudos sociolinguísticos

Embora o tema da colocação pronominal seja frequentemente evocado para a caracterização das variedades brasileira e europeia, não se dispõe, até onde se sabe, de dados descritivos sistematicamente coletados para a caracterização dessas variedades – fato que, em se tratando do PB, é flagrante no depoimento de Perini (2001), que assume apresentar, por vezes, apenas hipóteses acerca do comportamento linguístico brasileiro por carecer de levantamentos do uso efetivo das variantes.

Pelo fato de haver resultados comparáveis para o PB e o PE, a presente seção baseia-se em Vieira (2002), estudo em que se cumpre, com base no arcabouço teórico-metodológico da sociolinguística variacionista, o objetivo de aferir o padrão de concretização da próclise ou da ênclise em função dos condicionamentos sociais e linguísticos possíveis nas duas variedades (além da moçambicana), tanto na modalidade oral quanto na escrita, além da investigação de base prosódica.[8]

A análise sociolinguística

No que diz respeito às variedades brasileira e europeia do português oral, o estudo considerou, com base em bancos de dados criteriosamente constituídos, a fala de informantes de faixas etárias e níveis de escolaridade diversificados. Para a modalidade escrita, os dados foram coletados de textos publicados em revistas e jornais brasileiros e portugueses.

A análise referente ao PE e ao PB conta com um total de 3.091 ocorrências de pronomes átonos. Consideram-se, separadamente, as construções com uma só forma verbal, as chamadas lexias verbais simples (4.167 dados), e as construções constituídas por mais de um vocábulo verbal em que o último deles é uma forma não-finita, identificadas como complexos verbais (1.029 dados).

A ordem dos clíticos nas lexias verbais simples

O gráfico, a seguir, apresenta a distribuição dos dados nas duas variedades do português oral, pelos fatores estudados.

Gráfico 1
Ordem do clítico pronominal em lexias verbais simples nas duas variedades do português (modalidade oral).

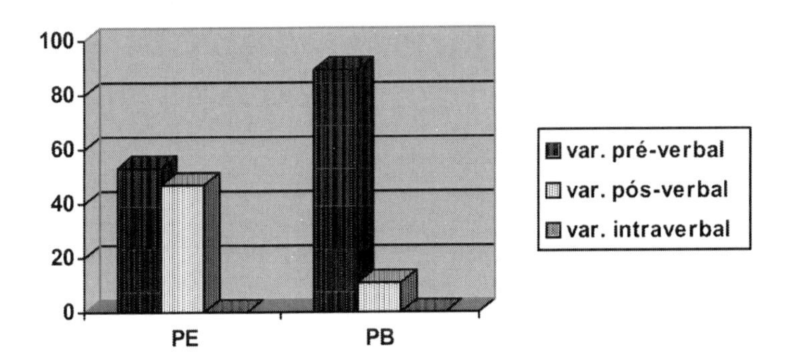

Em primeiro lugar, chama a atenção o fato de não haver, nas duas variedades consideradas, a ocorrência de mesóclise, o que sugere que a colocação intraverbal, quando usada no PE oral, se restringe a contextos de uso muito específicos. Mateus et al. (2003: 865-6) afirmam que a mesóclise constitui um traço de uma gramática antiga, claramente em desaparecimento, e que a ênclise está invadindo os contextos de mesóclise.

Considerando-se a próclise e a ênclise, observa-se que o PE apresenta uma distribuição equilibrada dos dados pelas duas variantes, tendo uma manifestação de ênclise um pouco abaixo da metade dos dados (47%). Por outro lado, reafirma-se a conhecida opção do PB pela próclise (89%) e a pouca ocorrência da ênclise (11%), que se dá em alguns contextos específicos.

A descrição do comportamento de cada variável estudada – levando em conta os valores absolutos e percentuais de próclise – e o estabelecimento das variáveis condicionadoras da ordem – por meio de índices estatísticos que revelam as tendências de cada variedade do Português – esclarecem o que determina a distribuição dos dados ora relatada.

O gráfico 2, a seguir, apresenta a distribuição dos 465 dados produzidos na modalidade escrita, nas três variedades do português:

Gráfico 2
Ordem do clítico pronominal em lexias verbais simples nas duas variedades do português (modalidade escrita).

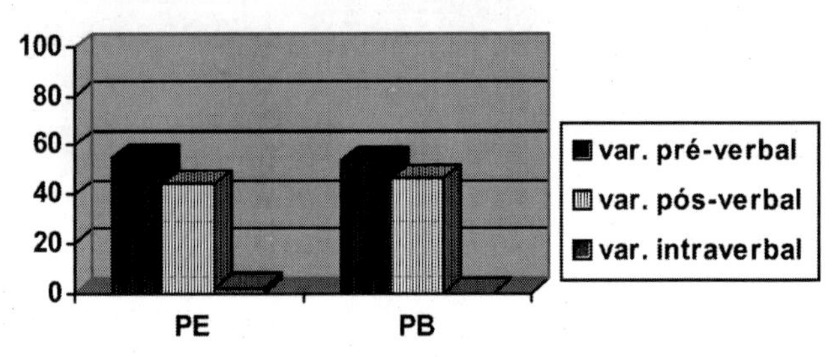

Também na modalidade escrita, a mesóclise não ocorreu no PB. Já no PE, nos poucos casos encontrados, ela se restringe às formas de futuro do presente e futuro do pretérito e a contextos em que as formas verbais estão antecedidas de elementos que não funcionam como "atratores".

Quanto à próclise e à ênclise, é curioso observar que, em termos de distribuição percentual dos dados, o padrão bem diferenciado na modalidade oral praticamente se anula na modalidade escrita das duas variedades, que passam a dispor de padrões muito semelhantes. Tal semelhança confirma a força niveladora da modalidade escrita, que regula o comportamento dos usuários de uma língua.

Os resultados obtidos para cada variedade, nas modalidades oral e escrita, revelam suas particularidades. O tratamento computacional referente às lexias verbais simples permitiu investigar a possível influência das seguintes variáveis: (i) linguísticas (comuns aos *corpora* oral e escrito): tipo de oração, presença de possível "atrator" na oração, distância entre o "atrator" e o grupo clítico-verbo, tempo e modo verbais, tipo de clítico, tonicidade da forma verbal; e (ii) extralinguísticas: para o *corpus* oral, faixa etária e escolaridade e, para o *corpus* escrito, tipo de texto.

O português europeu apresenta um condicionamento muito sistemático quanto à ordem dos clíticos, não só na modalidade oral, mas também na escrita, o qual se restringe a elementos de natureza estrutural.

Embora haja, no conjunto dos dados de lexias verbais simples do PE, uma distribuição equilibrada dos dados pelas variantes pré-verbal e pós-verbal, os resultados revelam que tal distribuição se justifica, sobretudo, pela produtividade de contextos de subordinação, nos quais atuam os chamados elementos "atratores" (das 729 ocorrências, apenas 261 não continham um possível "atrator"). Excetuando-se tais contextos, realiza-se a variante mais comum: a pós-verbal.

Sobressaem, no condicionamento do fenômeno, as variáveis presença de "atrator" na oração e distância entre o "atrator" e o grupo clítico-verbo; atua, em segundo plano, o grupo "tempo e modo verbais". O grupo "tipo de clítico" mostra-se relevante também no caso do PE oral.

(i) A presença de alguns elementos – SAdv do tipo <aqui>, elemento "denotativo" (como *só*), preposições <para>, <de> e <sem>, partícula de negação, conjunção subordinativa, pronome ou advérbio relativo e palavra – QU – no contexto antecedente ao grupo clítico-verbo (especialmente quando estão próximos do grupo) é determinante para a realização da variante pré-verbal no PE.

(ii) As formas verbais do indicativo, de comportamento variado quanto à ordem dos clíticos, se diferenciam das do subjuntivo, favorecedoras da variante pré-verbal. As formas nominais do verbo e as do imperativo são desfavorecedoras da próclise.

(iii) No PE oral, os pronomes *o, a (s)* e *lhe(s)* propiciam a ênclise, em oposição aos pronomes <se> e de 1ª e 2ª pessoas, que seguem as tendências gerais da variedade.

Para o português do Brasil, os dados confirmam que, de modo geral, a ordem não-marcada é a próclise. Os contextos que determinam a rara concretização da ênclise no PB oral são os seguintes: (i) de ordem linguística – os pronomes *o/a(s)* e *se*, este principalmente em estrutura de indeterminação/apassivação e, com menos expressividade, os contextos sem a presença de um tradicional atrator; e (ii) de ordem extralinguística – a fala de indivíduos com mais de 55 anos de idade.

No *corpus* escrito, além do tipo de clítico, o grupo "presença de 'atrator' do pronome na oração" (especialmente na oposição início absoluto *versus* demais contextos) demonstrou relevância no condicionamento do fenômeno. Além dele, atuam as variáveis "tipo de oração" e "distância entre o 'atrator' e o grupo clítico-verbo".

Não favorecem a variante pré-verbal no PB escrito: (i) quanto à presença de 'atrator' do pronome na oração e à distância entre esse elemento e o grupo clítico-verbo – o contexto inicial absoluto, a conjunção coordenativa e a locução adverbial, especialmente quando não se encontram juntos do grupo clítico-verbo; (ii) quanto ao tipo de clítico: os pronomes *o/a(s)* e o pronome *se* indeterminador/apassivador; (iii) quanto ao tipo de oração – as orações ditas "independentes", em primeiro plano, e as orações coordenadas sindéticas e subordinadas reduzidas de infinitivo, que atuam em segundo plano.

A ordem dos clíticos nos complexos verbais

Os resultados – que dizem respeito apenas à modalidade oral, pela insuficiência de dados na escrita – referem-se aos seguintes fatores: (i) colocação pré-complexo verbal (pré-CV) – *(não) me podia acompanhar* –; (ii) colocação intracomplexo verbal (intra-CV) – *podia me acompanhar* –; colocação pós-complexo verbal (pós-CV) – *podia acompanhar-me.*

Da observação dos exemplos citados anteriormente, cumpre ressaltar um ponto-chave na compreensão do fenômeno, que diz respeito à possibilidade de não haver correspondência entre a posição dos pronomes no enunciado e sua ligação fonética. Não se pode determinar, pela simples audição das ocorrências, que, em um dado como <*pode me dar*>, o <*me*> esteja ligado ao <*pode*> ou ao <*dar*>. Assim sendo, considerou-se, no tratamento sociolinguístico dos dados, a posição do pronome em relação ao verbo – antes do primeiro, entre os dois verbos ou após o segundo –, e não a possível ligação prosódica do pronome com o elemento à sua esquerda (*pode-me* dar) ou à sua direita (*pode me-dar*). A ligação fonética foi investigada no tratamento de dados coletados especialmente para a análise prosódica.

Submetidos à questão geral do estudo, figuram os demais pontos da investigação quanto aos complexos verbais:

(a) os clíticos estão ligados à forma finita do verbo ou à não-finita?;

(b) a composição do complexo verbal afeta o padrão de colocação do pronome?;

(c) o tempo e o modo da forma verbal flexionada interferem na ordem dos clíticos?;

(d) a presença de elementos intervenientes no complexo verbal – preposições, sintagmas adverbiais – altera o padrão de ordem dos clíticos?;

(e) os diferentes tipos de clíticos determinam padrões de ordem distintos?;

(f) os "atratores" do pronome atuam no caso dos complexos verbais?;

(g) caso atuem, a distância entre esses elementos e o grupo clítico-verbo(s) interfere na ordem?;

(h) os fatores extralinguísticos controlados – faixa etária e escolaridade – exercem alguma influência sobre o fenômeno?

A distribuição dos dados das duas variedades evidencia que a variante intra-CV é a mais frequente em comparação às demais, como se pode observar no gráfico a seguir:

Gráfico 3
Ordem do clítico em complexo verbal nas duas variedades do português (oral).

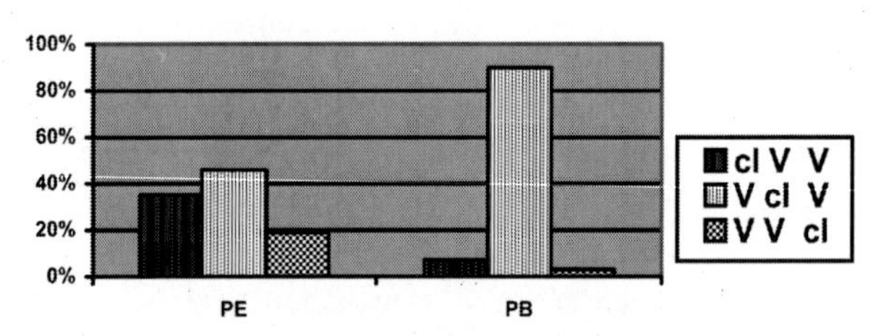

No português europeu, os dados distribuem-se pelas três variantes, sendo a intra-CV a que reúne o maior número de dados. Quando o pronome se encontra entre duas formas verbais, a análise oferece evidências – advindas dos resultados de natureza prosódica e da observação dos contextos de interposição de elementos no complexo verbal, como um advérbio, por exemplo – de que ele se liga ao elemento que o antecede (*tinha-me espontaneamente dito*); em outras palavras, o PE oral admite, de modo geral, ênclise a V1.

A variante pré-CV, também produtiva, tem sua existência determinada, sobretudo, pela presença de "atrator" no contexto anterior ao complexo verbal, tendendo a ocorrer, ainda, quando o pronome em questão é o <se> do tipo indeterminador/apassivador e quando a forma de V2 é o particípio (*o assunto de que se tinha falado*). A variante pós-CV tende a ocorrer se a segunda forma verbal for o infinitivo e se o pronome em questão for o clítico acusativo de 3ª pessoa (*ele vai encontrá-lo*) ou o <se> reflexivo/inerente (*ele vai encontrar-se com alguém*).

Em síntese, pode-se resumir o sistema de concretização da ordem dos clíticos em complexos verbais no PE da seguinte forma:

Quadro 1
Elementos condicionadores da ordem do clítico pronominal em complexo verbal no português europeu (oral) segundo Vieira (2002).

Complexos verbais – modalidade oral do PE		
	Produtividade	Elementos altamente favorecedores
Próclise a V1	Rara	Presença de "atrator"; *se* indeterminador/apassivador; verbo principal no particípio.
Ênclise a V1	Ordem não-marcada (maior número de dados) > ênclise ao primeiro verbo	—
Ênclise a V2	Rara	*o, a, os, as* após infinitivo *se* reflexivo/inerente

No PB oral, predomina a variante intra-CV em 90% dos casos, independentemente da atuação de qualquer tipo de elemento condicionador. No que se refere à relação do pronome com as duas formas verbais, a análise oferece evidências (também advindas do estudo prosódico e da observação dos contextos de interposição de elementos no complexo verbal) de que o pronome se liga ao verbo posterior (*ele tinha espontaneamente me dito*); em outras palavras, o PB oral admitiria, normalmente, próclise à segunda forma verbal dos complexos.

Em função da artificialidade da construção pré-CV nos contextos brasileiros de perífrases verbais (*que se tinha visto*, *que se vai ver*), atuam, no condicionamento do fenômeno, algumas variáveis linguísticas além da variável extralinguística "escolaridade". O grau de instrução do indivíduo colabora no sentido de favorecer a anteposição do pronome ao complexo verbal. A variante pós-CV, ainda mais rara, ficaria restrita a construções com a segunda forma verbal no infinitivo seguida, principalmente, do clítico acusativo de 3ª pessoa (*vai encontrá-lo*).

Em síntese, pode-se resumir o sistema de concretização da ordem dos clíticos em complexos verbais no PB da seguinte forma:

Quadro 2
Elementos condicionadores da ordem do clítico pronominal em complexo verbal no português do Brasil (oral) segundo Vieira (2002).

Complexos verbais – modalidade oral do PB		
	Produtividade	Elementos altamente favorecedores
Próclise a V1	Rara	*se* indeterminador/apassivador; verbo principal no particípio; construção causativa/sensitiva.
Próclise a V2	Ordem não-marcada > próclise ao verbo principal	—
Ênclise a V2	Rara	*o, a, os, as* após infinitivo

A análise da ordem dos clíticos nos complexos verbais revela que são elementos fundamentais no condicionamento da ordem dos pronomes, nas duas variedades, as variáveis "tipo de clítico", "forma do verbo não-flexionado" e "constituição do complexo verbal". Em virtude de o PE se diferenciar do PB, atua, ainda, a "presença de possível 'atrator' do pronome no contexto anterior ao complexo verbal". Levando em consideração o condicionamento geral do fenômeno nos complexos verbais, a sistematicidade dos dados da modalidade oral em relação a alguns aspectos revela o seguinte comportamento:

– *Quanto ao tipo de clítico*

É quase categórica, nas duas variedades, a posposição do clítico acusativo de 3ª pessoa aos complexos verbais. Acredita-se que as características fonéticas desse pronome – o único do tipo silábico V (vogal) – constituem o elemento que o diferencia de todos os demais. A "fragilidade" sonora da forma *o/a* desfavorece sua sustentação no interior do complexo verbal. Considerando-se que a variante pré-CV é regulada, sobretudo, pela presença de "atratores", a ordem esperada é a variante pós-CV, que constitui uma estratégia para a alteração do padrão silábico de V para CV (consoante-vogal) – *lo/no*.

O se reflexivo/inerente tende a ficar adjacente ao segundo verbo (*vai encontrar-se*, no PE; *vai se encontrar*, no PB), o verbo que o domina sintaticamente (excetuando-se as construções em que o primeiro verbo é *pôr-se/habituar-se*), e o *se* indeterminador/apassivador figura adjacente ao primeiro verbo (*tinha-se falado do caso* e *não se tinha falado do caso*, no PE; *tinha se falado do caso* e *não tinha se falado do caso*, no PB). Como consequência disso, o *se* reflexivo/inerente não tende a ocorrer anteposto ao complexo verbal e o *se* indeterminador/apassivador, ao contrário, concretiza-se mais como variante pré-CV.

– *Quanto ao tipo de complexo verbal*

A ordem dos clíticos é sensível ao tipo de estrutura dos complexos verbais.

Nas construções causativas/sensitivas (*fez-me pensar*), o clítico complemento de V1 figura na adjacência do verbo "matriz", nas duas variedades.

Nos complexos dos tipos "perífrase verbal" (*pode-me dar*) e "bioracional com mesmo referente-sujeito" (*quer dar-me*), a posição do clítico é diferenciada na variedade europeia, a depender do estatuto (não-)oracional dos verbos: as perífrases registram a distribuição das variantes consoante o condicionamento geral dessas variedades, enquanto os complexos bioracionais de mesmo referente sujeito registram maior número de casos de pronomes após V2, do qual eles são, na maior parte das vezes, complementos.

Esse comportamento não se aplica ao PB, em virtude de este apresentar o pronome, tanto nas perífrases quanto nos complexos bioracionais, imediatamente anteposto à segunda forma verbal (*pode me dar* / *quer me dar*).

– *Quanto à forma do verbo não-flexionado*

A forma do particípio, dado o seu caráter não temporal ('detensivo'), não acolhe pronome posposto. A variante pós-CV é bloqueada pelo particípio (**tinha encontrado-se*) e desfavorecida pelo gerúndio, se comparada ao infinitivo, altamente favorecedora da ênclise ao complexo.

A análise prosódica

A sugestão de que a colocação pronominal teria motivações rítmicas que justificariam o padrão proclítico brasileiro e o padrão enclítico europeu também foi investigada em Vieira (2002).

As hipóteses investigadas partiram das seguintes suposições: a) no PB, o clítico se ligaria preferencialmente à sílaba à direita, comportando-se como uma sílaba pretônica. Teria, portanto, em termos acústicos, duração e intensidade semelhantes à duração e à intensidade das sílabas pretônicas vocabulares, as quais são mais longas e mais fortes do que as postônicas (cf. Moraes, 1995); b) no PE, levando-se em conta que a pretônica e a postônica não se diferenciam de forma expressiva (cf. Martins, 1988), a sílaba do pronome átono teria duração e intensidade semelhantes à duração e à intensidade de qualquer sílaba átona, pretônica ou postônica.

Em outras palavras, espera-se que, no português do Brasil, a sílaba "me" num vocábulo como "menino" seja equivalente, em termos acústicos, à sílaba "me" num enunciado como "me nino" (pronome me + verbo ninar no presente).

Por meio de métodos específicos da fonética acústica – medição da duração, intensidade e frequência fundamental e recurso de síntese de fala, com base em programa computacional especializado –, o estudo alcançou os seguintes resultados:

- O pronome átono do PB assume, quanto à duração e à intensidade, as mesmas feições de uma sílaba pretônica vocabular; o pronome átono do PE assume, quanto à duração e à intensidade, as características de uma sílaba postônica/pretônica vocabular.
- O parâmetro de ligação fonológica do pronome átono no PB é reconhecido como inclinado para a direita (*tinha me-visto*), enquanto o parâmetro compatível com as características da pronúncia do pronome no PE é reconhecido como inclinado para a esquerda (*tinha-me visto*).
- O parâmetro acústico do acento que determina a cliticização do pronome à esquerda é, em primeiro lugar, a duração (reduzida no PE); em segundo plano, atua a intensidade (menor no PE).

Caracterização sociolinguística da colocação pronominal brasileira

A fim de propor qualquer reflexão sobre o ensino relacionado à ordem dos clíticos pronominais, é preciso, de posse das informações advindas dos estudos descritivos, buscar a caracterização sociolinguística do fenômeno no âmbito do português do Brasil.

No tema específico da colocação pronominal, é fundamental considerar o fato de que as noções de variedade (padrão e não-padrão), modalidade (oral e escrita) e registro (formal e informal) não podem ser concebidas dicotomicamente. A proposta de que a variação no português brasileiro deve ser compreendida segundo três contínuos fundamentais – *contínuo de urbanização, contínuo de oralidade-letramento* e *contínuo de monitoração estilística* (Bortoni-Ricardo, 2004) – reveste-se de caráter essencial para as reflexões propostas nesta seção.

Os resultados de Vieira (2002), apresentados neste texto, não permitem avaliar o estatuto da ordem dos clíticos no que se refere especificamente aos contínuos de urbanização e monitoração estilística, visto que não foram considerados variedades (+/– urbana *versus* +/– rural) nem estilos (+/– formal) diferentes. Os resultados permitem sugerir, com mais propriedade, a localização da ordem no contínuo oralidade-letramento na variedade brasileira.

Nesse sentido, seria possível afirmar, de forma genérica, que o PB muda de opção consoante a modalidade: da variante pré-verbal, própria da oralidade na maioria dos contextos, para a pós-verbal, na escrita padrão. Desse modo, coexistiriam dois sistemas, um no contexto de oralidade, e outro no contexto de alto grau de letramento. Em outras palavras, o PB teria variantes descontínuas no caso do eixo oralidade-letramento, e não graduais. Não se pode negar que, levando em conta os extremos desse contínuo, até caberia a generalização.

Ocorre que a análise empreendida, de base sociolinguística e prosódica, permite aferir a realidade linguística brasileira em bases mais seguras. A variação na ordem dos clíticos pronominais atestada em contextos com lexias verbais simples ocorre tanto na oralidade quanto na escrita, segundo elementos favorecedores diferentes, o que se pode resumir da seguinte forma:

Quadro 3
Síntese da concretização das variantes da ordem do clítico pronominal em lexias verbais simples no português do Brasil segundo Vieira (2002).

Sistemas de concretização da ordem dos clíticos em lexias verbais simples no PB oral		
	Modalidade oral	Modalidade escrita
Próclise	Ordem não-marcada (geral)	Ordem não-marcada (com nítidas restrições)
Ênclise	Realização reduzida e especialmente com os pronomes *o/a (s)* e *se.*	Início absoluto Após locuções adverbiais, conjunções coordenativas e SNs sujeito (de forma menos expressiva)
Mesóclise	Inexistente	Raríssima (quase inexistente)

Em função do contexto morfossintático, a próclise é a variante preferida até mesmo na escrita; encontra-se a próclise inclusive após elementos não tradicionalmente “atratores”, como o SN sujeito nominal (por exemplo, *o menino se referiu ao fato).* Não se trata de adotar a ênclise como regra geral e realizar a próclise na presença de “atratores” tradicionais. Na realidade, concretiza-se a próclise na maioria dos casos e restringe-se a ênclise a alguns contextos morfossintáticos.

De outro lado, a ênclise também pode figurar na oralidade – e não necessariamente nos contextos aconselhados na prescrição. Ao contrário, encontra-se a ênclise até com formas no futuro (*estudaria-se a questão...*) e em contextos com elementos ditos "atratores" (*o médico viu que trata-se de doença grave*), uso que parece ser cada vez mais frequente no PB.

Diante desse quadro de realizações particulares e complexas, não se sustenta mais como argumento suficiente para explicar o quadro variável da ordem dos clíticos pronominais no PB a suposição de que se usa a ênclise no PB exclusivamente na modalidade escrita e para seguir o modelo europeu ou a tradição gramatical. Por outro lado, não se nega que a pressão normativa tenha sido um elemento fortemente motivador das feições que adquiriu a norma objetiva brasileira.

Por mais óbvio que pareça, é preciso lembrar que a realidade variável existe, independentemente de suas causas. Num dado momento, não se pode mais afirmar que a ênclise em contexto inicial absoluto, especialmente na modalidade escrita, é uma variante exclusivamente europeia. Na realidade, essa realização é hoje muito brasileira. Soaria no mínimo esquisito escrever (e talvez falar) *se vende casa* ou *se aluga(m) imóveis*. Até mesmo na oralidade, pode-se suspeitar (mera suspeita!) de que a construção *se faz doces aqui* não parece ser a variante mais natural.

Some-se a essas "impressões" um número considerável de ênclises produzidas por alunos, políticos ou professores (usuários da língua) em contextos que exigiriam a próclise, como em *o livro que refere-se a* ou *como 'cê chama-se?* ou *verificaria-se esse fato se...* Até que se assuma que isso também é português do Brasil, se continuará a justificar esses contextos como casos de hipercorreção: para parecer 'erudito', 'correto', o falante erraria. A esse respeito, é preciso questionar: somente falantes com noção de prescrição quanto à ordem dos clíticos produzem esses enunciados? Ao que parece, não.

A título de ilustração, boa parte dos exemplos de ênclise com verbo na 3ª pessoa do singular mais *se* em estrutura de indeterminação / apassivação foi produzida por falantes analfabetos, no estudo de Vieira (2002). Dados como *aqui trata-se embarcação* ou *aqui encontra-se muito camarão* foram de uma frequência considerável.

Outras hipóteses igualmente especulativas para a existência dessas construções seriam as rítmicas (seria uma questão de eufonia, como alguns propõem?) ou gramaticais (estaria essa estrutura de ênclise com *se* gramaticalizando uma estrutura específica, talvez de indeterminação?). Seja como for, a ênclise é usada nesses contextos do PB.

Diante do exposto, pode-se conceber a ordem dos clíticos pronominais como um caso de variação gradual (e não descontínua) no contínuo oralidade-letramento, em determinado contexto morfossintático e consoante diferentes tipos de texto e graus de formalismo.

Apenas para efeito de aplicação, podem-se sugerir, no mínimo, quatro possibilidades numa espécie de "contínuo compósito" de modalidade e monitoração estilística:

+ escrita	+ escrita	+ oral	+ oral
+ monitorado	– monitorado	+ monitorado	– monitorado

As variantes quanto à ordem dos clíticos, considerando-se esse "contínuo compósito", são reguladas ainda por elementos de natureza linguística relativas ao contexto morfossintático, como, por exemplo, o tipo de estrutura e o tipo de clítico.

Podem-se supor, com base nos resultados sociolinguísticos, algumas possibilidades prototípicas de aplicação do contínuo:

Quadro 4
O contínuo oralidade-escrita/monitoração estilística quanto à ordem do clítico pronominal em lexias verbais simples no PB: ilustrando possibilidades.

Contexto	[+escrita; + monitorado]	[+escrita; – monitorado]	[+oral; + monitorado]	[+oral; – monitorado]
Me – início absoluto de oração	*Encontrou-me cansado.*	*Me encontrou cansado.*	*Me encontrou cansado.*	*Me encontrou cansado.*
Se indet./apassiv. – início absoluto de oração	*Estuda-se muito aqui.*	*Estuda-se muito aqui.*	*Estuda-se muito aqui.*	*(?) Se estuda muito aqui.*
O/a – início absoluto de oração	*Encontrá-lo feliz é bom.*[9]	*Encontrá-lo feliz é bom*	*Encontrá-lo feliz é bom.*	—[10]
Pronome *se* após "atrator"	*que se encontra feliz*	*que encontra-se (ou se encontra) feliz.*	*que encontra-se (ou se encontra) feliz*	*que se encontra feliz*

Essas sugestões do comportamento linguístico consoante a regra variável precisam ser exercitadas pelo pesquisador-professor (o professor deve ser sempre um pesquisador!), levando em conta lexias verbais simples e complexos verbais, e em diferentes contextos morfossintáticos. Ciente da coatuação de variáveis extralinguísticas (modalidade e registro) e linguísticas (tipo de clítico e presença/ausência de "atratores"), o profissional deve estar consciente da complexidade na configuração da regra variável. Desse modo, com o reconhecimento das características dessa regra, o linguista não ignora a prescrição, mas a encara com propriedade de cientista. Nesse sentido, vale reproduzir a opinião de Neves (2003: 55):

> Assim, não é legítimo descartar simplesmente prescrição, como se não fosse uma realidade – e legítima – o enfrentamento da pressão da norma

prescritiva pelo falante da língua. Por isso, pelo vigor da noção de norma, cabe ao linguista assumir o seu papel, que não é apenas o de combater – sem mais – a atitude prescritivista. Ele é quem sabe, em cada caso de "desvio" (na verdade, de variação), refletir sobre o que ocorre, e, assim, não lhe é lícito deixar o campo para quem venha responder a essa necessidade alheado de compromisso com a ciência linguística. O importante é que, com isso, vai-se inverter a direção: vai-se partir dos usos (explicá-los, do ponto de vista linguístico, que é o da ação, e do ponto de vista sociocultural, que é o da valoração), e daí é que há de surgir, naturalmente, a norma (ou as normas), não da autoridade de quem quer que seja, coloque-se no passado ou no presente essa fonte de autoridade.

Das pesquisas ao ensino da colocação pronominal

Assumir que o conhecimento da descrição da colocação pronominal em termos variáveis é essencial à prática de sala de aula está em consonância com a atitude de encarar, de forma realista, a diversidade linguística do Brasil. A partir dessa atitude, pode-se refletir a respeito do tema a partir das três questões básicas na prática didática: Para que ensinar? O que ensinar? Como ensinar?

Para que ensinar a colocação pronominal

A finalidade do ensino da ordem dos clíticos pronominais combina-se com os pressupostos gerais aqui assumidos, especialmente no que se refere aos objetivos do ensino de português, que deve privilegiar o texto em toda a sua diversidade de gêneros, variedades e estilos, com todos os elementos linguísticos que o compõem.

Nesse sentido, a colocação pronominal é naturalmente parte integrante do conteúdo das aulas de Língua Portuguesa. Dada a complexidade na concretização da regra variável, trata-se de um assunto apropriado para que se cumpra o objetivo de promover o domínio do maior número possível de variantes linguísticas, de forma a tornar o aluno capaz de reconhecê-las e/ou produzi-las, caso o deseje.

Com o objetivo de apresentar todas as estruturas presentes na língua, de modo que os alunos não só as produzam, mas também as reconheçam, o ensino da colocação pronominal promove a habilidade de leitura de textos de outras variedades do PB (especialmente a escrita mais monitorada), consoante diversos graus de monitoração estilística, ou do PE, da língua portuguesa de hoje ou de tempos atrás. É papel da escola tornar o aluno capaz de reconhecer uma mesóclise, de forma que possa compreender, por exemplo, o espanto da personagem de Graciliano Ramos.

> Afinal meu pai desesperou de instruir-me, revelou tristeza por haver gerado um maluco e deixou-me. Respirei, meti-me na soletração, guiado por Mocinha. [...] Certamente meu pai usara um horrível embuste naquela maldita manhã, inculcando-me a excelência do papel impresso. Eu não lia direito, mas, arfando penosamente, conseguia mastigar os conceitos sisudos: "A preguiça é a chave da pobreza – Quem não ouve conselhos raras vezes acerta – Fala pouco e bem: ter-te-ão por alguém."
>
> Esse Terteão para mim era um homem, e não pude saber que fazia ele na página final da carta. As outras folhas se desprendiam, restavam-me as linhas em negrita, resumo da ciência anunciada por meu pai.
>
> Mocinha, quem é o Terteão?
>
> (Ramos, G. *Infância*. 33. ed. São Paulo: Record, 1998. p. 99)

Se a escola preparar alunos que não se perguntem "quem é esse Terteão?", cumpriu um de seus papéis no desenvolvimento da competência de leitura textual. Desse modo, qualquer variante em função de suas especificidades sociolinguísticas tem seu espaço apropriado.

Ademais, levando em conta o objetivo geral do ensino de desenvolver o raciocínio científico do aluno sobre a língua, estudar a colocação pronominal é uma oportunidade de evidenciar a intrincada rede de relações que se travam entre os diversos níveis gramaticais, como se observa na seção que se segue.

O que ensinar sobre a colocação pronominal

No que diz respeito à promoção do maior número de variantes possíveis, é preciso que o professor apresente cada contexto variável em função da variedade e da modalidade em uso.

Considerando-se o objetivo de desenvolver a competência intelectual dos alunos por meio do ensino de gramática, o tema da ordem dos clíticos pronominais enseja o estabelecimento de sua própria conceituação. Como já se viu, o fenômeno da colocação pronominal constitui um legítimo caso de interface dos níveis gramaticais. Fazer o aluno compreender seu conceito é, a um só tempo, trabalhar os componentes morfológico, sintático e fonológico da língua portuguesa. Trata-se de um fato linguístico que permite ao professor mostrar ao aluno como a estrutura da língua revela pontos de imbricação dos níveis da gramática.

Partindo do princípio da integração dos conteúdos para a organização do programa de Língua Portuguesa (cf. Lima, 2000) – detalhados no capítulo "Concordância verbal" –, ilustra-se parte da inter-relação do tema da colocação pronominal a outros fatos linguísticos no diagrama a seguir:

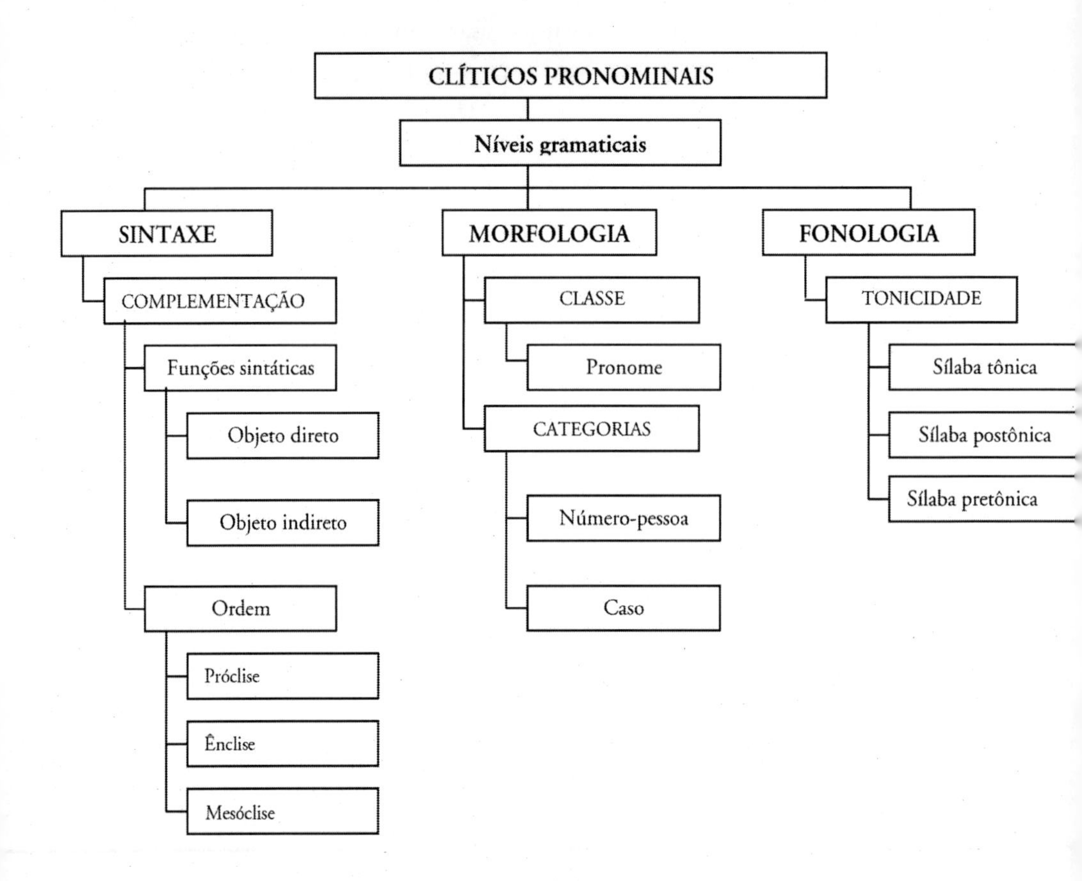

Em termos sintáticos, o tema da colocação pronominal permite ao professor apresentar a ordem dos pronomes em relação ao verbo (próclise, ênclise e mesóclise) e a função sintática que esses pronomes exercem (objeto direto e indireto, por exemplo).

No que diz respeito à morfologia, o tema permite discutir a categoria pronominal como um todo, com suas características formais na expressão de número-pessoa e caso.

Levando em conta a oralidade, o clítico pronominal – pela característica falta de independência acentual – viabiliza a apresentação dos padrões de tonicidade (sílabas átonas *versus* tônicas).

Como apresentar o tema da colocação pronominal

No que diz respeito ao uso do texto como estratégia essencial no ensino de português, o aproveitamento de material que explora o fenômeno da colocação pronominal para a construção do sentido global do texto pode ser um instrumento eficaz na apresentação do assunto. A título de ilustração, o clássico poema "Pronominais", de Oswald de Andrade, constitui rico material para a abordagem do fenômeno. De forma mais localizada, o uso do já comentado fragmento relativo a "Terteão", no texto de Graciliano Ramos, também pode ser utilizado no ensino.

Para que a apresentação da regra variável respeite a realidade de uso – conforme descrita nos resultados das pesquisas e nas reflexões sobre a natureza sociolinguística da ordem dos clíticos pronominais –, o material didático deve conter farta documentação das variantes pré e pós-verbal nos variados contextos morfossintáticos e em diferentes modalidades, registros e gêneros textuais.

A partir da observação dos dados concretos, ao menos três orientações gerais podem ser seguidas no que se refere ao ensino da colocação pronominal:

(1) Tradicional-normativa

• Orientar a escolha da ênclise como opção preferencial, especialmente na modalidade escrita, excetuando-se os contextos gramaticais ditos "atratores" ou os contextos com futuro do presente e futuro do pretérito.

• Propor o uso da mesóclise em contexto com verbo no futuro do presente ou do pretérito em início absoluto de oração.

(2) "Progressista"

• Orientar a opção do aluno na concretização de uma norma objetiva do PB mais "genuína" ou original, que prevê não só a pouca produtividade de clíticos (especialmente *o, a(s), lhe(s), nos, vos*), mas também a escolha da próclise sem qualquer restrição na modalidade oral e, por consequência, na escrita. Desse modo, a ênclise seria uma variante a ser evitada, numa espécie de combate à pressão normativa supostamente causadora da variação em alguns contextos morfossintáticos.

(3) "Sociolinguística inovadora"

• Orientar a opção do aluno na concretização da norma de uso do PB, que prevê a próclise como opção preferencial (sem desconsiderar a realização da ênclise, principalmente com os pronomes *o, a(s)* e *se indeterminador/apassivador*).

• Orientar a escolha da próclise, na modalidade escrita, que pode respeitar graus diversificados de adesão à norma gramatical prescrita de prestígio, consoante o contexto morfossintático, o grau de formalidade, o gênero textual e/ou o grau de originalidade que se pretende atingir.

• Promover a compreensão de que a ênclise em estruturas com tradicionais "atratores" não se justifica nem na norma prescrita nem na norma objetiva.

• Auxiliar no reconhecimento de estruturas raramente utilizadas, como, por exemplo, a mesóclise.

Dentro do propósito geral deste texto – de descrever a(s) norma(s) de uso a partir da realidade sociolinguística –, é a orientação denominada de "sociolinguística inovadora" que se propõe como viável e frutífera ao ensino de português, no sentido de que possibilita ao aprendiz o conhecimento do maior número possível de opções, respeitando-se os contínuos da variação e sem negar o estatuto social da linguagem, que é padronizador e variável a um só tempo.

* * *

As reflexões ora apresentadas sobre o ensino da colocação pronominal, embora preliminares, resultam de alguns trabalhos sobre o assunto, que, acredita-se, ainda tem muito que ser estudado, especialmente no que se refere aos seguintes aspectos: a influência das características rítmicas da variedade brasileira sobre a ordem dos clíticos pronominais; o comportamento dos clíticos em função dos diversos tipos de complexos verbais; e a descrição das variantes (especialmente as mais recentes, como a ênclise após "atratores") em diferentes gêneros textuais, dentre os quais se destaca o acadêmico-escolar.

Qualquer metodologia de ensino só poderá ser bem desenvolvida se houver uma base teórico-descritiva cientificamente fundamentada. Enquanto ela se constrói, somamos nossos conhecimentos, dúvidas e reflexões a respeito do tema proposto.

Notas

1 As formas clíticas são as formas desprovidas de acento próprio. Cliticização é, portanto, o fenômeno que resulta da necessidade de essas formas átonas se "inclinarem" (*clisis*, em grego, significa inclinação) para frente (*pró-clisis*) ou para trás (*ên-clisis*) em direção a um outro vocábulo em que encontra apoio.

2 Os exemplos utilizados nessa seção são extraídos dos compêndios gramaticais utilizados.

3 As gramáticas não apresentam listas fechadas dos elementos adverbiais ou pronominais que funcionam como "atratores". Cunha & Cintra (1985), por exemplo, apresentam um número maior de exemplos, em que se incluem também *mal, só, sempre, talvez.*

4 Em alguns compêndios gramaticais brasileiros (cf. Lobo, 1992: 187), figuram, ainda, como determinantes da colocação pré-verbal os seguintes contextos: infinitivo flexionado regido de preposição; verbo precedido por objeto direto ou predicativo do sujeito; verbo precedido pela conjunção coordenativa *ou.*

5 A explicação que se segue baseia-se em M. de Aguiar, Notas de português de Filinto e Odorico, Rio de Janeiro, Org. Simões, 1953, p. 409.

6 A respeito do detalhamento das construções perifrásticas em que ocorre a subida do clítico no português europeu, consultar Mateus et al. (2003: 857-860).

7 A mesóclise é considerada um tipo especial de ênclise – uma vez que obedece às mesmas condições – concretizado quando o núcleo do predicado está no futuro do presente ou do pretérito.

8 No que se refere a estudos linguísticos relativos ao português europeu em diferentes perspectivas teórico-metodológicas, destaque-se a relevante contribuição de Duarte (1983), Lobo (1991), Galves (2001), Duarte & Matos (1994) e Duarte, I. et al. (2001); para a caracterização da norma brasileira quanto à ordem dos clíticos, alguns trabalhos de pós-graduação, com enfoques diferenciados, podem ser destacados: numa abordagem

diacrônica, Pagotto (1992); na descrição do português contemporâneo, Pereira (1981), Lobo (1992), Monteiro (1994), Vieira (2002).

[9] Soaria uma realização pouquíssimo natural a variante proclítica nesse caso: *O encontrar feliz é bom!*

[10] A variante natural no PB seria, sem dúvida, evitar o clítico e utilizar o pronome do caso reto na função acusativa: *Encontrar ele feliz é bom.*

Referências bibliográficas

ALI, M. S. *Dificuldades da língua portuguesa*. 6. ed. Rio de Janeiro: Acadêmica, 1966 [1908].

BECHARA, E. *Moderna gramática portuguesa*. 37. ed. rev. e ampl. Rio de Janeiro: Lucerna, 1999 [1928].

BORTONI-RICARDO, S. M. *Educação em língua materna*: a sociolinguística na sala de aula. São Paulo: Parábola, 2004.

CUNHA, C.; CINTRA, L. F. *Nova gramática do português contemporâneo*. Rio de Janeiro: Nova Fronteira, 1985.

DUARTE, I. S. Variação paramétrica e ordem dos clíticos. *Revista da Faculdade de Letras de Lisboa*, número especial comemorativo do 50º aniversário da Revista da FLUL, 1983, pp. 158-78.

———; MATOS, G. A colocação dos clíticos em Português Europeu e a hipótese minimalista. X Encontro da Associação Portuguesa de Linguística. /*Atas...*/ Lisboa: APL, 1994, pp. 177-93.

FIGUEIREDO, C. de. *O problema da colocação de pronomes*. 3. ed. Lisboa: Clássica, 1917 [1909].

GALVES, C. *Ensaios sobre as gramáticas do Português*. Campinas: Editora da Unicamp, 2001.

LIMA, R. L. de M. Critérios de organização do conteúdo. In: MOURA, D. (org.) *Língua e ensino*: dimensões heterogêneas. Maceió: Edufal, 2000, pp. 41-50.

LOBO, T. *A colocação dos clíticos em português*: duas sincronias em confronto. Lisboa: Universidade de Lisboa, 1992. (Dissertação de Mestrado).

MARTINS, A. M. *Clíticos na história do português*. Lisboa, 1994. Tese (Doutorado) – Universidade de Lisboa.

MATEUS, M. H. M. et al. *Gramática da língua portuguesa*. 5. ed. rev. e aum. Coimbra: Almedina, 2003.

MONTEIRO, J. L. *Pronomes pessoais*: subsídios para uma gramática do português do Brasil. Fortaleza: Edições UFC, 1994.

MORAES, J. A. de. Sobre as marcas prosódicas do acento em português. In: PEREIRA, C. da C.; PEREIRA, P. R. D. (orgs.). *Miscelânea de estudos linguísticos e literários* in memoriam *Celso Cunha*. Rio de Janeiro: Nova Fronteira, 1995, pp. 332-5.

NEVES, M. H. de M. *Que gramática estudar na escola*. São Paulo: Contexto, 2003.

PAGOTTO, E. G. *A posição dos clíticos em português*: um estudo diacrônico. Campinas, 1992. Dissertação (Mestrado) – Unicamp.

PEREIRA, M. G. D. *A variação na colocação dos pronomes átonos no Português do Brasil*. Rio de Janeiro, 1981. Dissertação (Mestrado) – Pontifícia Universidade Católica.

PERINI, M. A. *Gramática descritiva do português*. São Paulo: Ática, 2001.

ROCHA LIMA, C. H. da. *Gramática normativa da língua portuguesa*. 37. ed. Rio de Janeiro: José Olympio, 1999 [1972].

VIEIRA, S. R. *Colocação pronominal nas variedades europeia, brasileira e moçambicana*: para a definição da natureza do clítico em português. Rio de Janeiro, 2002. Tese (Doutorado em Língua Portuguesa) – Faculdade de Letras, UFRJ.

QUESTÕES DE TEORIA GRAMATICAL

Flexão e derivação: o grau

Carlos Alexandre Gonçalves

De todas as variações formais dos nomes, sem dúvida alguma as de grau (aumentativo, diminutivo e intensidade) são as mais controversas na literatura linguística sobre o português: as abordagens não se mostram coerentes tanto na sua categorização como processo morfológico quanto na determinação dos significados que veiculam.

Vista como recurso usado para efeitos de focalização ou ênfase, a gradação é uma categoria semântica que se presta à indicação de atitudes subjetivas do falante em relação ao enunciado ou a alguma de suas partes. Por esse motivo, está diretamente vinculada à perspectiva do emissor que, ao intensificar ou dimensionar, orienta seu interlocutor para juízos de valor a respeito de algo ou alguém, conferindo ao item morfologicamente complexo relevância tamanha que o torna marcado (Gonçalves, 1997). Dessa maneira, a gradação dá mostras de um profundo relacionamento entre morfologia e pragmática, uma vez que a estrutura de palavras como "chiquérrimo", "fulaninha" e "golaço", entre outras, serve como indício para o reconhecimento dos propósitos comunicativos do emissor ante a audiência, o que justifica seu tratamento no âmbito da morfopragmática (cf. Kiefer, 1998; e Gonçalves, 2002).

A tradição gramatical ainda se mostra confusa quanto à categorização dos afixos de grau. Até a década de 1970, as gramáticas normativas eram unânimes na classificação flexional de tais formativos, mas, a partir dos anos 1980, algumas reviram a postura, deixando de descrever o grau em seções destinadas às flexões do nome.

Hoje, poucas são as obras dessa natureza que não analisam a gradação morfológica como processo de derivação. Contudo, os livros didáticos, salvo raríssimas exceções, ainda arriscam no nivelamento das categorias gênero, número e grau, considerando-as equivalentes em termos de *status* morfológico.

Para descrever o comportamento dos afixos de grau em português, faremos uma breve revisão da literatura sobre o assunto, começando pela tradição gramatical e pelos livros didáticos mais utilizados no ensino de língua materna, em nível médio. Como o assunto é polêmico e controvertido, estando na pauta de discussão de diversos manuais de morfologia, comentamos, a seguir, a visão de alguns teóricos sobre o tema. Passamos, enfim, à análise da gradação morfológica por meio de critérios objetivos frequentemente apontados como marcas diferenciais do binômio flexão/derivação. Tentamos, com isso, responder às seguintes questões:

- o que levou a tradição gramatical a modificar o ponto de vista quanto à determinação do *status* morfológico de afixos gradativos?;
- é inteiramente verdadeira a afirmação de que a gradação morfológica constitui derivação em português?;
- por que razão os compêndios voltados ao ensino de língua materna repetem uma informação já revista por gramáticas de reconhecido mérito?;
- as principais acepções da gradação morfológica são mesmo intensidade e dimensão, como preconizam a tradição gramatical e os livros didáticos?;
- de que maneira os professores de nível médio poderiam abordar a questão em sala de aula?;
- que estratégias podem ser utilizadas para a renovação do ensino desse tópico de gramática?

O que diz a tradição gramatical

Em linhas gerais, as gramáticas normativas se limitam a apresentar listas com os principais afixos gradativos, não indo além de uma classificação estrutural que distingue as formas sintéticas (construções base + afixo, como "cadeirinha", "bocarra", "paupérrimo") das analíticas (construções sintáticas, como "cadeira pequena", "boca grande", "muito pobre"). Algumas chamam atenção para o fato de afixos dimensivos não necessariamente expressarem tamanho, como, entre outras, a de Rocha Lima e a de Evanildo Bechara. No entanto, não desenvolvem a afirmação, deixando de explicitar todos os principais usos desses formativos. Cunha (1983: 215), por exemplo, afirma que "nem sempre as noções de aumento e diminuição vêm atualizadas nos sufixos mais tipicamente dimensivos (-inho e -ão)", mas não chega a explicitar os valores semântico-pragmáticos que tais elementos morfológicos veiculam.

À exceção de Rocha Lima, nenhum outro gramático menciona os frequentes significados metafóricos ("espigão", "orelhão") ou metonímicos ("flanelinha", "lanterninha") da gradação morfológica. Na página 89 de sua obra, esse autor aponta para a existência de aumentativos e diminutivos "meramente formais", como "papelão" e "folhinha". No entanto, nada mais informa sobre o fato, restringindo-se apenas à exibição de um reduzido conjunto de exemplos.

A tradição gramatical não apresenta consenso quanto ao *status* morfológico do grau em português. Embora constitua tendência, nas obras editadas mais recentemente,[1] de se descreverem as variações de aumentativo, diminutivo e intensidade em capítulos dedicados aos processos de formação de palavras, há gramáticas normativas que ainda insistem em taxá-las de flexionais, abordando-as em partes do compêndio destinadas ao tratamento de substantivos e adjetivos.[2]

Pode ser considerado positivo o fato de grande parte das gramáticas normativas analisar a gradação morfológica como processo derivacional em português. Isso porque, segundo Mattoso Câmara Jr. (1970), quase todas as descrições normativas dos anos 1960 e 1970, fortemente influenciadas pela NGB, nivelavam as categorias gênero, número e grau, considerando, todas elas, flexões possíveis dos nomes, porque assim era na tradição latina.

Se, por um lado, a maior parte das gramáticas normativas modernas reviu a postura, atualizando-se com base em descrições linguísticas mais recentes, por outro, as gramáticas escolares voltadas para o ensino médio, mesmo as consideradas mais inovadoras,[3] ainda consideram o grau como uma das flexões dos nomes. Muitos desses manuais sequer acenam para o fato de afixos gradativos atualizarem conteúdos semânticos variados, limitando-se, na grande maioria das vezes, a afirmar que sufixos como -inho e -ão expressam, nessa ordem, diminuição e aumento.

Raros são os livros didáticos que focalizam o uso efetivo dos afixos de grau dimensivo, atentando para o fato de eles quase nunca veicularem a noção de tamanho. Além disso, ao incluir o grau no rol das flexões nominais, as gramáticas – sejam elas escolares ou não – deixam de explicitar as diferenças entre essa categoria e as de gênero e número, que, ao contrário do grau, ativam a concordância no âmbito do sintagma nominal.

O que dizem os morfólogos

Primeiro teórico a discutir o *status* do grau em nossa língua, Mattoso Câmara Jr. (1970) repensou o comportamento dessa categoria, posicionando-se contra toda uma tradição: "a expressão de grau não é um processo flexional em português, porque não é um mecanismo obrigatório e coerente, e não estabelece paradigmas exaustivos e de termos exclusivos entre si" (p. 83). Para ele, a associação do grau a operações flexionais se justifica apenas do ponto de vista histórico, já que, em latim, sufixos como -ior (comparativo) e -issimus (superlativo) eram obrigatórios, isto é, dependentes de um contexto sintático, sendo, pois, exigidos pelo que chama de *natureza da frase*. Por exemplo, para o adjetivo latino *felix* ("feliz") existiam duas formas que se apresentavam obrigatórias e coerentes em ambientes sintáticos determinados, sendo o uso dos sufixos imposto pela sintaxe: *felicier* ("mais feliz que") e *felicissimus* ("o mais feliz do(a)"). O mesmo não acontece em português, já que a gradação não e obrigatória e não depende de um contexto sintático para se manifestar.

Quase todas as abordagens linguísticas sobre o grau seguem a linha descritiva inaugurada por Mattoso Câmara Jr. e consideram a gradação afixal um mecanismo tipicamente derivacional em português. Tal é o caso de Rosa (1983), que, como Mattoso, reconheceu que as gramáticas tradicionais ainda permaneciam confusas nessa questão, não conseguindo definir se o grau constitui flexão ou derivação.

Corroborando a visão de Mattoso Câmara Jr., Rosa (1983) apresentou três argumentos para posicionar o grau no âmbito da derivação: (a) a utilização dos afixos de grau não resulta de uma imposição sintática; (b) a manifestação do grau pode ocorrer não somente pela afixação, mas também pela aposição de um adjetivo indicador de tamanho ou de intensidade; e (c) os itens lexicais formados pelo acréscimo de marcas morfológicas de gradação apresentam possibilidade de evolução semântica, acarretando significados imprevisíveis ou idiossincráticos.

Sandmann (1989) e Rocha (1998) defendem a natureza derivacional de todos os afixos de grau. Como principais evidências de tal categorização, apontam: (a) para a existência de inúmeros vocábulos que, apesar de portarem afixos de grau, não necessariamente expressam tamanho, como, entre outros, "calção" ("traje de banho") e "camisinha" ("preservativo"); e (b) para a expressão da afetividade presente em inúmeras construções morfológicas de grau ("filhinho", "comidinha", "sopinha"). Segundo Rocha (1998: 73), por exemplo, "a afetividade está sempre presente na sufixação gradual, ao passo que a noção de aumento ou diminuição pode estar presente ou não", como ocorre em "carrão", que pode indicar valoração, e "timinho", que tende a veicular conteúdos pejorativos.

Loures (2000) também destaca o valor discursivo dos afixos de grau. Segundo a autora, sufixos diminutivos têm como principal função a afetiva: diminutivo e aumentativo não expressam necessariamente a dimensão do referente, mas a afetividade do falante, podendo carrear aspectos positivos ("cachorrinho", "mulherão") ou negativos ("leizinha", "papelão"). Dito de outra maneira, a principal função dos afixos de grau é a de realçar qualidade e/ou quantidade, de acordo com os padrões individuais e subjetivos do falante.

Nenhum teórico da atualidade, talvez em decorrência das inquestionáveis e consistentes argumentações de Mattoso Câmara Jr., considera a gradação morfológica um processo flexional – nem mesmo a quase totalidade das gramáticas normativas consultadas. No entanto, a maior parte dos livros didáticos destinados ao ensino médio ainda insiste em colocar os afixos de grau no mesmo patamar do de gênero feminino e do de número. Até que ponto essa postura é incorreta? Não seria a gradação morfológica um processo limítrofe, com características tanto flexionais quanto derivacionais? Que relevância esse conhecimento metalinguístico tem no ensino de português nas escolas? Como os professores podem contornar a polêmica e abordar o assunto em suas aulas? Para responder a essas perguntas, faz-se necessário, em primeiro lugar, descrever os afixos de grau a partir de critérios tradicionalmente apontados como definidores da flexão, o que será feito a seguir, e, em função disso, apontar estratégias para a renovação do ensino desse tópico de gramática, tarefa implementada na última seção do capítulo.

O que dizem as pesquisas linguísticas

Em linhas gerais, pelo menos 15 aspectos têm sido usados para separar rigidamente a morfologia flexional da morfologia derivacional. Diretamente relacionados ou mutuamente dependentes, esses critérios empíricos nem sempre dividem as operações morfológicas nos mesmos dois grupos: "a lógica clara dessa distinção pode ser difícil na prática" (Stump, 1998: 14), uma vez que um critério pode levar a um agrupamento que não necessariamente coincide com o obtido a partir da inspeção a outro.

Estabelecer um limite preciso entre as duas "morfologias" tem sido o problema central de diversos enfoques sobre o assunto (Spencer, 1991; Jensen, 1990; e Dresseler et al., 1993). Por essa razão, o mapeamento dos critérios empíricos deve ser visto, sobretudo, como tentativa de se conhecerem os principais requisitos para que um afixo seja categorizado como flexional e não como um taxativo veredicto sobre o assunto.

Um exaustivo levantamento das diferenças entre flexão e derivação é encontrado em Gonçalves (2005), que chegou a um total de 16 critérios diferenciadores. Neste texto, serão abordados apenas os aspectos que podem ser aplicados à expressão morfológica do grau e, consequentemente, ao seu diagnóstico como flexão ou derivação. Os critérios serão apresentados na forma de máximas, a partir das quais será avaliado o comportamento dos principais afixos de grau dimensivo (-inho e -ão) e intensivo (-íssimo).

Uma primeira tentativa de se definir flexão é dada por Anderson (1982: 587), para quem "categorias flexionais são relevantes sintaticamente". Essa peculiaridade da flexão pode ser descrita nos seguintes termos:

(i) A flexão é requerida pela sintaxe da sentença, isto é, um contexto sintático apropriado leva à expressão das categorias flexionais, o que não acontece com a derivação, isenta do requisito "obrigatoriedade sintática".

Esse critério – o da relevância sintática – inclui fatores como concordância e regência. Em (i), está implícita a ideia de que categorias flexionais forçam certas escolhas por parte dos falantes e, por isso, afixos derivacionais não seriam obrigatórios. As unidades da derivação podem ser substituídas por alguma classe especial de formas simples, sem produzir mudança na construção. Diferentemente, as unidades da flexão têm uso compulsório, isto é, previsível a partir da sintaxe.

Como ressaltado por Mattoso Câmara Jr. (1970) e reiterado por autores como Rosa (1983) e Monteiro (1987), é facultativa a utilização dos afixos gradativos, não havendo, portanto, obrigatoriedade em seu emprego: nenhum contexto sintático leva ao acréscimo das marcas morfológicas de grau, não havendo, além disso, concordância no âmbito do sintagma nominal. Em todos os exemplos a seguir, o sufixo de gênero do substantivo é repassado para o adjetivo que com ele concorda. O mesmo não pode ser dito para o de grau, que pode aparecer somente no substantivo (1b. e 1e.); unicamente no adjetivo (1a. e 1d.); ou nos dois termos do sintagma (1c. e 1f.). Além disso, o núcleo pode manifestar um grau que não necessariamente coincide com o de seu adjunto (1g. e 1h.):

(1) a. menina bonitinha b. menininha bonita
c. menininha bonitinha d. menina bonitona
e. meninona bonita f. meninona bonitona
g. menininha bonitona h. meninona bonitinha

Pela máxima estabelecida em (i), a expressão de grau constitui processo derivacional em português porque não envolve mecanismo exigido sintaticamente. Além disso, não há concordância no interior do sintagma nominal quanto às noções de grandeza ou pequenez: se existe, a concordância é apenas estilística, como em (1g. e 1h.).

Outro aspecto que diferencia a flexão da derivação aparece expresso na máxima (ii) e também conspira em favor da categorização derivacional dos afixos gradativos. Recorrendo à noção de univocidade, segundo a qual há relação de um para um entre forma e conteúdo, é possível chegar à seguinte afirmação:

(ii) Uma categoria é flexional se a morfologia é o único meio de materializar seu conteúdo. Ao contrário, quando há concorrência de estratégias, o processo deve ser visto como derivacional.

De uma forma ou de outra, o critério (ii) também faz referência à noção de obrigatoriedade e, por isso, relaciona-se diretamente com (i). No entanto, essa obrigatoriedade não deve ser vista sob o prisma sintático, pois não se faz referência "a um lugar na cadeia sintagmática que motive o uso de determinadas marcas morfológicas" (Bybee, 1985: 17). Pelo critério (ii), a flexão seria uma espécie de "morfologia aprisionadora", uma vez que funciona como veículo único na exteriorização de determinados conteúdos semânticos. A derivação, ao contrário, por veicular um significado que pode ser parafraseado por outra forma de expressão que não a morfológica, pode ser vista como "morfologia libertária" (Gonçalves, 2005).

O critério (ii) autoriza afirmar ser o sufixo gradativo -íssimo uma unidade da derivação, pois o conteúdo que veicula – intensidade – pode se manifestar através de vários expedientes na língua. De fato, a noção de intensidade pode ser obtida por operações que não necessariamente envolvam atuação do componente morfológico. Por exemplo, alongamentos excessivos na sílaba tônica do termo que se quer enfatizar podem levar à expressão da intensidade (2), da mesma forma que sua escansão em sílabas (3). Nos dois exemplos, tem-se o uso de estratégias fonológicas para expressar o mesmo conteúdo que, em princípio, poderia se manifestar com o acréscimo de -íssimo.

(2) Beltrano agora é papai de uma menina *liiiiiiiinda*!

(3) Achei o livro que Ciclano me emprestou *ex-ce-len-te*!

É possível explicar a dicotomia do gramático latino Varrão (*derivatio naturalis* x *derivatio uoluntaria*) recorrendo-se aos dois critérios empíricos apresentados. A derivação constitui a *derivatio uoluntaria* por não funcionar como camisa de força para o falante, que, livre de imposições sintáticas, pode ou não optar pelo emprego de estratégias morfológicas. No caso da flexão, a *derivatio naturalis*, não há livre-arbítrio: a seleção das marcas morfológicas independe da vontade do falante, uma vez que elas são acionadas – naturalmente – por fatores sintáticos e não apresentam concorrentes potenciais.

Por esse critério, o grau também deve ser considerado derivação, uma vez que pode se manifestar sintética (uso de diferentes afixos – prefixos e sufixos) ou analiticamente (emprego de expedientes sintáticos variados). Até então, os dois critérios levam a um mesmo diagnóstico: a gradação morfológica não pode ser considerada flexão, pois não é obrigatória nem sintática nem morfologicamente.

Se compararmos a aplicabilidade das duas "morfologias", é possível estabelecer um terceiro critério empírico para diferenciar flexão de derivação. Nesse caso, no entanto, o grau pode ser considerado flexão.

(iii) A flexão é mais produtiva que a derivação, no sentido de que estrutura paradigmas mais regulares e sistemáticos.

Ao critério (iii) subjaz a ideia de que os paradigmas da flexão apresentam comportamento bastante diferenciado dos paradigmas da derivação. Vistos como grupamentos de palavras com lexema comum, paradigmas apresentam estruturação interna e, por isso, estabelecem um conjunto de relações possíveis entre formas de determinada classe sintática. Por exemplo, nomes referentes a seres animados geralmente apresentam quatro formas: masculino singular, feminino singular, masculino plural e feminino plural. Verbos regulares podem formar paradigmas que abrigam mais de quarenta formas (Gonçalves, 2005). Na flexão, observa-se um paralelismo rígido entre as formas do paradigma, havendo, em consequência, poucos casos excepcionais ou anômalos. A derivação forma paradigmas não necessariamente coesos porque tende a apresentar restrições de aplicabilidade, ou seja, pode ser marcada pela presença de restrições lexicais arbitrárias.

Para Mattoso Câmara Jr. (1970: 71), palavras derivadas "não obedecem a uma pauta sistemática e obrigatória para toda uma classe homogênea do léxico". Em outros termos, "uma derivação pode aparecer para um dado vocábulo e faltar para um vocábulo congênere", não constituindo "um quadro regular, coerente e preciso".

Nos paradigmas derivacionais, encontram-se numerosas lacunas, o que não acontece nos flexionais, que tendem a ser mais padronizados: são conjuntos completos ou fechados, com pequeno contingente de casos excepcionais. A completude dos paradigmas flexionais se explica em função de dois fatores, fundamentalmente: (a) o alto grau de aplicabilidade das marcas flexionais e (b) a generalidade de seus significados.

Como bem observaram Loures (2000) e Piza (2001), é possível acrescentar afixos de grau a praticamente todos os nomes da língua: eles são tão produtivos em português que, além de estruturarem paradigmas sem células vazias, extrapolam os limites categoriais da base, anexando-se a pronomes ("euzinho", "elazinha"), advérbios ("pertinho", "devagarinho"), interjeições ("adeusinho", "até loguinho") e, até mesmo, a verbos ("correndinho", "dormindinho"). Tal produtividade está associada aos valores afetivos e, por isso mesmo, as lacunas praticamente não existem. Com a gradação dimensiva, ocorre o que Basílio (1990: 5-6) previu a respeito da produtividade e da generalidade de um processo morfológico: "a restrição categorial das bases não é obedecida no caso de regras mais gerais e de semântica ausente ou mais geral".

Portanto, levando em conta o critério empírico formulado em (iii), o grau fica mais bem posicionado no âmbito dos processos flexionais, o que contraria a ideia de Mattoso Câmara Jr. (1970: 71), segundo a qual "não há diminutivo correspondente para todos os substantivos portugueses". As pesquisas linguísticas sobre o diminutivo mostram exatamente o contrário, haja vista a possibilidade de afixar -inho a todo e qualquer tipo de palavra, seja ela substantivo/adjetivo ou não.[4]

Como a produtividade dos afixos de grau é até maior que a do de gênero feminino,[5] o critério em exame nos obriga a taxá-los de flexionais, o que novamente acende a polêmica iniciada com o trabalho de Mattoso Câmara Jr., que se enfraquece ainda mais com os dois critérios apresentados a seguir. Comecemos pela posição da cabeça lexical.

> (iv) Sufixos derivacionais constituem o núcleo de uma palavra morfologicamente complexa, enquanto os flexionais sempre se comportam como adjuntos.

Em (iv), faz-se menção ao elemento mais importante de uma construção morfologicamente complexa, isto é, de uma palavra que apresenta mais de um morfema. Nas construções derivadas, a interpretação parte do sufixo para a base e, por isso, o sufixo constitui o elemento nuclear da palavra. Ao contrário, na flexão a base é o principal constituinte, pois a interpretação parte desse elemento para as marcas flexionais. Em outras palavras, a cabeça lexical fica à direita quando se tem derivação e à esquerda quando se tem flexão.

Em formas como "jambeiro" e "bananal", por exemplo, as paráfrases mais apropriadas são as seguintes, nesta ordem: (a) "árvore que produz jambo" e (b) "local onde se concentram plantações de banana". No dois casos, o significado do sufixo sobressai em relação ao da base, sendo colocado em primeiro plano por engatilhar a elaboração da paráfrase. Já em "gata" e "mesas", o principal elemento significativo é a base, pois é em função do seu conteúdo que se interpreta a construção morfologicamente complexa: poder-se pensar em paráfrases do tipo "gato do sexo feminino" e "mais de uma mesa", respectivamente.

Três argumentos comprovam o *status* nuclear do sufixo nas formações derivadas: (a) a determinação da categoria lexical; (b) a atribuição do gênero; e (c) a opacidade morfológica (cf. Gonçalves, 2005). De fato, sufixos verdadeiramente derivacionais determinam a classe a que o item lexical pertence, veiculam informação quanto ao gênero e levam a significados gerais, mesmo quando a base é presa (cf. Gonçalves, 2005).

Pelo critério (iv), podemos assumir que a flexão difere da derivação em termos estruturais. Na flexão, como a cabeça lexical fica à esquerda, pois o núcleo é a base, tem-se uma estrutura do tipo DM-DT (determinado-determinante). Na derivação, ao contrário, como a cabeça fica à direita, o padrão é DT-DM (determinante-determinado).

Por essa razão, prefixos, como os elementos flexionais, constituem o adjunto de uma construção morfológica complexa. De fato, em formas como "pré-vestibular" e "megacomício", as bases determinam a interpretação da palavra, uma vez que os prefixos apresentam conteúdo semântico mais adverbial ("antes de") ou adjetivo ("grande"). Apesar da posição pré-base, a estrutura morfológica de formas prefixadas é DT-DM, a mesma das derivações mais canônicas.

Como se vê, o critério (iv) é altamente relevante e leva a agrupamentos bastante satisfatórios. No entanto, relativiza a ideia de que o grau é derivação, pois as formas que portam afixos gradativos têm núcleo posicionado à esquerda. Os afixos de grau se assemelham às flexões, nesse aspecto, diferenciando-se de todos os demais sufixos derivacionais da língua. Por exemplo, em "carrinho" e "carrão", o elemento mais importante é base, partindo dali a interpretação semântica da palavra: "carro X", em que X pode expressar tamanho ou carga emocional variada. O mesmo pode ser dito em relação aos sufixos intensivos, cujo significado, por ser de natureza adverbial, não é o central nas construções de que são constituintes.

Em resumo, a estrutura morfológica das formas com afixos de grau é DM-DT, a mesma que caracteriza as flexões. Tem-se aqui, novamente, um argumento em favor da inclusão do grau no rol das flexões nominais do português. Constata-se que a lógica de uma clara distinção entre mecanismos flexionais e derivacionais é difícil de sustentar na prática (cf. Stump, 1998). Tentemos outras propriedades distintivas. O critério (v) leva a explicitar outra função do componente morfológico: a adequação sintática.

(v) Processos flexionais não são responsáveis por mudanças de categoria lexical, ao contrário dos derivacionais, que podem promover alterações dessa natureza.

Na flexão, base e produto apresentam sempre a mesma especificação lexical. Dito de outra maneira, a flexão não muda a classe a que o vocábulo pertence. Em "gatos" e "linda", o acréscimo do -s de plural e do -a de feminino não promove qualquer alteração sintática, já que tanto a base quanto o produto são categorizados como substantivos e adjetivos, respectivamente. A maior parte dos sufixos derivacionais do português é responsável por mudanças de classe. Por exemplo, -ção e -ada formam substantivos a partir de verbos ("canalização", "esticada"), apresentando o que Basílio (1987) chama de função sintática.

Em termos de limites flexão-derivação, a mudança de classe vem sendo apontada como a principal diferença entre as duas "morfologias":[6] há, na literatura, um generalizado *slogan* segundo o qual *morfologia que muda classe é sempre derivacional* (Bybee, 1985: 17).

Nesse aspecto, portanto, o grau se aproxima do gênero e do número, uma vez que o acréscimo de um sufixo determinador dessa natureza não altera a categoria lexical da base. Isso significa dizer que a expressão de grau não apresenta função sintática, característica observada nos processos flexionais. Mesmo quando os afixos de grau extrapolam os limites categoriais da base e se agregam a formas não-nominais, não há mudança de classe, como se vê em "tchauzinho", "correndinho" e "aquelazinha", que continuam, como o acréscimo de -inho, a ser categorizados, nessa ordem, como interjeição, verbo e pronome.

Se, por um lado, os três últimos critérios nos forçam a categorizar o grau como flexão, os próximos levam a outra sentença, corroborando o diagnóstico efetuado pelos dois primeiros parâmetros apresentados. Comecemos pela natureza dos significados da flexão:

(vi) A flexão é semanticamente mais regular que a derivação. Dito de outra maneira, há coerência semântica nas operações flexionais, o que pode não acontecer nas derivacionais.

O critério (vi) faz referência ao grau de estabilidade semântica das operações morfológicas. Para ser flexional, um afixo não pode apresentar variabilidade semântica, isto é, deve levar sempre ao mesmo significado. Afixos derivacionais, ao contrário, não se mostram tão coerentes do ponto de vista semântico, pois seu significado pode variar de uma palavra para outra.

Com (vi), pode-se afirmar que os afixos flexionais são mais transparentes que os derivacionais: seu significado é sempre tão geral que a combinação com uma base produz uma palavra com sentido altamente previsível. Esse aspecto faz menção aos significados eventualmente acrescentados pelo falante nas construções derivadas. Em outras palavras, o emissor pode externar seu ponto de vista através do uso de determinadas marcas morfológicas, o que justifica dizer que a semântica dos afixos tipicamente derivacionais pode se alterar em função do contexto ou da interação linguística.

Um número relativamente grande de afixos gradativos do português sinaliza atitude subjetiva do falante em relação ao enunciado, ao referente ou ao interlocutor. Funcionando como recurso de natureza expressiva, a derivação se presta à modalização apreciativa (Loures, 2000), através da qual o locutor imprime sua marca ao enunciado, inscrevendo-se, explícita ou implicitamente, na mensagem.

Como mostra Basílio (1987: 74), a pejoratividade é o caso por excelência do que chama de "função expressiva" dos processos de formação de palavras. Construções como "livreco" e "timinho" revelam intenção depreciativa do falante e a ideia de dimensão não se manifesta em nenhuma das duas formas. Avaliações positivas também podem ser encontradas nas operações morfológicas de grau. O significado "grande" está longe de ser atualizado em formas como "carrão", "casarão", "mulheraço" e "classudo". Nesses exemplos, impressões subjetivas do falante levam a rotular algo ou alguém a partir de atributos como conforto, beleza e qualidade.

O real significado de -inho só pode ser determinado sociointeracionalmente, haja vista esse sufixo veicular carga emocional variada, emprestando à mensagem maior força comunicativa: pode expressar dimensão, como em (4), apreço (5), desapreço (6) ou, ainda, afeto, como em (7).

(4) Como a flor era bem pequena, coloquei-a num *vasinho* para que ela sobressaísse.

(5) Comprei um *carrinho* excepcional. Além de bonito, ele corre à beça.

(6) O R. é um *tipinho* insuportável.

(7) *Filhinho*, vê se come logo a comidinha.

Afixos de grau (aumentativos, diminutivos e superlativos) frequentemente apresentam função atitudinal e, por isso, tendem a atuar na interface morfologia-pragmática.[7] A gradação é relevante pragmaticamente porque dimensão e intensidade são significados que envolvem avaliação/julgamento e necessariamente remetem a um contexto interacional específico: dependem de fatores como (a) o nível de envolvimento entre falante e ouvinte; (b) os propósitos comunicativos do emissor diante da audiência; e (c) o grau de formalidade do discurso. Dependentes da situação comunicativa, os significados dos afixos de grau, utilizando as palavras de Levinson (1983: 23), "são negociáveis na transação conversacional".

Diante das evidências apresentadas, é possível caracterizar os afixos de grau como derivacionais pelo critério empírico (vi): o conteúdo que veiculam é variado, o que autoriza afirmar que a construção morfológica, por si só, não é suficiente para determinar o tipo de informação contido no formativo – é o falante que atualiza, no contexto, o real significado de tais afixos.

Com a máxima em (vii), explicita-se a ideia de que os elementos de uma mesma classe flexional não podem conviver numa mesma palavra, o que nos leva a diagnosticar os afixos de grau, mais uma vez, como derivacionais:

> (vii) Elementos da flexão são mútua e logicamente excludentes e os derivacionais podem não ser. Além disso, uma regra de formação de palavras pode ser reaplicada, o que não acontece com uma regra flexional.

O critério em (vii) evidencia duas propriedades diferenciais do binômio flexão/derivação: (a) excludência e (b) recursividade. Uma marca flexional não só exclui automaticamente outra, como também não pode ser aplicada mais de uma vez. Por exemplo, se um verbo se encontra no pretérito imperfeito do indicativo ("cantava"), não há a menor possibilidade de que ele esteja em qualquer outro tempo/modo/aspecto.

No caso da derivação, não-recursividade e excludência não constituem restrições invioláveis. Em primeiro lugar, o número de afixos numa palavra não é tão restrito e limitado como na flexão. Em segundo lugar, afixos que, em princípio, disputariam a mesma posição na cadeia sintagmática podem aparecer juntos na mesma palavra. Tal é o caso de -inho e -ão.

Por seus significados em princípio antagônicos, -inho e -ão deveriam se excluir mutuamente. Formas como "cartãozinho", "caminhãozinho" e "camisinhão" evidenciam que isso não acontece com esses elementos morfológicos. São perfeitamente possíveis formas como "livrãozão", com dois afixos de grau aumentativo, e "vidinhazinha", com dois de diminutivo. Em ambos os casos, a repetição do afixo funciona como reforço, exagerando a avaliação subjetiva do falante ante o livro e a vida. A expressão "chiquererérrima" pode ser vista como exageradamente intensiva: -erer, embora não coincida com o sufixo -érrimo, serve para ultravalorizar a qualidade "chique" de algo ou alguém. O mesmo pode ser dito em relação a "satisfeiticíssimo", cuja intensificação é reforçada pela sequência -ici, repetida de -íssimo.

Pelo critério empírico (vii), os afixos de grau não podem ser considerados unidades da flexão, o que confirma o diagnóstico obtido a partir da inspeção ao parâmetro em (vi). Essa mesma afirmação é corroborada pelo último critério aqui apresentado: a lexicalização.

(viii) Arbitrariedades/desvios são frequentes nas operações derivacionais e pouco prováveis nas flexionais.

O critério (viii) usa a lexicalização[8] para distinguir flexão de derivação. Essa anomalia, que pode ser fonológica, morfológica, sintática ou semântica, é muito comum nos processos derivacionais e extremamente rara nos flexionais. Como Bauer (1983: 23), emprega-se o termo lexicalização em sentido lato, isto é, como fenômeno de petrificação, *uma fuga ao padrão esperado*.

Os afixos de grau caracterizam-se por três dos quatro tipos de lexicalização propostos por Bauer (1983). Em primeiro lugar, por se aplicarem a bases não-nominais, sofrem lexicalização categorial, já que o *input* da formação pode não ser um nome, como acontece com "dormindinho" e "adeusinho", entre outros. Além disso, também são suscetíveis de lexicalização rizomorfêmica, pois podem fazer uso de bases presas, a exemplo dos superlativos sintéticos "nigérrimo", "paupérrimo' e "dulcíssimo", que se estruturam em função de uma raiz *doublet* (Gonçalves, 2004).

Resta falar, ainda, do tipo mais comum de lexicalização dos nomes complexos com afixo de grau: a semântica. Produtos da gradação morfológica nem sempre são interpretados pela soma das partes, uma vez que o acréscimo do afixo pode levar a opacificações de sentido, em proveito da rotulação. Não é raro encontrar usos figurados de sufixos aumentativos e diminutivos para nomear seres ou eventos não por critérios objetivos, mas a partir de propriedades transferidas em termos associativos. Em muitos casos, como os listados adiante, o sentido especial, lexicalizado via metáfora ou metonímia, acaba suplantando o tradicional, previsível. É o que ocorre com "camisinha", cujo significado "preservativo" acabou suplantando o de "camisa de proporções diminutas". Confiram-se outros exemplos em (8):

(8)	diminutivos lexicalizados		aumentativos lexicalizados	
	coxinha	("salgado")	bolão	("aposta")
	folhinha	("calendário")	espigão	("edifício")
	raspadinha	("jogo")	pistolão	("pessoa influente")
	doisinho	("trago")	caminhão	("veículo")
	beijinho	("doce")	sapatão	("lésbica")
	calcinha	("roupa de baixo")	sacolão	("hortifrúti")
	selinho	("beijo")	pescoção	("tapa")

É consensual, entre os morfólogos, a ideia de que o grau é processo derivacional em português.[9] Causaria estranheza, no entanto, a afirmação de que o gênero e o número também o são. Por esse critério, seríamos levados a encarar dessa forma, pois tanto o gênero quanto o número são passíveis de lexicalização.[10]

Não são raros exemplos na esteira de "perua" e "bruxa", que não necessariamente manifestam a noção de "ser do sexo feminino": podem significar "Kombi ou transporte coletivo" e "borboleta preta", nessa ordem. As denominações para a mulher, no *funk*, revelam forte uso da lexicalização semântica, pois "coelha" significa "adolescente que tem vários filhos" e "preparada" faz referência "àquela que vai sem calcinha para os bailes". Até mesmo "cachorra" pode ser tomado como caso de lexicalização semântica, uma vez que é utilizada com referência "à mulher que faz sexo sem restrições" (cf. reportagem do jornal *O Dia*, de 15/03/2001, intitulada "Mulheres e Funk").

Em relação ao número, há algumas formas de plural sem singular mórfico correspondente simplesmente porque a base não tem livre curso na língua. Em (9), a seguir, são listados exemplos de lexicalização rizomorfêmica para a categoria *plural*. Esses dados – apesar de não serem muito numerosos – nos levariam a afirmar que o número se comporta como processo derivacional, haja vista que os flexionais seriam, pelo critério (viii), altamente transparentes, tanto na forma quanto no conteúdo.

(9) parabéns, pêsames, exéquias, afazeres, núpcias, bodas, víveres.

Em resumo, se o grau sofre lexicalização, outras categorias nominais tacitamente analisadas como flexionais também sofrem. Por isso mesmo, o critério empírico (viii), apesar de considerar derivacionais os afixos de grau, coloca-os no mesmo patamar do -a de feminino e do -s de plural, já que o gênero e o número também são passíveis de anomalias formais e/ou semânticas, mesmo que mais esporadicamente.

Como resolver o impasse?

Pelo que se expôs, pode-se afirmar que os critérios não atuam de modo coerente e preciso: o mapeamento dos traços que diferenciam flexão de derivação deve ser encarado como tentativa de diagnosticar os afixos de uma língua e não como um veredicto sobre sua verdadeira localização no componente morfológico. De acordo com Stump (1998) e Gonçalves (2005), é difícil encontrar processo "bem-comportado", para o qual todos os critérios empíricos levem a um mesmo diagnóstico. A expressão morfológica do grau é um bom exemplo da falta de uniformidade entre os critérios, pois é analisável como flexional, por alguns, e como derivacional, por outros.

Diante dos fatos apresentados, quem tem razão: Mattoso Câmara e os linguistas que seguiram sua linha de pensamento ou as gramáticas normativas que ainda empregam a expressão "flexão de grau"? Até que ponto é incorreto o rótulo "flexão" para o grau? Enfim, como categorizar discretamente essa operação morfológica se ela não apresenta o mesmo *status* em todos os parâmetros que definem flexão e derivação?

Por mais restritivo que seja, nenhum critério objetivo fornece divisão categórica entre flexão e derivação, não levando sempre aos mesmos agrupamentos. Poder-se-ia assumir, com Bybee (1985), que a diferença entre as duas morfologias é de grau, apenas. Nesse sentido, haveria uma expressão prototípica – a flexional – da qual operações se afastariam, em maior ou menor proporção, a depender do atendimento a exigências impostas a esse tipo de expressão linguística.[11]

Após exame de vários sufixos da língua (nominalizadores deverbais, como -ção e -dor; adverbializadores deadjetivais, como -mente; e marcadores modo-tempo-aspectuais, como -va e -ria, entre outros), Gonçalves (2005: 178-9) conclui que "não há afixo considerado flexional que se comporte como derivacional em relação a pelo menos um critério empírico". Do mesmo modo, "muitos afixos tacitamente analisados como derivacionais apresentam feição flexional frente a vários parâmetros objetivos".

Considerando a existência de um *continuum* entre flexão e derivação, é possível dispor os afixos de uma língua ao longo de uma escala de prototipicidade. Desse modo, flexão e derivação deixam de ser consideradas operações discretas e passam a ser vistas como um processo gradiente, escalar, ou seja, como pólos de um *continuum*. O grau de afastamento do centro prototípico – a flexão – é determinado por atributos que caracterizam os exemplares mais representativos da classe. É exatamente nesse ponto que se manifesta a gradiência: à medida que um afixo deixa de portar os atributos definidores da flexão, (a) distancia-se do ideal prototípico; (b) localiza-se, no *continuum*, em posições mais distanciadas do centro; e (c) apresenta menor grau de pertencimento à classe.

A ideia de *continuum* flexão-derivação se ajusta bem ao comportamento dos afixos de grau em português. Como ressaltado na seção precedente, há três parâmetros que arbitram em favor de sua inclusão no rol das flexões portuguesas. Cinco outros, no entanto, conspiram contra essa inserção. Se, por um lado, é imprópria uma análise que não considere derivacionais esses afixos, por outro, também não se sustenta a referência a eles em seções do tipo "flexões do nome".

Por ocuparem posições mais periféricas na escala de prototipicidade, as marcas morfológicas de grau apresentam menor pertencimento à classe *flexão*, mas também não são representantes modelares da categoria *derivação*: comportam-se como sufixações de limites movediços, e a dificuldade de categorização certamente provém de sua natureza escorregadia.

Em resumo, respostas à inquietante pergunta "o grau é flexão ou derivação em português?" são sempre perspectivantes: o "é" ou o "não é" dependem do ponto de vista (ou critério empírico) que se tem em mente. Se, por um lado, são irrefutáveis os argumentos de Mattoso Câmara Jr., já que, pelos critérios de que se serve, o grau é indiscutivelmente derivação, por outro, não menos válidas são as evidências apresentadas por Piza (2001) para considerá-lo flexional sob certos aspectos. Aproveitando as palavras de Sandmann (1990: 17) para a expressão morfológica do grau em português, pode-se afirmar que "nem sempre é simples rotular palavras, pô-las em gavetas nas quais elas fiquem bem comportadas e acomodadas [...], parece que em morfologia é preciso conformar-se com a inexistência de fronteiras rígidas e bem definidas".

A questão do ensino (Como fazer? O que pensar? O que priorizar?)

Para o ensino de Língua Portuguesa em nível médio, bem mais importante que polemizar o *status* dos afixos de grau é investir no uso desse processo morfológico como recurso de expressividade e de estruturação discursiva e textual.

Os livros didáticos tendem a tratar o assunto a partir da listagem dos principais afixos intensivos e dimensivos, limitando-se, quando muito, a reproduzir tipologias encontradas em gramáticas de cunho normativo. Os exercícios, na maior parte dessas obras, são meramente classificatórios e utilizam o texto como pretexto para atividades de identificação de palavras morfologicamente complexas. Muitas vezes, esse tipo de abordagem é realizado como um fim em si mesmo, sem contribuir para a compreensão do fato linguístico ou da estrutura textual.

Outro dado que caracteriza os livros didáticos de nível médio quanto ao ensino do grau é a falta de referência aos diversos conteúdos veiculados pelos afixos de grau. Várias obras limitam-se a afirmar que -ão e -inho expressam aumentativo e diminutivo, nessa ordem, negligenciando, portanto, todos os empregos mais usuais desses sufixos.

Pouco importa, para um aluno de nível médio, saber se o grau constitui processo flexional ou derivacional, até mesmo porque o assunto é polêmico, como vimos, e esse tipo de conhecimento – por ser de natureza metalinguística – em nada contribui para o entendimento do fato em si e para o desenvolvimento de habilidades linguísticas. No ensino desse tópico de morfologia, mais importante que categorizar é disponibilizar, para os alunos, não frases soltas e descontextualizadas, mas textos que evidenciem o uso real e efetivo dos afixos.

Sem dúvida alguma, a principal função da morfologia do grau é a expressão da subjetividade: afixos dimensivos e intensivos revelam o impacto pragmático do emissor sobre o referente e, por isso mesmo, seu uso é condicionado (a) pelo nível de envolvimento entre o falante e o ouvinte, (b) pelos propósitos comunicativos do emissor ante a audiência e (c) pelo grau de formalidade do discurso. Cabe ao professor de língua materna mostrar ao aluno que tais condicionamentos podem favorecer – ou mesmo interditar – a presença de palavras com gradação morfológica.

O significado dos afixos dimensivos é determinado pelo contexto sociointeracional. Por isso mesmo, é no mínimo estranha a alegação, nas gramáticas em geral, de que eles expressam apenas tamanho. Como vimos, esses elementos morfológicos veiculam carga emocional variada, emprestando à mensagem maior força comunicativa: seu dimensionamento não é absoluto, pois só contextualmente se pode depreender (a) seu verdadeiro significado e (b) a real intenção do emissor.

Diante do exposto, de que maneira os livros didáticos e os professores de nível médio, em geral, poderiam abordar o assunto? Sem querer ditar regras ou apresentar receitas, deixam-se registradas as seguintes recomendações:

- desvencilhar a abordagem do grau das do gênero e do número. Isso porque gênero e número, por engatilharem a concordância nominal, são processos morfológicos distintos da gradação, cuja reiteração de marcas morfológicas, caso haja, é apenas estilística;

- evitar a expressão "flexão de grau". Embora não seja inteiramente incorreta, pelo fato de os sufixos -ão, -inho e -íssimo apresentarem características flexionais, o termo remete a um comportamento que efetivamente não se concretiza por completo na morfologia do grau. Seriam mais interessantes expressões do tipo "modificação de grau" ou "variação de grau";
- desmistificar a ideia de que os afixos dimensivos expressam apenas tamanho. Esses formativos raramente são empregados com tal conteúdo: quando usados na acepção dimensiva, quase sempre vêm acompanhados de adjetivos ou de outras partículas que indiquem grandeza ou pequenez, como ocorre em "era um livrinho tão pequeno que cabia no bolso da calça";
- investir nos valores expressivos da gradação sempre com base em textos variados. De fato, a morfologia do grau constitui recurso linguístico bastante utilizado em diversos gêneros textuais, como a propaganda e o anúncio publicitário, entre outros;
- descrever o grau amparando-se em noções como formalidade e modalidade. Por serem expressivos, afixos de grau são mais utilizados em gêneros textuais – orais e escritos – que pressupõem maior familiaridade entre interlocutores. Dessa maneira, devem ser evitados em gêneros que requerem maior grau de formalidade, como o texto científico e o seminário, por exemplo;
- atentar para os casos de lexicalização. Inúmeras formas aparentemente complexas podem não ser interpretadas pela soma das partes, já que afixos de grau frequentemente levam a opacificações de sentido. Sem necessariamente recorrer à metalinguagem, é possível mostrar ao aluno que palavras com -inho e -ão – 'aviãozinho', 'quentinha', 'pistolão' e a recente 'mensalão', entre tantas outras – podem adquirir significados imprevisíveis, deixando, nessa acepção especializada, de ser interpretadas como marcadoras de grau;
- vincular o estudo do grau com a abordagem das chamadas "figuras de linguagem". É interessante levar o estudante a perceber que a metáfora e a metonímia não estão presas nas obras literárias: são recursos frequentemente utilizados para fins de denominação, como acontece na morfologia do grau e em outros processos de formação de palavras, como a composição ('tubarão-martelo' e 'boia-fria' ilustram a atuação da metáfora e da metonímina, nessa ordem, também na formação de nomes compostos);

- optar por atividades que articulem esse tópico de gramática com leitura e produção. Para isso, o professor pode se valer de textos com usos variados dos afixos de grau. Isso leva o aluno a perceber que a opção pelas estruturas sintéticas (morfológicas), em detrimento das analíticas (sintáticas), depende de fatores variados, que vão desde os propósitos comunicativos do emissor ao grau de formalidade do texto.

Notas

[1] Pelo menos nas cinco consultadas: Cunha (1983); Luft (1986); Rocha Lima (1994); Ribeiro (1998); e Bechara (2000).

[2] Tal é o caso de Cunha (1983) e Luft (1986).

[3] Por exemplo, Infante (2004); Cereja & Magalhães (2004).

[4] Ver Loures (2000) e Piza (2001).

[5] A esse respeito, ver Piza (2001) e Gonçalves (2005).

[6] Por exemplo, Jensen (1990); Mathews (1974); e Stump (1998).

[7] Sobre a interface morfologia-pragmática, ver Dressler & Kiefer (1993); Kiefer (1998); e Gonçalves (2003).

[8] Como Bauer (1983), interpretamos a lexicalização como qualquer idiossincrasia envolvida nas operações morfológicas – sintática, morfológica, fonológica ou semântica.

[9] Entre outros, destacam-se Kehdi (1987); Monteiro (1987); e Sandamann (1990).

[10] Como observam Piza (2001) e Gonçalves (2005), a lexicalização atua tanto no gênero quanto no número, muito embora de forma menos produtiva.

[11] Exemplos de aplicação desse modelo ao português são encontrados em Piza (2001) e em Gonçalves (2005).

Referências bibliográficas

ANDERSON, S. Where's Morphology? *Linguistic Inquiry*, n. 13 (1), pp. 571-612, 1982.

BASÍLIO, M. *Produtividade e função dos processos de formação de palavras no português falado*. Campinas: Unicamp, 1990. (mimeo).

———. *Teoria lexical*. São Paulo: Ática, 1987.

BAUER, L. *English word formation*. Cambridge: Cambridge University Press. Berlim: Mouton de Gruyter, 1983.

BECHARA, E. *Moderna gramática da língua portuguesa*. Rio de Janeiro: Lucerna, 2000.

BYBEE, J. *Morphology: the relations between meaning and form*. Amsterdam/ Philadelphia: John Benjamins Publishing Co., 1985.

CAMARA JR., J. M. *Estrutura da língua portuguesa*. Petrópolis: Vozes, 1970.

CEREJA, W. R.; MAGALHÃES, T. C. *Português*: linguagens. São Paulo: Saraiva, 2004.

CUNHA, C. F. *Gramática da língua portuguesa*. Rio de Janeiro: MEC/FENAME, 1983.

DRESSLER, W.; KIEFER, F. Morphopragmatics. In: DRESSLER, W. et al. (org.). *Countemporary Morphology*. Berlin: Mouton de Gruyter, 1993.

Dressler, W. et al. *Countemporary Morphology*. Berlin: Mouton de Gruyter Gulbenkian, 1993.

Gonçalves, C. A. V. *Flexão e derivação em português*. Rio de Janeiro: Setor de Publicações da Faculdade de Letras da UFRJ, 2005.

———. Morfema: sabotagem do ideal de univocidade entre forma e conteúdo. *PLUSS*, Vassouras, v. 1, pp. 4-16, 2004.

———. A função indexical das formações X-íssimo, X-ésimo e X-érrimo no português do Brasil. *Veredas*. Juiz de Fora, v. 5, n. 2, pp. 47-59, 2003.

———. Morfopragmática da intensificação sufixal em português. *Revista de Letras*. Fortaleza, v. 1; 2, n. 24, pp. 43-50, 2002.

———. *Focalização no português do Brasil*. Rio de Janeiro, 1997. Tese (Doutorado) – Faculdade de Letras, UFRJ.

Infante, U. *Textos*: leituras e escritas. São Paulo: Scipione, 2004.

Jensen, J. T. *Morphology*: word structure in generative grammar. Amsterdam: John Benjamins Publishing Co., 1990.

Kehdi, W. *Morfemas do português*. São Paulo: Ática, 1987.

Kiefer, F. Morphology and Pragmatics. In: Spencer, A.; Zwicky, A. (eds.). *The Handbook of Morphology*. London: Basil Blackwell, 1998.

Levinson, S. *Pragmatics*. Cambridge: Cambridge University Press, 1983.

Loures, L. H. *Análise contrastiva de recursos morfológicos com função expressiva em francês e português*. Rio de Janeiro, 2000. Tese (Doutorado) – Faculdade de Letras, UFRJ.

Luft, C. P. *Moderna gramática brasileira*. Porto Alegre: Globo, 1986.

Mathews, J. *Morphology*. Cambridge: Cambridge University Press, 1974.

Monteiro, J. L. *Morfologia portuguesa*. São Paulo: Ática, 1987.

Piza, M. C. *Gênero, número e grau no continuum Flexão/Derivação em português*. Rio de Janeiro, 2001. Dissertação (Mestrado) – Faculdade de Letras, UFRJ.

Ribeiro, M. *Gramática aplicada da língua portuguesa*. Rio de Janeiro: Metáfora, 1998.

Rocha, L. C. *Estruturas morfológicas do português*. Belo Horizonte: Editora da UFMG, 1998.

Rocha Lima, L. C. *Gramática normativa da língua portuguesa*. Rio de Janeiro: José Olympio, 1994.

Rosa, M. C. *Os nomes aumentativos em -ão: um estudo sobre produtividade lexical*. Rio de Janeiro, 1983. Dissertação (Mestrado) – Faculdade de Letras, UFRJ.

Sandmann, A. J. *Morfologia lexical*. São Paulo: Contexto, 1990.

———. *Morfologia geral*. São Paulo: Contexto, 1989.

Spencer, A. *Morphological Theory*. Oxford: Basil Blackwell, 1991.

Stump, T. Inflection. In: Spencer, A.; Zwicky, A. (eds.). *The Handbook of Morphology*. Oxford: Basil Blackwell, 1998, pp. 13-41.

Classes de palavras

Maria da Aparecida de Pinilla

Considerando o alto percentual ocupado pelo estudo das classes de palavras na programação escolar e, consequentemente, nas salas de aula de Português, é importante examinar como tem sido tratada a questão e apresentar algumas propostas para a abordagem do fenômeno.

O estudo das classes de palavras está presente desde as primeiras séries da vida escolar e continua sendo o assunto principal, ou dos mais estudados, nas aulas de Português, tanto no ensino fundamental como no ensino médio. A partir de consultas a programas escolares e a livros didáticos, nota-se que, muitas vezes, o estudo das classes se restringe a um conhecimento da nomenclatura apenas. Por esse motivo, este texto, que não pretende esgotar o assunto, objetiva servir como reflexão para futuros estudos a respeito do tema.

As classes de palavras ocupam grande destaque no ensino de língua portuguesa. Neves (1990), em pesquisa com seis grupos (total de 170 professores) da rede oficial de ensino fundamental (5ª a 8ª série) e do ensino médio, em quatro cidades do estado de São Paulo, por meio de questionários e entrevistas, mostra que todos os professores de Língua Portuguesa priorizam o ensino de gramática. As questões apresentadas aos professores investigam os seguintes aspectos: para que ensinar gramática; o que e como ensinar; o que é difícil nesse ensino; qual é o papel dos manuais de gramática e dos livros didáticos.

Embora todos esses aspectos sejam relevantes, o segundo item – *o que e como ensinar* – chama particularmente nossa atenção. Neves registra as áreas do programa de Língua Portuguesa mais trabalhadas pelos professores. Para detectar o que de fato eles avaliavam como importante a ser ensinado, foi pedido aos professores que elaborassem exercícios comumente aplicados em sala de aula. O Quadro 1 (extraído de Neves, 1990: 14) mostra a preferência dos professores.

Quadro 1
Resultado da pesquisa de Neves (1990).

1. classes de palavras	39,71 %
2. sintaxe	35,85 %
3. morfologia	10,93 %
4. semântica	3,37 %
5. acentuação	2,41 %
6. silabação	2,25 %
7. texto	1,44 %
8. redação	1,44 %
9. fonética e fonologia	0,96 %
10. ortografia	0,80 %
11. estilística	0,32 %
12. níveis da linguagem	0,32 %
13. versificação	0,16 %

Ao observar o quadro em que são incluídos todos os exercícios de língua portuguesa apresentados pelos professores, por ordem de frequência, verifica-se o alto índice de ocorrência das classes de palavras; em seguida, aparecem os exercícios de sintaxe, todos exigindo domínio de metalinguagem.

Os exercícios de reconhecimento das classes e das funções sintáticas ocupam a maior parte das aulas de língua portuguesa, presentes em todos os grupos pesquisados. Portanto, os mesmos itens são repetidos ano após ano no ensino fundamental e no ensino médio. Seria essa distribuição adequada e/ou eficiente para o ensino do português?

Consultas a professores do ensino fundamental e do ensino médio de escolas da rede pública e privada do Rio de Janeiro mostram que o quadro resultante da pesquisa de Neves não tem mudado muito.[1]

Apesar de bastante abordado na escola, o tema não parece ser criteriosamente tratado: ora ocorre mistura de critérios, ora faltam critérios. A esse respeito, Perini, em *Sofrendo a gramática* (1997), compara a separação das palavras em classes à distinção dos animais em ordens, classes, espécies etc. Nos dois casos, é preciso estabelecer critérios de classificação. Ao mostrar a necessidade de usar critérios objetivos para considerar um animal em determinada classe, exemplifica a separação entre répteis e mamíferos com base em quatro critérios: temperatura do corpo, modo de reprodução, presença ou não de pêlos e amamentação.

Em 1985, em uma proposta de renovação do ensino gramatical, Perini considera a classificação das palavras um caso particular da classificação das formas sintáticas, o que pode levar a generalizações importantes sobre a estrutura da língua. Ao retomar essa abordagem em 1995, o autor justifica a colocação de duas ou mais palavras na mesma classe com base no princípio da economia: existem afirmações que podem ser feitas para um grande número de palavras; e em 1997 reafirma que "classificamos as palavras para podermos tratar delas com um mínimo de economia" (p. 41).

Para Perini, "classificar as palavras implica elaborar uma classificação sobre critérios formais (sem excluir da descrição a classificação semântica, mas separando-se nitidamente dela)" (p. 314). Portanto, além do comportamento sintático e morfológico, é necessário considerar, separadamente, os traços de significado. É preciso estar atento para que haja uma relativa homogeneidade entre os componentes da classe quanto ao comportamento gramatical. Embora esses conjuntos de palavras possam ser estabelecidos com base em semelhanças de comportamento gramatical, a função que eles desempenham é fundamental para determinar suas características semânticas e morfológicas.

O que propõe a tradição

Já na Antiguidade, havia preocupação com o estudo das classes de palavras. A classificação de Aristóteles, pautada na lógica filosófica, com a divisão em nome, verbo e partícula, tem influenciado os estudos a respeito das classes de palavras ao longo do tempo. Com Dionísio da Trácia, esse estudo ganhou nova dimensão. Sua *A arte da gramática* serviu de modelo para o estudo das classes até nossos dias. A divisão proposta por ele em oito categorias (nome, verbo, conjunção, artigo, advérbio, preposição, pronome e particípio) serviu de base para a divisão de Varrão para a língua latina. Como observa Fernandes (1998), ao longo do tempo, o estudo da divisão das palavras em classes constitui o referencial para os estudos gramaticais.

A nomenclatura oficial brasileira, datada de 1958,[2] tem servido de apoio à terminologia empregada pelas gramáticas normativas. A NGB (Nomenclatura Gramatical Brasileira) reconhece dez classes de palavras: substantivo, artigo, adjetivo, numeral, pronome, verbo, advérbio, preposição, conjunção e interjeição.

Há, entre os autores de gramáticas e de livros didáticos, uma concordância de que é importante considerar as palavras em seus diferentes aspectos (morfológico, funcional e semântico). O problema é que, em geral, a definição de cada classe não leva em conta os mesmos critérios, o que resulta em definições confusas, privilegiando ora um, ora outro critério. Na maioria dos casos, a classificação se apoia basicamente no critério semântico, complementado às vezes pelo critério morfológico.

As definições normalmente encontradas nos compêndios gramaticais são semelhantes, com apenas algumas variações. Essas definições são incompletas e devem ser revistas, porque privilegiam, seguindo a tradição gramatical, quase que exclusivamente o critério semântico, como se pode perceber no Quadro 2, que resume as definições presentes na maioria em gramáticas e livros didáticos usados em grande número de escolas.

Quadro 2
Definições encontradas em gramáticas e livros didáticos.

Substantivo	É o nome de todos os seres (*critério semântico*) que existem ou que imaginamos existir.
Adjetivo	É toda e qualquer palavra que, junto de um substantivo (*critério funcional*), indica uma qualidade, estado, defeito ou condição (*critério semântico*).
Advérbio	É a palavra invariável (*critério morfológico*) que modifica essencialmente o verbo (*critério funcional*) exprimindo uma circunstância (tempo, modo, lugar etc) (*critério semântico*).
Verbo	É a palavra que pode sofrer as flexões de tempo, pessoa, número e modo (*critério morfológico*). [...] é a palavra que pode ser conjugada; indica essencialmente um desenvolvimento, um processo (ação, estado ou fenômeno) (*critério semântico*).
Artigo	É a palavra que antecede o substantivo (*critério funcional*) e indica o seu gênero e número (*critério morfológico*), individualizando-o ou generalizando-o (*critério semântico*).
Pronome	A palavra que substitui ou acompanha um substantivo (nome) (*critério funcional*) em relação às pessoas do discurso (*critério morfossemântico*).
Numeral	É a palavra que dá ideia de número (*critério semântico*).
Preposição	É a palavra invariável (*critério morfológico*) que liga duas outras palavras entre si (*critério funcional*), estabelecendo entre elas certas relações (*critério semântico*).
Conjunção	É a palavra invariável (*critério morfológico*) que liga orações, ou, ainda, termos de uma mesma função sintática (*critério funcional*).
Interjeição	É a palavra invariável (*critério morfológico*) que exprime emoção ou sentimento repentino (*critério semântico*).

O quadro apresenta, também, o critério ou os critérios utilizados para a classificação. Assim, algumas definições consideram os aspectos funcional, mórfico e semântico; outras limitam-se a um ou dois critérios. O substantivo e o numeral, por exemplo, são definidos com base apenas no critério semântico, o verbo, nos critérios mórfico e semântico, e na definição do artigo, consideram-se os três critérios, mórfico, semântico e funcional. Quanto à interjeição,[3] embora reconheçam que sejam frases implícitas e não exerçam função na oração, os autores a definem como palavra invariável que exprime sentimento.

O que propõem as pesquisas

Câmara Jr. (1970) apresenta como tarefa da gramática descritiva a distribuição dos vocábulos formais em classes fundamentais. Seguindo esse objetivo, o autor critica a teoria de Dionísio, intitulada "partes do discurso", por apresentar heterogeneidade de critérios e não levar em conta hierarquias e sub-hierarquias.

O autor considera três critérios para classificar os vocábulos formais de uma língua: o critério semântico (o que eles significam do ponto de vista do universo biossocial que se incorpora na língua); o critério formal ou mórfico (que se baseia nas propriedades da forma gramatical) e o critério funcional (que diz respeito ao papel que cabe ao vocábulo na oração).

Depois de abordar os três critérios, Câmara Jr. observa que o critério semântico não deve ser observado isoladamente, como acontece de maneira geral na gramática tradicional. Para ele, o sentido não é um conceito independente, mas está ligado à forma. Ressalta ainda que o critério semântico (relativo à significação) e o critério mórfico (relativo às propriedades formais) se associam de maneira muito estreita, pois o vocábulo é uma unidade de forma e de sentido. O autor afirma que esse critério "compósito" parece ser o fundamento primário da classificação dos vocábulos formais em português. Justifica essa posição, ao afirmar que o critério semântico isolado não daria conta da distinção entre nomes e verbos e que a solução estaria em acrescentar o critério mórfico. Dessa forma, os nomes representam "coisas" ou seres (critério semântico) e apresentam gênero e número (critério mórfico). Por outro lado, os verbos representam processos (critério semântico) e se flexionam em modo, tempo, pessoa e número (critério mórfico). Esse critério "compósito" é também usado para caracterizar a classe dos pronomes. Por seu caráter dêitico, eles mostram o ser no espaço (critério semântico) e apresentam as categorias de pessoa gramatical, de casos e a existência do gênero neutro. Essas três noções são expressas lexicalmente e não por meio de flexões (critério mórfico). Com base nesses argumentos, Câmara Jr. propõe uma divisão das classes de palavras em nomes, verbos e pronomes.

O autor considera, então, a função ou papel que cabe ao vocábulo na sentença e explica que, do ponto de vista funcional, nomes e pronomes se subdividem em substantivo, adjetivo e advérbio. Justifica sua posição ao observar que

> Há a função de substantivo, que é a do nome ou pronome tratado como centro de uma expressão, ou 'termo determinado' [...]. E há a função de adjetivo, em que o nome ou pronome é o 'termo determinante' e modifica um nome substantivo ou tratado como determinado. [...] Um terceiro conceito tradicional, de natureza funcional também é o advérbio. Trata-se de um nome, ou pronome, que serve de determinante a um verbo: fala eloquentemente, fala aqui. (p. 79)

O Quadro 3 mostra a classificação de Mattoso Câmara Jr. de acordo com os três critérios.

Quadro 3
Proposta de classificação de vocábulos de Câmara Jr. (1970).

Critério morfossemântico	Critério funcional
nome	substantivo
	adjetivo
	advérbio
verbo	—
pronome	nome
	adjetivo
	advérbio

O autor propõe, finalmente, a classe dos conectivos, em princípio formas constituídas apenas por morfemas gramaticais, que têm por função estabelecer conexões entre dois ou mais termos.

Trabalhos a respeito das classes de palavras têm sido publicados por estudiosos como Barrenechea (1963), Schneider (1974), Perini (1985), (1995) (1997), Basílio (1987), (2004), Azeredo, (1990), (2000), Neves (1990), (2002).

Com o objetivo de classificar e descrever as classes de palavras como classes funcionais, Barrenechea (1963) toma como unidade a palavra. No estudo "Las clases de palabras en español como clases funcionales", a autora considera a palavra como signo linguístico cujos constituintes imediatos não permitem a separação ou permuta da sua ordem e propõe oito classes de palavras agrupadas em duas categorias. Fazem parte do primeiro grupo as palavras que desempenham uma função: verbos, substantivos, adjetivos, advérbios, coordenantes e subordinantes. No segundo grupo, incluem-se palavras que desempenham duas funções simultâneas: relacionantes e verboides. A autora não reconhece pronomes e artigos como classes específicas, a não ser os pronomes relativos que constituem a classe dos relacionantes. Os outros pronomes poderiam funcionar como substantivo, adjetivo e advérbio e os artigos fariam parte da categoria dos adjetivos, ou seja, modificadores do substantivo.

Schneider (1974) propõe um agrupamento de vocábulos com características estruturais comuns. O objetivo da autora é estabelecer um critério, o mórfico, para a distribuição em classes e reestruturar o esquema tradicional segundo o critério estabelecido. As classes são definidas por paradigmas, caracterizados por sufixos flexionais e derivacionais. Organiza um quadro dos vocábulos com derivação (substantivo, adjetivo, numeral verbo e advérbio) e dos vocábulos sem derivação (preposição, conjunção e pronome). Schneider considera, com base nas características mórficas, a existência de cinco classes: nomes, verbos, pronomes, advérbios e conectivos.

Basílio (1987) trata de substantivos, adjetivos, verbos e advérbios, classes envolvidas em processos de formação de palavras. Considera a definição de classes complexa e mostra que a gramática tradicional privilegia o critério semântico; o estruturalismo, os critérios mórfico e funcional; e a gramática gerativa define as classes de palavras em termos de propriedades sintáticas. Em 2004, a autora focaliza a questão do dinamismo do léxico, com sua estrutura e padrões determinados, e apresenta a questão da mudança de classe e suas funções na formação do léxico. Ela se detém no estudo de mudanças de classe na formação de verbos, de substantivos, de adjetivos e de advérbios, chegando, no último capítulo, à indagação "Adjetivo ou substantivo?". Nesse ponto, Basílio retoma um ponto considerado em 1987 e que tem sido objeto de reflexão de Câmara Jr., Perini e Azeredo.

Azeredo (2000) resume palavra como "um termo geral que usamos para dar nome à unidade mínima autônoma dotada de significado e que vem registrada em ordem alfabética nos dicionários" (p. 69). Uma primeira divisão considera as palavras lexicais ou lexemas, também chamadas de palavras nocionais e as palavras ou instrumentos gramaticais; do primeiro grupo são exemplos os substantivos, os adjetivos e os verbos; do segundo, fazem parte os artigos e as preposições. O autor chama de vocábulo a forma concreta que ocorre nas frases. Em cada grupo mencionado, o das palavras lexicais e o das palavras gramaticais, Azeredo inclui diferentes classes de palavras, de acordo com as características semânticas, morfológicas e sintáticas, chamadas por ele de função comunicativa, paradigma morfológico e distribuição sintática. Assim, segundo a função comunicativa, há seis divisões: designação, modificação, predicação, indicação, quantificação e condensação. Exemplificando, à classe de designação corresponde o substantivo; à de modificação, o adjetivo; à predicação, o verbo. Para a divisão das classes de palavras segundo o paradigma morfológico, Azeredo aponta quatro grupos: a) verbo (com as categorias de tempo, modo, número, pessoa); b) substantivo, adjetivo, artigo, numeral e pronome indefinido e relativo (com as categorias de gênero e número); c) pronomes pessoais, demonstrativos e possessivos (com as categorias de pessoa, gênero e número) e d) preposição, conjunção, advérbio e interjeição (com invariabilidade morfológica). Para o estudo das classes segundo a distribuição sintática, Azeredo considera cinco posições que as palavras podem ocupar na estrutura da oração ou do sintagma: núcleo, adjacente, coordenante, subordinante e demarcador. As duas primeiras posições dizem respeito ao papel da palavra no sintagma, e o demarcador fica no limite do sintagma, como é o caso de "até" em *Até eu faria esse gol.*

Para Neves (1990), as classes de palavras são consideradas elementos que devem ser analisados de forma isolada. Assim, destacar palavras de textos não muda a questão, pois, ao serem isoladas, as palavras assumem autonomia e deixam de fazer parte de um sistema integrado, com funções complementares entre si. Em 2002, a autora retoma a origem do estudo das classes na gramática dos gregos, analisa aspectos relevantes no estudo das classes de palavras, como a organização dos itens lexicais e itens gramaticais, ou seja, das palavras lexicais e das palavras gramaticais, e conclui que "as classes de palavras constituem, seguramente, um compartimento vulnerável da organização gramatical" (p. 121).

Outros estudos voltados para a classificação das palavras merecem nossa atenção. Entre eles, destacam-se: Fernandes (1998), Dias (2002) e Travaglia (2003).

Fernandes (1998) acompanha o caminho percorrido pelo estudo das classes de palavras desde a Antiguidade, com o objetivo de resgatar a visão histórica desse estudo, e propõe uma divisão morfofuncional em nucleares, periféricas e conectivas. As classes nucleares compreendem as que funcionam como núcleo de uma função sintática, das classes periféricas fazem parte os determinantes do núcleo e às classes conectivas pertencem os elementos que estabelecem conexão entre dois termos. Para a autora, uma mesma classe pode ter funcionamento nuclear, periférico ou conectivo, uma vez que o contexto determina seu funcionamento.

Com relação ao estudo das classes de palavras nos livros didáticos atuais, Dias (2002) percebe dois problemas decorrentes de duas tendências: especificar ou não o assunto. O problema do "efeito de evidência do conceito", associado à primeira tendência, seria "a diferença entre o estudo de uma classe de palavra numa gramática e o tópico referente a essa mesma classe num livro didático" (p. 126). Já o "efeito de apagamento do conceito", ligado à segunda tendência, teria suas raízes "na tendência de minimização do papel da gramática no estudo da língua na escola" (p. 128). Uma das alternativas para esses problemas seria estabelecer relação entre os estudos publicados sobre classes de palavras e o trabalho sobre o assunto desenvolvido na sala de aula.

Travaglia (2003) chama a atenção para o fato de que, em suas aulas, os professores abordam conceitos para distinguir as dez classes de palavras, explicam os subtipos de algumas, estudam as flexões das palavras variáveis, mas dificilmente tratam do emprego dessas classes. O autor mostra que Perini (1995), ao propor uma divisão "provisória" das classes de palavras, apresenta princípios norteadores como: "qualquer classificação deve atender a objetivos específicos"; "há classes abertas e fechadas"; e outros já mencionados por nós como o "princípio da economia", o "agrupamento por comportamento gramatical semelhante" e a "separação da classificação sintática e semântica". Travaglia lembra ainda que a teoria linguística vem estabelecendo a classe dos marcadores conversacionais e a dos operadores argumentativos.

Algumas propostas de classificação

As palavras de uma língua constituem um conjunto ordenado. Para dar conta das semelhanças de forma, de sentido e de função entre as palavras, é preciso agrupá-las levando em consideração os três critérios propostos por Mattoso Câmara Jr.: o formal ou mórfico, o semântico e o funcional.

O quadro seguinte se baseia em um estudo das classes de palavras destinado ao ensino médio, no livro didático *Encontro com a linguagem*, de Oliveira et al. (1977).

Quadro 4
Proposta de classificação com base nos três critérios.

Classe / Critério	**Funcional (função ou papel na oração)**	**Mórfico (caracterização da estrutura da palavra)**	**Semântico (modo de significação: extralinguístico e intralinguístico)**
Substantivo	Palavra que funciona como núcleo de uma expressão ou como termo determinado.	Palavra formada por morfema lexical (base de significação) e morfemas gramaticais.	Palavra que designa os seres ou objetos reais ou imaginários.
Adjetivo	Palavra que funciona como especificador do núcleo de uma expressão (ao qual atribui um estado ou qualidade).	Palavra formada por morfema lexical (base de significação) e morfemas gramaticais.	Palavra que especifica e caracteriza seres animados ou inanimados, reais ou imaginários, atribuindo-lhes estados ou qualidades.
Pronome	Palavra que substitui o núcleo ou funciona como termo determinante do núcleo de uma expressão.	Palavra formada unicamente por morfema gramatical.	Palavra que serve para designar as pessoas ou coisas, indicando-as (não nomeia as pessoas ou coisas nem as qualidades, ações, estados, quantidades etc). Pronomes: pessoais, possessivos, demonstrativos, indefinidos, interrogativos e relativos.
Artigo	Palavra que funciona como termo determinante do núcleo de uma expressão.	Palavra formada unicamente por morfema gramatical (palavra variável em gênero e número).	Palavra que define ou indefine o substantivo a que se refere (definido, indefinido).
Numeral	Palavra que funciona como especificador do núcleo de uma expressão ou como substituto desse mesmo núcleo (numeral: substantivo, adjetivo).	Palavra formada unicamente por morfema gramatical.	Palavra que indica a quantidade dos seres, sua ordenação ou proporção (cardinal, ordinal, múltiplo, fracionário, coletivo).
Verbo	Palavra que funciona como núcleo de uma expressão ou como termo determinado.	Palavra formada por morfema lexical (base de significação) e morfemas gramaticais.	Palavra que indica um processo (ações, estados, passagem de um estado a outro). Processo verbal => fenômeno em desenvolvimento, com indicação temporal.
Advérbio	Palavra que funciona basicamente como determinante de um processo verbal.	Advérbios formados por morfema lexical mais morfema gramatical. Advérbios formados apenas por morfema gramatical.	Palavra que especifica a significação de um processo verbal.
Conectivos (preposição e conjunção)	Palavra gramatical que funciona como elemento de ligação (conexão) entre palavras ou orações. Divisão dos conectivos: preposições e conjunções.	Palavra formada apenas por morfema gramatical.	Palavra que relaciona palavras e orações, e indica origem, posse, finalidade, meio, causa etc.

A leitura desse quadro deixa evidente que é possível definir cada classe com base nos três critérios de classificação. O quadro não apresenta definição para interjeição, embora esta seja considerada uma das classes de palavras pela Nomenclatura Gramatical Brasileira. Cunha e Cintra (1985) excluem a interjeição, chamada por eles de "vocábulo-frase", de qualquer classificação, como palavra variável ou invariável.[2]

As análises comparativas entre gramáticas e entre livros didáticos atuais deixam claro que o aspecto semântico tem destaque nos conceitos atribuídos a cada classe; no entanto, constatamos que há propostas de classificação de palavras que levam em consideração os três critérios. Merece atenção a proposta de D'Ávila (1997: 50-3), em *Gramática da língua portuguesa: uso e abuso*. Depois de considerar a relação entre forma e sentido para iniciar a classificação das palavras, a autora acrescenta a função da palavra na frase, define em linguagem simples e clara cada uma das classes e apresenta um quadro-resumo com os três critérios: forma, sentido e função.

Quadro 5
Quadro-resumo da proposta de Suzana d'Ávila (1997).

	Sentido	Forma								
		Variáveis							Invariáveis	
		substantivo	adjetivo	numeral	advérbio	verbo	pronome	artigo	preposição	conjunção
Função	funciona como núcleo	X		X		X	X			
	acompanha substantivo		X	X			X	X		
	acompanha verbo				X					
	liga palavras e frases								X	X

Embora haja distinção entre os conceitos de classe e função, fica evidente que, para definir uma classe de palavras, é preciso usar critérios funcionais, ou seja, é preciso definir qual o papel do vocábulo na unidade sintagmática em que ele ocorre. Do ponto de vista funcional, as classes podem ser diferenciadas de acordo com características sintáticas. O nome substantivo funciona como núcleo do sintagma nominal, e pode ser acompanhado por determinantes e modificadores. O verbo funciona como núcleo do sintagma verbal, admitindo complementos e modificadores.

Na unidade sintagmática (agrupamento intermediário entre o nível do vocábulo e o da oração), um ou mais vocábulos se unem em sintagmas para formar uma unidade maior, que é a oração. Os elementos que compõem a unidade sintagmática se organizam em torno de um núcleo; dependendo do núcleo, pode-se tratar de sintagma nominal ou de sintagma verbal, como se observa a seguir.

O cientista examinou todos os documentos.

<table>
<tr><td>O cientista</td><td colspan="2">examinou todos os documentos.</td></tr>
<tr><td>sintagma nominal</td><td colspan="2">sintagma verbal</td></tr>
<tr><td>O cientista</td><td>examinou</td><td>todos os documentos.</td></tr>
<tr><td>sintagma nominal</td><td>verbo</td><td>sintagma nominal</td></tr>
<tr><td>O cientista</td><td>examinou</td><td>todos os documentos.</td></tr>
<tr><td>det. + núcleo nominal</td><td>núcleo verbal</td><td>det. + det. + núcleo nominal</td></tr>
</table>

As palavras podem ser classificadas, de acordo com os três critérios, em nomes, verbos e palavras gramaticais: os nomes e os verbos são formados por uma base lexical que remete ao mundo exterior, por isso essas palavras fazem parte do inventário aberto do idioma; as de base gramatical são responsáveis pelas relações que se estabelecem na estruturação da frase.[4]

A questão do ensino das classes de palavras

O problema das definições apresentadas nas gramáticas e nos livros didáticos é a mistura de critérios, o que prejudica a tarefa de estabelecer diferenças entre as classes de palavras. A maioria dos autores privilegia o critério semântico na classificação, que, isoladamente, não é suficiente para estabelecer as oposições entre as classes.

Mesmo reconhecendo a eficácia do critério funcional na caracterização de cada classe em particular, nossa opção é definir cada uma utilizando os três critérios, funcional, mórfico e semântico, que, conjugados, acabam por estabelecer as diferenças entre as classes de palavras.

É necessário ressaltar a importância das questões ligadas mais diretamente ao ensino e à atuação efetiva do professor na sala de aula. A experiência ao longo dos anos com alunos e professores de ensino fundamental, de ensino médio e da Faculdade de Letras da UFRJ, nas aulas de Língua Portuguesa e nos encontros com professores de escolas públicas estaduais dos estados do Rio de Janeiro e do Tocantins, em cursos de capacitação, tem mostrado que é urgente repensar o assunto. Torna-se necessário, por exemplo, considerar a organização do material didático a ser trabalhado para que o ensino das classes possa contribuir para um ensino produtivo da língua portuguesa.

A esse respeito, gostaríamos de ressaltar a importância do contato contínuo, não só com alunos universitários, como também com professores que, em sua prática pedagógica, percebem a importância de um trabalho integrado com o texto e procuram relacionar o estudo das classes de palavras com as habilidades de leitura. Convém apontar a proposta de seriação para a disciplina Língua Portuguesa, no documento de Reorientação Curricular, elaborado por professores da rede estadual de ensino em 2004, sob a coordenação da UFRJ, publicado em 2005, que considera o texto como o foco do processo ensino-aprendizagem do idioma. Essa proposta apresenta como objetivo

> Construir e desmontar textos, observando o efeito de tais alterações, observar os procedimentos que garantam a coesão e a coerência, exercitar o vocabulário de forma criativa e dinâmica, relacionar classe e função dos vocábulos na unidade maior que é a frase, ampliar frases por meio de processos de subordinação e coordenação, todos são procedimentos que subsidiam o desenvolvimento das habilidades de leitura e produção, objetivo principal do ensino de língua portuguesa. (SEE/RJ. *Reorientação escolar*. Livro I – Linguagens e códigos, 2004-2005, p. 50)

Sem negar a necessidade de trabalhar sob uma perspectiva descritiva, é preciso ter em mente que um ensino mais produtivo da língua está vinculado ao conhecimento de como cada classe atua na organização e na produção de textos. O maior domínio das inúmeras possibilidades de expressão que a língua oferece é o objetivo de todo professor de língua portuguesa. Sob esse ponto de vista, o estudo das classes deveria contribuir para ampliar a expressão oral e escrita do aluno, permitindo-lhe explorar, com mais expressividade, as possibilidades combinatórias das palavras na construção do texto.

Notas

1 Recentemente, tivemos oportunidade de confirmar tal situação em atividades desenvolvidas no Projeto de Reorientação Curricular da Secretaria de Educação do Estado do Rio de Janeiro em parceria com a UFRJ, em cursos para professores de escolas da rede pública do estado do Rio de Janeiro, sob a coordenação da professora Maria Cristina Rigoni.

2 No documento "Uniformização e Simplificação da Nomenclatura Gramatical Brasileira", a comissão formada por Antenor Nascentes, Clóvis do Rego Monteiro, Cândido Jucá (Filho), Celso Ferreira da Cunha, Carlos Henrique da Rocha Lima e os assessores Antônio José Chediak, Serafim da Silva Neto e Sílvio Edmundo Elia ressalta como objetivo a recomendação do Sr. Ministro de Estado da Educação e Cultura de "uma terminologia simples, adequada e uniforme".

3 Cunha & Cintra (1985), na *Nova gramática do português contemporâneo*, no capítulo dedicado à interjeição, afirmam que interjeição é uma espécie de grito pelo qual traduzimos de modo vivo nossas emoções. Os autores justificam o

fato de terem excluído a interjeição entre as classes de palavras com a seguinte observação: "Com efeito, traduzindo sentimentos súbitos e espontâneos, são as interjeições gritos instintivos, equivalendo a frases emocionais".

[4] Essa divisão, que norteou o estudo das classes de palavras realizado pelas professoras Maria Cristina Rigoni Costa, Maria da Aparecida Meireles de Pinilla e Maria Thereza Indiani de Oliveira, pode ser consultado no site http://www.pead.letras.ufrj.br.

Referências bibliográficas

AZEREDO, J. C. S. de. *Iniciação à sintaxe do português*. Rio de Janeiro: Jorge Zahar, 1990.

———. *Fundamentos de gramática do português*. Rio de Janeiro: Jorge Zahar, 2000.

BARRENECHEA, A. M. Las classes de palabras en espanõl como classes funcionales. *Romance Philology*. XVII, 2, nov. 1963.

BASÍLIO, M. *Teoria lexical*. São Paulo: Ática, 1987.

———. *Formação e classes de palavras no português do Brasil*. São Paulo: Contexto, 2004.

CÂMARA JR., J. M. *Estrutura da língua portuguesa*. Petrópolis: Vozes, 1970 .

CUNHA, C. F. da; CINTRA, L. F. L. *Nova gramática do português contemporâneo*. Rio de Janeiro: Nova Fronteira, 1985.

D'ÁVILA, S. *Gramática da língua portuguesa*: uso e abuso. São Paulo: Editora do Brasil, 1997.

DIAS, L. F. O estudo de classes de palavras: problemas e alternativas de abordagem. In: DIONÍSIO, Â.; BEZERRA M. A. (orgs.) *O livro didático de português*: múltiplos olhares. Rio de Janeiro: Lucerna, 2002.

FERNANDES, E. Classes de palavras: um passeio pela História (a.D e d.D.) e uma proposta de análise morfofuncional. In: VALENTE, A. C. (org.). *Língua, linguística e literatura*. Rio de Janeiro: UERJ, 1998.

MAIA, J. D. *Português Maia*. São Paulo: Ática, 2003.

NEVES, M. H. de M. *Gramática na escola*. São Paulo: Contexto, 1990.

———. *A gramática*: história, teoria e análise, ensino. São Paulo: Unesp, 2002.

———. *Que gramática estudar na escola*? São Paulo: Contexto, 2003.

OLIVEIRA, E. B. R. et al. *Encontro com a linguagem*. São Paulo: Atual, 1977.

PERINI, M. *Sofrendo a gramática*. São Paulo: Ática, 1997.

———. *Gramática descritiva do português*. São Paulo: Ática, 1995.

———. *Para uma nova gramática do português*. São Paulo: Ática, 1985.

RIBEIRO, M. P. *Nova gramática da língua portuguesa*. Rio de Janeiro: Metáfora, 2000.

RIGONI, M. C.; OLIVEIRA, M. T. I.; PINILLA, M. da A. M. de. *A classe dos nomes*: a classe dos verbos; a classe de vocábulos gramaticais. Disponível em <http://www.pead.letras.ufrj.br>. Rio de Janeiro: UFRJ, 1998.

RIGONI, M. C.; PINILLA, M. da A. et al. *Reorientação curricular para a Rede Estadual de Ensino do Rio de Janeiro*. Livro I. Língua Portuguesa. Rio de Janeiro: Secretaria de Estado de Educação, 2005.

SACCONI, L. A. *Nossa gramática*. São Paulo: Atual, 1994.

SEE/RJ. *Reorientação escolar. Livro 1. Linguagens e códigos*. 2004-2005, p. 50.

SCHNEIDER, C. Tentativa de classificação dos vocábulos segundo um critério morfológico. In: Estudo de linguística e língua portuguesa I, Série Letras e Artes 05/04. *Cadernos da PUC-RJ*, caderno n. 15. Rio de Janeiro: PUC-RJ, 1974.

TRAVAGLIA, L. C . *Gramática e interação*: uma proposta para o ensino de 1º e 2º graus. São Paulo: Cortez, 1996.

———. *Gramática:* ensino plural. São Paulo: Cortez, 2003.

Termos da oração

Maria Eugenia Duarte

Uma das dificuldades enfrentadas pelos que buscam entender a estrutura da oração com base nas gramáticas tradicionais é a forma pela qual se distribuem os chamados "termos da oração". A clássica tripartição desses termos em "essenciais", "integrantes" e "acessórios" não contribui para uma visão das relações entre os constituintes da oração, além de induzir o aluno a pensar que os chamados termos "essenciais" são mais importantes do que os demais. À imprecisão resultante do uso de tais adjetivos alia-se a falta de complementaridade entre os termos que compõem cada um dos três grupos: o "predicado", por exemplo, é um termo "essencial", enquanto os complementos verbais, que fazem parte do predicado, são termos "integrantes". Finalmente, os grupos apresentam elementos que se situam em diferentes níveis da hierarquia sintática: os complementos verbais e nominais, de um lado, e os adjuntos adverbiais e adnominais, de outro, classificados entre os termos "integrantes" e "acessórios", respectivamente, reúnem "termos" ligados ao verbo e ao nome. Como se vê, essa forma de distribuir os termos da oração não contribui para o entendimento das relações gramaticais que se estabelecem entre eles.

Além das dificuldades expostas, de caráter estrutural, temos dificuldades de ordem conceitual. É conhecida de todos a crítica que Perini (1985) faz às definições das gramáticas tradicionais, que misturam critérios semânticos e sintáticos. O autor é firme ao criticar a inconsistência de uma definição que prega ser o sujeito "o ser sobre o qual se faz uma declaração", quando a própria gramática nos diz que há orações sem sujeito. Quanto ao predicado – "tudo aquilo que se diz do sujeito" –, como aplicar a definição, se há orações sem sujeito? Uma simples investigação sobre o uso da língua revela que essa bipartição da oração em "sujeito" e "predicado" (com tais conceituações) só tem sentido num contexto em que alguém, por exemplo, pergunta "Cadê o João?" e obtém como resposta "O João emigrou para Portugal".

De fato, na oração citada, "O João" é o termo sobre o qual se diz alguma coisa ("emigrou para Portugal"). Num contexto em que alguém pergunta "Quais são as novidades?", qualquer resposta (como "O João emigrou para Portugal", "Chegaram as encomendas", "Aconteceu um acidente") trará uma informação nova, que inclui o sujeito gramatical e o predicado. Além do mais, nenhum de nós jamais usou esses conceitos para identificar o sujeito e o predicado de uma oração ("Qual é o ser sobre o qual essa oração diz alguma coisa?"). Na verdade, essas definições de sujeito e predicado que constam de nossas gramáticas tradicionais são as conceituações de "tópico" e "comentário", que podem coincidir ou não com os elementos a que nos referimos como "sujeito" e "predicado". Assim, numa sentença como "Corrida de cavalo, eu nunca fui ao jóquei clube" (Nurc-RJ), o termo "corrida de cavalo" é o tópico sobre o qual se faz um comentário "eu nunca fui ao jóquei clube". Em outra sentença – "A minha amiga Maria nunca foi ao jóquei pra ver uma corrida de cavalo" –, o tópico "a minha amiga Maria" coincide com o sujeito gramatical da oração e o comentário coincide com o que chamamos predicado.

Assim, quando se tem como propósito descrever e entender a estrutura da oração, é mais razoável olhar para o elemento nuclear que dá origem à oração, o "predicador", e tratar o "sujeito" como um entre os vários termos articulados com esse predicador.

Neste capítulo, procuraremos refletir sobre os termos da oração levando em conta os níveis da hierarquia sintática, do mais amplo para o mais restrito, observando como esses elementos se organizam e se articulam. Procuraremos ainda interpretar o que está por trás das classificações tradicionais, reconhecendo o quanto elas contribuíram, apesar de todas as críticas, para os estudos atuais sobre a sintaxe da língua.

Confronto entre abordagem tradicional e outras perspectivas

Os núcleos da oração ou "predicadores"

Ao contrário do que costumam fazer as descrições tradicionais, que sempre iniciam as lições de análise sintática pelo "sujeito", comecemos nossa reflexão pelo "predicado". Por que será que a gramática tradicional (GT) classifica os predicados em "verbais", "nominais" e "verbo-nominais"? É justamente porque neles se encontram os elementos que projetam os constituintes centrais da oração, incluindo o próprio sujeito. A esses elementos chamamos "predicadores", que são responsáveis pela estrutura principal da oração. A classificação tradicional dos predicados decorre então do fato de as orações exibirem:

1. Um predicador verbal: pular, ocorrer, comprar, entregar, partilhar, morar.
2. Um predicador nominal representado por um adjetivo – inteligente, prejudicial – ou por um substantivo – professor.
3. Um predicador verbal e um nominal simultaneamente.

Esses predicadores selecionam normalmente um argumento externo (a que chamamos sujeito) e, opcionalmente, argumentos internos (a que chamamos complementos). Todas as vezes que tentamos identificar os termos de uma oração que contenha um predicador verbal, como, por exemplo, "oferecer", e perguntamos: "quem oferece", "oferece o quê?", "oferece a quem?", ou dizemos "alguém oferece alguma coisa a alguém", estamos, na verdade, observando a estrutura argumental projetada pelo predicador ou, em outras palavras, estamos buscando entender qual é a seleção semântica que esse predicador faz.

Os predicadores verbais e seus complementos

Os predicadores verbais podem projetar as seguintes estruturas:

(1) Estruturas com três argumentos:

a. Ele <u>deu</u> o dinheiro aos pobres.
b. Eu <u>dividi</u> o pão com os pobres.
c. Eu <u>levei</u> as crianças ao colégio.

(2) Estruturas com dois argumentos:

a. Ele <u>matou</u> o pássaro.
b. Isso <u>interessa</u> aos alunos.
c. Eles <u>acreditam</u> em você.
d. Eles <u>moram</u> no Rio.

(3) Estruturas com um argumento:

a. As crianças <u>pulam</u>.
b. <u>Chegou</u> uma encomenda.
c.__ <u>Houve</u> muitas festas.

(4) Estruturas sem argumento:

__ Choveu.

As estruturas representadas em (1) apresentam um argumento externo, o sujeito gramatical "ele/eu" (que é regido pelo verbo, do qual recebe caso nominativo (ou caso reto), e que tem aqui o papel semântico de agente, mas pode ter outros, como o de experienciador de uma ação, o de paciente etc.) e dois argumentos internos ou complementos. O primeiro argumento interno nas três estruturas é o termo classificado como "objeto direto", um termo não regido de preposição que recebe do verbo caso acusativo, tem o papel semântico de paciente ou tema e pode ser substituído pelo pronome oblíquo (ou clítico acusativo) o(s), a(s):

(1a) Ele deu-o / o deu aos pobres.
(1b) Eu dividi-o / o dividi com os pobres.
(1c) Eu levei-as / as levei ao colégio

O segundo argumento interno tem características sintáticas e semânticas diversas. Em (1a), temos um "objeto indireto", um termo regido de preposição (em geral "a" na escrita padrão e "para"/"pra" na língua oral), cujo papel semântico é o de beneficiário, alvo ou fonte de uma ação, que tem geralmente o traço semântico [+animado] e pode ser substituído na escrita padrão pelo pronome oblíquo (ou clítico dativo) lhe:[1]

(1a) Ele deu-lhes / lhes deu o dinheiro.

Os predicadores "doar", "oferecer", "entregar", "tirar", "trazer" etc. têm o mesmo comportamento sintático que o verbo "dar" em (1a), isto é, selecionam três argumentos, sendo o terceiro um objeto indireto.

Em (1b), o segundo argumento interno, embora sempre regido de preposição, tem características sintáticas e semânticas diferentes das do objeto indireto: não pode ser substituído pelo clítico "lhe", não tem o papel semântico de beneficiário, alvo ou fonte e não tem necessariamente o traço [+animado]. A GT, com base na Nomenclatura Gramatical Brasileira (NGB),[2] classifica-o igualmente como objeto indireto. Rocha Lima (1972), entretanto, distingue essa função, classificando o segundo argumento interno da estrutura como "complemento relativo":

(1b) *Eu dividi-lhes o pão[3] / Eu dividi o pão com eles.

Fazem parte desse grupo verbos como "encarregar", "convencer", "persuadir" etc., cujo complemento relativo aparece geralmente em forma de oração ("encarreguei o João [de fazer o relatório]"), ou ainda "transformar", "partilhar" etc.

Em (1c), finalmente, o segundo argumento interno é um circunstancial, incluído pelas gramáticas tradicionais que adotam a NGB entre os adjuntos adverbiais, isto é, um termo acessório. Vemos, entretanto, que "ao colégio" em (1c) não é um adjunto, mas um dos complementos selecionados por "levar". Rocha Lima, mais uma vez, é o que mantém o estatuto de complemento para esse termo, classificando-o coerentemente como "complemento circunstancial" (que poderia ser também chamado de "complemento adverbial").

(1c) Eu levei as crianças ao colégio / Eu levei as crianças lá.

Temos, conforme o exposto antes, um quadro que nos diz que um predicador verbal (o núcleo de um predicado verbal) seleciona no máximo três argumentos: o argumento externo, a que chamamos "sujeito", e dois argumentos internos: o primeiro será sempre o "objeto direto"; o segundo pode ser um "objeto indireto", um "complemento relativo" ou "complemento circunstancial". Veremos mais adiante uma proposta mais resumida para essa classificação.

Passemos aos verbos que selecionam dois argumentos em (2). Temos em (2a), "Ele matou o pássaro", uma estrutura muito frequente na língua: um predicador verbal que seleciona um argumento externo, "sujeito", e um interno, "objeto direto". Como vimos em (1a), o objeto direto é um termo que recebe caso acusativo, podendo ser substituído pelo clítico "o". Esse objeto direto (argumento interno do verbo) pode aparecer na função sintática de sujeito, naturalmente sem perder seu papel semântico de tema ou de paciente da ação verbal:

(2a') O pássaro foi morto.
(1a') O dinheiro foi dado aos pobres.
(1b') O pão foi dividido com os pobres.
(1c') As crianças foram levadas ao colégio.

Observe-se que, nas estruturas anteriores, o argumento interno (objeto direto) passa a exercer a função "sintática"[4] de sujeito (entrando em relação de concordância com o verbo), mas mantém seu estatuto de argumento interno e seu papel semântico. O argumento externo ("ele") foi suspenso. Se o falante desejar, esse argumento pode aparecer na estrutura em outra função sintática, precedido de uma preposição, um termo a que a tradição gramatical se refere como "agente da passiva":

(2a") O pássaro foi morto por ele.
(1a") O dinheiro foi dado aos pobres por ele.

(1b") O pão foi dividido com os pobres por ele.
(1c") As crianças foram levadas ao colégio por ele.

Passemos a (2b), em que temos um argumento externo e, como argumento interno, um "objeto indireto", que, tal como em (1a), pode ser substituído pelo clítico dativo:

(2b') Isso interessa-lhe / lhe interessa.

Poucos são os verbos que se encaixam nessa estrutura. Entre eles estão os verbos "pertencer", "agradar", "telefonar".[5]

A estrutura em (2c) mostra igualmente um complemento regido de preposição, mas, tal como ocorre com o segundo argumento interno de (1c), ele não pode ser substituído pelo clítico "lhe" e não tem necessariamente o traço [+animado], razão pela qual não deve ser classificado como objeto indireto, mas como complemento relativo:

(2c') *Eles acreditam-lhe / lhe acreditam.

Esse é um extenso grupo de verbos do qual fazem parte "gostar de", "desistir de", "assistir a", "pensar em", "acreditar em", "sonhar com", "concordar com", "lutar contra" e muitos outros.

Finalmente, temos nesse conjunto os verbos do tipo ilustrado em (2d), compondo um grupo reduzido, que seleciona, tal como os verbos em (1c), um complemento circunstancial. Desse grupo fazem parte, além de "morar", os verbos "viver", "ir", "vir", "sair", sempre que relacionados a um circunstancial ("ele vive em Roma", "ele foi a Roma", "ele veio de Roma", "ele saiu de casa").

Passemos às estruturas que selecionam um único argumento, ilustradas em (3) e aqui repetidas:

(3a) [As crianças] pulam.
(3b) Chegou [uma encomenda].
(3c) Houve [muitas festas].

Os três verbos em (3) selecionam um único argumento. A tradição gramatical classifica os dois primeiros como intransitivos e o terceiro como transitivo direto, numa estrutura sem sujeito. Uma análise mais atenta dos dois primeiros nos mostra que o argumento único em (3a) é, em geral, um termo com o traço [+agentivo], que ocupa a posição pré-verbal. Em (3b), o argumento é [-agentivo], tem a função semântica a que nos referimos como "tema", e pode aparecer em posição pós-verbal, quando é novo (indefinido) na oração, ou pré-verbal, quando é definido ("A encomenda chegou"). Temos então dois tipos de verbos com um argumento: o primeiro grupo, que poderíamos chamar de intransitivo, que compreende um grande número de verbos, como "correr", "dançar", "trabalhar", "estudar" etc. e o segundo, classificado como "inacusativo" (isto é, um verbo que tem seu argumento único gerado na posição de argumento interno, tal como um objeto direto, mas que não recebe caso acusativo; daí o nome "inacusativo"):

(3b') *Chegou-a.
(3b") Ela chegou.

Desse grupo fazem parte verbos como "aparecer", "ocorrer", "surgir", "nascer", "morrer".[6]

Em (3c) temos um caso excepcional: um verbo que seleciona apenas um argumento interno. As evidências de que esse complemento é um objeto direto vêm da impossibilidade de antepô-lo ao verbo e de lhe atribuir caso nominativo:[7]

(3c)*Elas houve(ram).

Finalmente, a estrutura em (4) nos mostra um predicador que não seleciona qualquer argumento (externo ou interno). Fazem parte desse grupo os verbos relativos a fenômenos da natureza, como "chover', "trovejar", "nevar" etc., que constituem as nossas "orações sem sujeito".

Resumindo, os predicadores verbais podem projetar estruturas com *até* três argumentos. O argumento externo, à esquerda, e dois internos, à direita:

Quadro 1
O predicador verbal e seus argumentos segundo Rocha Lima.

Argumento externo	Predicador verbal	Argumentos internos
Sujeito	Verbo	Objeto direto
		Objeto indireto
		Complemento relativo
		Complemento circunstancial

Observe-se que a simplificação proposta pela NGB, além de desconsiderar o estatuto argumental (selecionado pelo verbo) do complemento circunstancial, perde em alcance explanatório quando deixa de distinguir o objeto indireto (dativo) do complemento relativo. Uma sentença como

(5) Eu agradeço [**a**os ouvintes] [**por** sua atenção],

ficaria sem análise possível com o quadro limitado da NGB. Teríamos dois objetos indiretos. Com o quadro de Rocha Lima, anterior à NGB, podemos verificar que o que torna a sentença gramatical em português (isto é, uma sentença capaz de ser produzida e entendida pelo falante/ouvinte) é a possibilidade de termos um objeto indireto (aos ouvintes = lhes) e um complemento relativo (por sua atenção), sem a necessidade de lançar mão do artifício de dizer que, para analisá-la, teríamos que transformá-la em "Eu agradeço aos ouvintes a sua atenção", eliminando a preposição do complemento relativo e transformando-o num objeto direto ("agradeço alguma coisa a alguém").

Os predicadores nominais

Vejamos as sentenças a seguir:

(6a) João é professor.
(6b) João é inteligente.
(6c) O cigarro é prejudicial à saúde.

Os elementos grifados em (6) constituem o núcleo do que a tradição chama de predicado nominal, além de serem classificados como "predicativos do sujeito". Por que serão eles os núcleos do predicado? Porque são esses nomes (substantivos e adjetivos) os responsáveis pela projeção da estrutura sentencial. Tal como os verbos, os nomes selecionam argumentos: alguém professor, alguém inteligente, alguma coisa/alguém prejudicial a alguém/alguma coisa. Como nossa estrutura sentencial precisa de um verbo que lhe dê as marcas de tempo, número, pessoa, modo e atribua caso nominativo ao sujeito, lançamos mão de um verbo "de ligação", como mostram as sentenças em (6). O verbo de ligação não é o responsável pela projeção da estrutura, mas lhe dá o estatuto de oração. Os predicadores nominais em (6a) e (6b) selecionam apenas o argumento externo, "sujeito"; o predicador nominal em (6c) seleciona, além do argumento externo "o cigarro", um argumento interno "à saúde", o "complemento nominal", que está para o predicador nominal assim como os argumentos internos que vimos em (1) e (2) estão para seu predicador verbal.

Os predicados "complexos"

Há certos predicadores verbais que se combinam com predicadores nominais, gerando uma estrutura complexa a que a tradição gramatical se refere muito coerentemente como predicado verbo-nominal (embora a redução de "verbal" para "verbo" na formação do adjetivo composto que dá nome ao predicado às vezes prejudique a compreensão). Os predicadores verbais que podem participar de tal estrutura não são muitos, podendo ser listados facilmente. Os predicadores nominais são, entretanto, ilimitados. As estruturas a seguir ilustram o predicado verbo-nominal:

(7a) O João achou/julgou/considerou a festa ótima.
(7b) Sua atitude deixou o João satisfeito.

Observe-se que os verbos citados selecionam dois argumentos: alguém achou/julgou/considerou alguma coisa; alguma coisa deixou outra. Por outro lado, a oração apresenta, além do predicador verbal, um predicador nominal, que seleciona igualmente um argumento externo, tal como um predicado nominal que vimos em (6) (alguma coisa ótima, alguém satisfeito). É a soma desses dois predicadores com seus argumentos que produz a estrutura classificada como predicado verbo-nominal: verbo + objeto direto + predicativo do objeto. É interessante lembrar o que está por trás da maneira pela qual a GT nos ensina a identificar o segundo núcleo desse predicado, dizendo "a festa foi ótima", "o João ficou satisfeito". Na realidade, esse elemento a que nos referimos como objeto direto é o sujeito do predicador nominal. Como o adjetivo ou substantivo não pode atribuir caso (nominativo) ao seu sujeito, este recebe caso oblíquo (acusativo) do predicador verbal; daí atribuir-se a esse argumento a função de objeto direto e referir-se ao predicador nominal como "predicativo do objeto":

(6a') O João achou-a ótima.
(6b') Sua atitude deixou-o satisfeito.

No português do Brasil, esse argumento aparece sob a forma de pronome reto com função acusativa ou fica apagado, estando o uso do clítico restrito à escrita formal:

(7a") O João achou ela ótima. (O João achou __ ótima)
(7b") Sua atitude deixou ele satisfeito.

Poderíamos então representar a estrutura do predicado verbo-nominal da seguinte maneira:

O João achou [que a festa foi ótima]	[*a festa* foi ótima]	[**achou** *a festa* ótima]
OD	suj. pred. suj.	OD pred. obj.

Uma estrutura semelhante é a projetada pelos verbos causativos (mandar, fazer, deixar) e de percepção (ver, perceber, notar), todos eles verbos de dois argumentos, um externo e um interno:

(8a) O João mandou [os filhos sair da sala] (O João mandou [que os filhos saíssem da sala])
(8b) O João viu [os ladrões entrar] (O João viu [que os ladrões entravam])

Observe-se que o argumento interno dos verbos grifados aparece em forma de oração. Essas orações ("os filhos sair da sala", "os ladrões entrar"), que funcionam como objeto direto de "mandou" e "viu", têm o verbo no infinitivo impessoal (ou gerúndio), que não pode atribuir caso reto ao seu sujeito. Como ocorreu nos exemplos em (7), o predicador da oração principal rege o sujeito dessa oração infinitiva, atribuindo-lhe caso oblíquo:

(8a') O João mandou [-os sair da sala]
(8b') O João viu [-os entrar]

O português brasileiro, entretanto, prefere o infinitivo pessoal nessas estruturas. E o infinitivo pessoal, graças às marcas de concordância, pode reger seu sujeito, atribuindo-lhe caso nominativo, uma estrutura praticamente categórica na fala e já em franca implementação na escrita:

(8a") O João mandou [eles saírem da sala]
(8b") O João viu [eles entrarem]

Antes de passarmos à próxima seção, uma palavra se faz necessária sobre a estrutura dos predicadores. Limitamo-nos aqui a mostrar os predicadores verbais em formas simples, deixando de tratar das locuções verbais (como se vê em "deve chegar", "vai mandar", "tinha dividido", "está pulando"), que podem apresentar um ou mais de um *auxiliar* que veicule noções ligadas a dever/obrigação/possibilidade ou a tempo futuro, tempo transcorrido, aspecto durativo do processo verbal. Em tais casos, o predicador aparecerá em última posição, estará numa forma nominal (ver capítulo "Saberes linguísticos na escola") e continuará a ser o responsável pela distribuição da estrutura argumental da sentença. Há, entretanto, estruturas como "ter medo", em que se pode perguntar se temos um predicador verbal "ter", que seleciona um argumento interno (objeto direto), ou se este funciona quase como um auxiliar do predicador nominal "medo".

O argumento externo

Examinados os predicadores verbais e nominais e seus argumentos internos, olhemos brevemente o argumento externo, classificado geralmente como "sujeito". Um dos aspectos que nos parece inteiramente equivocado, por misturar critérios sintáticos (estruturais) e semânticos, é a classificação do sujeito em "simples", "composto", "oculto", "indeterminado", além de podermos ter a "oração sem sujeito". Vejamos que a estrutura (ou forma) do sujeito (se é simples ou composto) é um aspecto absolutamente irrelevante. Trata-se de dois ou mais sintagmas coordenados, o que pode acontecer com os termos que aparecem nas demais funções:

(9a) Eles <u>compraram</u> [livros e cadernos].
(9b) Eles <u>deram</u> presentes [aos pais e (aos) filhos].
(9c) Eles <u>pensam</u> [em casar e (em) ter muitos filhos].

A mesma lógica que classifica o sujeito em "simples" ou "composto" deveria fazer o mesmo em relação ao objeto direto composto (9a), ao objeto indireto composto em (9b) e ao complemento relativo composto em (9c). Deve-se, pois, descartar uma classificação inadequada e sem propósito.

Classificar um sujeito como "oculto" (ou "subentendido", "desinencial", entre outros tantos nomes) só faz sentido se a ele se opuser o sujeito "expresso". Quando se considera que a possibilidade de expressar ou não o sujeito em certas estruturas é uma propriedade que distingue as línguas humanas, pode-se defender que tal classificação seja mantida, desde que feita com coerência.

Quanto ao sujeito "indeterminado", que é uma noção semântica, tal classificação, da mesma forma que vimos antes, só faz sentido se ao sujeito indeterminado se opuser o sujeito "determinado", isto é, o sujeito que tem referência definida no contexto discursivo. Teríamos, então, uma proposta para classificar o sujeito que poderia ser assim delineada: (a) quanto à forma (estrutura), o sujeito pode vir expresso ou não expresso; (b) quanto à referência (seu conteúdo, seu valor semântico), o sujeito pode ter referência definida, indefinida ou não ter qualquer referência:

Quadro 2
A classificação do argumento externo segundo sua forma e referência (conteúdo).

Referência	Forma	
	Não expresso	Expresso
Definida	__Fui/__**Fomos**/__**Foram** ao teatro ontem.	**Eu/Nós/As meninas/Elas** foram ao teatro ontem.
Indefinida	__ Roub**aram** as rosas do jardim. __ Precisa**mos** de ordem e progresso. __ Não usa mais máquina de escrever.[8] __ Vende apartamento.	**Eles** estão assaltando nesse bairro. **Nós** precisamos de ordem e progresso. **A gente** precisa de ordem e progresso. **Você** vê muito comércio no centro.
Sem referência	__ Choveu muito. __ Fez frio. __ Houve confusão.	— — —

A tabela anterior mostra a forma e a referência do argumento externo dos predicadores da oração. O português do Brasil prefere, na modalidade oral, os sujeitos de referência definida "expressos", tanto na primeira e segunda pessoas como na terceira. Assim, a estrutura em b, a seguir, é mais provável do que a estrutura em a:

(10a) O João esteve aqui ontem. **D**isse que vai emigrar para Portugal.
(10b) O João esteve aqui ontem. **Ele** disse que vai emigrar para Portugal.

Na escrita padrão, em gêneros mais formais, ainda predominam os sujeitos de referência definida não expressos.

Os sujeitos de referência "indeterminada" são hoje preferencialmente "expressos" na fala, seja pelo pronome "eles" seja por "a gente" e principalmente por "você". Há, entretanto, uma estrutura com o verbo na terceira pessoa do singular, capaz de indeterminar o argumento externo. Vejam-se os exemplos:

(11a) Não usa mais máquina de escrever.
(11b) Vende apartamento.

Sabemos que há um argumento externo, mas não podemos identificá-lo.

Propositadamente, não foram incluídas no Quadro 2 as estruturas de indeterminação com "se", que merecerão tratamento à parte. Uma consulta às gramáticas descritivas tradicionais ensinará que o sujeito está indeterminado nas seguintes orações:

(12a) Vive-**se** mal nas grandes cidades. (Quem vive mal?)
(12b) Precisa-**se** de ordem e progresso. (Quem precisa de ordem e progresso?)

Aprende-se também que: (a) o pronome "se" é um índice de indeterminação do sujeito e (b) tal construção só ocorre com o verbo intransitivo (em 12a) e transitivo indireto (em 12b) – que para nós é um verbo transitivo relativo, como ficou claro ao distinguirmos o objeto indireto do complemento relativo.

O que dizer então de construções como:

(13a) Não **se** usa mais máquina de escrever.

(13b) Vende-**se** apartamento.

Em tais casos, diz a gramática, o que temos é uma construção passiva (daí o pronome "se" ser classificado como apassivador) com um sujeito determinado – "máquina de escrever" e "apartamento", o que se evidencia com a concordância verbal em:

(14a) Não se usa**m** mais [máquinas de escrever].

(14b) Vende**m**-se [apartamentos].

Para nós, que a essa altura já aprendemos a identificar os argumentos de um predicador verbal, fica fácil entender que, nas construções anteriores, o verbo concorda com o argumento interno, que em (14a) e (14b) está "funcionando" como "sujeito". E onde está o argumento externo? "Quem não usa mais máquinas de escrever?" "Quem vende apartamentos?" Sabemos que o verbo seleciona um argumento externo, mas não identificamos esse argumento, que está, na verdade, tão indeterminado quanto os argumentos externos em (12a) e (12b): "quem vive mal nas grandes cidades?"; "quem precisa de ordem e progresso?". Acontece que, nessas duas orações, a posição do argumento externo à esquerda dos verbos está disponível; assim, dizemos que o argumento externo é o sujeito indeterminado. Em (13a,b) e (14a,b), como a função sintática de sujeito já é realizada pelo argumento interno, não temos uma função para o externo, que fica suspenso.

Podemos então concluir que o pronome "se" é <u>sempre</u> usado para <u>indeterminar o argumento externo</u>, seja numa construção ativa (em que o sujeito indeterminado é o próprio argumento externo), seja numa construção passiva (em que o argumento interno funciona como sujeito gramatical). A diferença, então, entre o uso de "se" apassivador e "se" indeterminador está na interpretação sintática que o usuário da língua dá ao argumento interno dos verbos transitivos diretos. São frequentes em português construções com tais verbos, em que o argumento interno não funciona como sujeito:

(15a) __Não se **usa** mais [máquinas de escrever].

(15b) __**Vende**-se [apartamentos].

Tal como em (12), temos novamente disponível a posição do argumento externo e construções com o sujeito indeterminado por meio de "se" indeterminador. Assim, toda construção com "se" (apassivador ou indeterminador) tem o argumento externo indeterminado. A classificação do "se" dependerá da estrutura que o usuário preferiu: tratar o argumento interno como sujeito, ou manter sua função original de objeto direto. No português brasileiro falado, embora as construções com "se" sejam muito pouco frequentes, os usuários preferem a estrutura ativa; na escrita padrão, por outro lado, ainda se privilegia a passiva, por força da tradição escolar normativa.

Quanto aos sujeitos não argumentais (também chamados sem referência, por não terem conteúdo semântico), característicos das "orações sem sujeito", o português os representa de forma não expressa, tal como o espanhol e o italiano. O leitor poderia se perguntar: "Mas por que se representaria algo que não tem referência?". Ocorre que outras línguas, como o francês e o inglês, preenchem a posição com um pronome sem conteúdo semântico (sem referência), a que a teoria linguística se refere como sujeito expletivo,[9] o que nos permite levantar a hipótese de que há, à esquerda desses verbos, em português, espanhol e italiano, um expletivo não expresso. Veja-se o contraste em (16) e (17):

(16a) __ Llueve. (Espanhol)
(16b) __ Piove. (Italiano)

(17a) **Il** pleut. (Francês)
(17b) **It** rains. (Inglês)

Os adjuntos adverbiais

Além dos argumentos selecionados pelo predicador da oração, podem se juntar a ele elementos que caracterizam as circunstâncias relacionadas ao evento: o *onde*, o *como*, o *quando*, o *por quê*, o *para quê*... Trata-se de termos não selecionados pelo predicador, mas que se adjungem à sentença situando o evento no tempo e no espaço. Retomando a sentença em (1a), poderíamos articular ao predicador alguns termos, não obrigatoriamente selecionados por ele:

(18) [Ontem], [no centro da cidade], ele <u>deu</u> o dinheiro aos pobres [por causa de uma promessa].

Os termos entre colchetes, que respondem às perguntas "quando?", "onde?", "por quê?", estão articulados ao verbo "dar" e se classificam como "adjuntos adverbiais".

O primeiro tem a estrutura de um sintagma adverbial (SAdv), os dois outros vêm sob a forma de sintagmas preposicionais (SPs). Esses "adjuntos adverbiais" podem ocorrer em número ilimitado e não devem ser vistos como termos "acessórios". Afinal, para que se compreenda tudo o que o usuário quer comunicar, nada é dispensável numa oração.

Em resumo, os termos articulados com um predicador verbal, excetuando-se o sujeito e o objeto direto, têm classificações diferentes, se levarmos em conta o quadro simplificado da NGB, o de Rocha Lima e um mais recente, apresentado em Mateus et al. (2003). Este último reúne sob o rótulo de oblíquos[10] todos os termos articulados com o verbo, excetuando o objeto direto e o indireto (dativo):

Quadro 3
Termos articulados com o predicador verbal:
argumentos internos e adjuntos.

GT (NGB)	GT (Rocha Lima)	Mateus et al. (2003)
Objeto direto	Objeto direto	Objeto direto
Objeto indireto	Objeto indireto (dativo) Complemento relativo	Objeto indireto (dativo) Oblíquo nuclear
Agente da passiva	Agente da passiva	Oblíquo nuclear
Adjunto adverbial	Complemento circunstancial Adjunto adverbial	Oblíquo nuclear Oblíquo não nuclear

Observe-se que, com o quadro descrito em Mateus et al., inspirado em estudos linguísticos recentes, temos uma simplificação que, longe de ser simplista, permite reunir sob o rótulo de "oblíquos nucleares" os termos selecionados pelo verbo (isto é, que fazem parte de sua estrutura argumental) e como "oblíquos não nucleares" os termos que se ligam ao verbo opcionalmente e podem aparecer em número ilimitado.

Os outros "termos"

E o que dizer dos "adjuntos adnominais" e "apostos"? Estes, além de outros "complementos nominais", podem aparecer na estrutura interna dos termos mencionados e não devem ser separados num primeiro recorte da estrutura sentencial. Antes, devem permanecer num nível hierárquico inferior ao dos sintagmas maiores que os contêm. Veja-se o trecho de Veríssimo a seguir:

(19) O mito da era Kennedy, do domínio encantado de um rei guerreiro e sábio, bonito e justo sobreviveu a todas as revisões de uma presidência discutível. (Veríssimo, *O Globo*, 21 jul. 1999)

Temos aí uma estrutura projetada pelo predicador de dois lugares (ou dois argumentos) – *sobreviveu*: alguém (ou alguma coisa) sobreviveu a alguém (ou alguma coisa). Num primeiro nível de análise temos apenas um argumento externo (sujeito) e um interno (complemento), já que não apareceram circunstanciais (adjuntos adverbiais):

Quem sobreviveu?

$[_{SN}$O **mito** da era Kennedy, do domínio encantado de um rei guerreiro e sábio, bonito e justo]

Sobreviveu a quê?

$[_{SP}$a todas as revisões de uma presidência discutível]

O SN com a função de sujeito, cujo núcleo é o substantivo "mito", veio precedido do determinante "o" e seguido de dois SPs: "da era Kennedy" e "do domínio encantado de um rei guerreiro e sábio, bonito e justo", a que a tradição gramatical classifica como adjuntos adnominais. Poderíamos igualmente ter aí um aposto representado por um SN ou por uma oração "que perdura até os dias atuais", por exemplo. Esses termos, fosse qual fosse sua forma, deveriam estar dentro do SN sujeito num primeiro recorte de análise. O complemento de *sobreviveu*, representado pelo SP, tem, da mesma forma, uma estrutura interna que apresenta a preposição "a" e o SN "todas as revisões de uma presidência discutível", cujo núcleo é o substantivo "revisões" acompanhado de um complemento nominal "de uma presidência discutível". Veja-se, entretanto, que a fragmentação da oração em todos esses constituintes internos nos faria perder de vista a estrutura principal da oração: [alguém] sobreviveu [a alguma coisa]. Podemos, então, dizer que, dentro dos constituintes maiores da oração, é possível encontrar outros elementos articulados com o substantivo (os adjuntos adnominais, o aposto e o complemento nominal) e com o adjetivo (o complemento nominal). Mas, só se deve trabalhar, num primeiro recorte, com o(s) predicador(es), seus argumentos e os eventuais adjuntos adverbiais.

Sobre as implicações da organização dos termos na oração

Neste capítulo, tivemos a preocupação de rever os termos da oração, resgatando a tradição gramatical e chamando a atenção para uma análise que leve em conta a estrutura projetada pelo(s) predicador(es). Vimos que os predicadores verbais e nominais são os responsáveis pela projeção da oração, isto é, selecionam os argumentos. Articulam-se ainda aos predicadores os adjuntos adverbiais (ou oblíquos não nucleares). Não nos detivemos na forma pela qual as palavras se organizam em sintagmas e estes em orações e estas em períodos e estes no texto.

Uma última palavra, porém, deve ser dita sobre essa arquitetura da oração. No momento em que as palavras se organizam em sintagmas e estes, em orações, estabelecem-se relações de *concordância*, de *regência* e de *ordem*. A *concordância* nominal e verbal deixa explícita a relação de dependência (subordinação) (a) entre os elementos que se articulam com o substantivo para determiná-lo, quantificá-lo ou modificá-lo e (b) entre o verbo e seu sujeito, respectivamente. O verbo, por sua vez, *rege/comanda* seu sujeito e seu objeto direto, atribuindo-lhes caso nominativo e acusativo, respectivamente, enquanto a preposição *rege/comanda* o SN que se encontra dentro de um SP. A *ordem*, que em nossas gramáticas fica em geral restrita à colocação dos clíticos (pronomes átonos) e é baseada até os dias atuais na ordem lusitana, ultrapassa esse fenômeno. Ela deveria tratar da ordenação dos elementos dentro do sintagma (a ordem do adjetivo, por exemplo, dentro do SN) e desses na oração (a ordem dos argumentos em relação ao seu predicador, a ordem dos adjuntos) e dessas no período. Mas essa já seria uma outra história, que foge aos limites deste capítulo.

Por que e como ensinar

O trabalho com os termos da oração em sala de aula não deveria, em princípio, limitar-se à sua mera identificação, sob pena de se tornar enfadonho e sem finalidade. Reconhecer e identificar os constituintes da sentença é importante para que o aluno entenda, por exemplo, a concordância entre verbo e argumento externo e, sobretudo, por que existe dificuldade maior em realizar tal concordância quando o "sujeito" sintático se comporta como um argumento interno, estrutura típica dos verbos inacusativos ("chegaram as encomendas"). Veja-se a esse respeito o capítulo "Concordância verbal".

Reconhecer e identificar os constituintes da sentença é ainda importante para a boa utilização dos sinais de pontuação: o aluno entenderá melhor, por exemplo, que a vírgula não deve ser usada entre o predicador e seus "argumentos", a menos que ocorra um "adjunto" interveniente ou que a ordem canônica desses argumentos seja mudada. Enfim, cabe ao professor levar o aluno a produzir sentenças a partir de predicadores verbais e nominais e torná-lo capaz de identificar os padrões sentenciais de sua língua, que todo falante domina sem esforço e que o estudante tem a chance de conhecer e analisar. Afinal, o conhecimento de como funciona a própria língua é, tal como o conhecimento de história, geografia, matemática, física, química, uma das habilidades que a escola deve desenvolver no aluno.

Notas

[1] O termo "clítico" tem sido preferido para a referência aos pronomes oblíquos átonos. O termo, cuja raiz está presente nos vocábulos "próclise", "mesóclise" e "ênclise", se refere à sua atonicidade, que o leva a ser pronunciado juntamente com a palavra que o precede ou o segue. No Brasil, preferimos a segunda alternativa. A sugestão de utilizar os clíticos de terceira pessoa ("o" e "lhe") para o teste de função acusativa ou dativa vem do fato de, nas outras pessoas os clíticos acusativo e dativo terem a mesma forma ("me", "te" etc.), não ajudando, pois, na distinção entre o objeto direto ou indireto. No entanto, a expressiva redução no uso dos clíticos de terceira pessoa, tanto o acusativo quanto o dativo, na língua oral e a consequente falta de familiaridade com esses elementos tornam às vezes difícil essa substituição. Uma conjugação da estrutura do complemento com seu traço semântico pode ajudar a identificar a sua função.

[2] A Nomenclatura Gramatical Brasileira (NGB), ainda utilizada na maioria das gramáticas pedagógicas, é resultado de uma simplificação proposta por gramáticos e filólogos, tendo sido publicada pelo Ministério da Educação e Cultura por meio da Portaria n. 36, de 28 de janeiro de 1959. (Para uma "explicação" da nomenclatura proposta, cf. Kury 1964.)

[3] O asterisco antecedendo uma oração significa, neste capítulo, um uso não coerente com a função. Na realidade, pelas razões expostas na nota 1, há hoje, na escrita padrão, certa confusão no uso dos clíticos acusativo e dativo na terceira pessoa, que se deve ao fato de tais elementos já não estarem presentes no processo de aquisição da linguagem, sendo, pois, fruto da ação da escola e do contato com a escrita.

[4] Note-se que a função sintática (estrutural) de um termo muda, na passagem da voz ativa para a passiva, mas seu papel "semântico" permanece.

[5] Há uma grande oscilação entre a presença e a ausência da preposição "a" junto ao complemento dos verbos "interessar" e "agradar', por exemplo. É comum ouvirmos ou lermos "A aula interessou/agradou os alunos" em vez de "aos alunos". De modo inverso, verbos transitivos diretos como "cumprimentar", "favorecer", "elogiar", "encantar" aparecem com um complemento regido de preposição "a" ("O presidente cumprimentou/elogiou ao vencedor"; "o juiz favoreceu ao adversário"; "o ator encantou ao público" em vez de "o vencedor", "o adversário", "o público"). Essa variação pode levar a mudanças na transitividade desses verbos, um fenômeno que não será novidade na história da língua portuguesa.

[6] Cada vez mais o português brasileiro prefere a ordem S(ujeito)V(erbo) também com os verbos inacusativos, provavelmente em consequência de mudanças no nosso quadro pronominal e na ordem dos constituintes. Alguns deles, como "nascer", "morrer", que costumavam aparecer com a ordem V(erbo) S(ujeito) em sentenças apresentativas já aparecem preferencialmente com SV (em vez de "morreu/nasceu fulano de tal na clínica tal...", ouvimos/lemos "fulano de tal morreu/nasceu na clínica tal...").

[7] No português europeu, que conta com um sistema de clíticos mais produtivo, o estatuto de argumento interno do complemento de "haver" é facilmente comprovado ("Não as havia").

[8] Essa forma de indeterminação sem um índice (seja o pronome "se", seja um pronome nominativo, como "você", "a gente") é comum na fala, embora menos frequente do que a indeterminação com "você".

[9] É preciso atentar para o fato de que, mesmo que o português não preencha essa posição, ela está disponível no sistema. Nesse sentido, a comparação com outras línguas é extremamente importante para o estudo da estrutura de uma língua. Pontes (1987) está entre os pioneiros que apontaram construções em que essa posição disponível é ocupada por outro constituinte. São estruturas típicas da fala espontânea e sua ocorrência no português brasileiro tem sido relacionada à sua característica de língua de tópico ou de língua orientada para o discurso. Entre os dados fornecidos pela autora, temos:

(i) **Essas janelas** ventam muito.

[10] Atente-se para o fato de que o termo "oblíquo" reúne elementos não nominativos (sujeito), não acusativos (objeto direto), não dativos (objeto indireto). Na tradição latina corresponderiam aos casos genitivo e ablativo.

Referências bibliográficas

CUNHA, C. F. da; CINTRA, L. F. L. *Nova gramática do português contemporâneo.* Rio de Janeiro: Nova Fronteira, 1985.

KURY, A. da G. *Pequena gramática para a explicação da nova nomenclatura gramatical.* 9. ed. rev. Rio de Janeiro: Agir, 1964.

Mateus, M. H. M. et al. *Gramática da língua portuguesa*. Lisboa: Caminho, 2003.

Perini, M. A. *Para uma nova gramática do português*. São Paulo: Ática, 1985.

Pontes, E. *O tópico no português do Brasil*. Campinas: Pontes, 1987.

Rocha Lima, C. H. da. *Gramática normativa da língua portuguesa*. 32. ed. Rio de Janeiro: José Olympio, 1972.

Coordenação e subordinação

Maria Eugenia Duarte

No capítulo anterior, tivemos a preocupação de rever os termos da oração, resgatando a tradição gramatical e chamando a atenção para uma análise que leve em conta a estrutura projetada pelo(s) predicador(es). Vimos que os predicadores verbais e nominais são os responsáveis pela projeção da oração, isto é, selecionam os argumentos. Articulam-se ainda aos predicadores os adjuntos adverbiais (ou oblíquos não nucleares), constituintes não selecionados pelo(s) predicador(es) e, por isso, considerados "adjuntos" (termos opcionais).

Não nos detivemos na estrutura interna desses termos, mas vimos que duas operações principais estão em jogo na organização do período: a subordinação e a coordenação. Todos os termos articulados com o(s) predicador(es) estabelecem com ele(s) uma relação de subordinação, isto é, exercem nele(s) uma função sintática. A subordinação é, portanto, uma forma de organização sintática segundo a qual um termo exerce função no outro. É exatamente isso que significa "ser dependente sintaticamente" ou "estar subordinado". Outra forma de organização sintática é a coordenação. Vejam-se os termos destacados em (1):

(1a) [[As duas turistas de Lisboa] e [os dois rapazes brasileiros]] visitaram o centro da cidade.

(1b) A televisão mostrou [[as duas turistas de Lisboa] e [os dois rapazes brasileiros]] durante o Jornal Nacional.

(1c) O repórter falou [[sobre as duas turistas de Lisboa] e [(sobre) os dois rapazes brasileiros]].

Os sintagmas destacados entre colchetes estão coordenados, isto é, um não desempenha função sintática no outro, são "independentes sintaticamente um do outro", mas são subordinados a um outro termo que os selecionou: os predicadores verbais grifados. Em (1a), os dois sintagmas coordenados constituem o argumento externo de "visitaram" e desempenham a função sintática de sujeito; em (1b), são o argumento interno de "mostrou" e exercem a função de objeto direto; em (1c), são o argumento interno de "falou" e funcionam como complemento circunstancial ou oblíquo nuclear (veja-se capítulo anterior).

É lamentável que muitas gramáticas pedagógicas mais recentes só tratem desses dois mecanismos de organização sintática – a coordenação e a subordinação – no âmbito do período composto, mantendo uma das falhas da tradição gramatical. Como vimos no capítulo anterior, termos simples aparecem coordenados, isto é, apresentam (não necessariamente) a mesma forma e desempenham (necessariamente) a mesma função. Um SN simples, como "as duas turistas de Lisboa", pode se coordenar ao SN "os dois rapazes brasileiros" e aparecer em função de sujeito, objeto direto, oblíquo etc. A única referência indireta feita pelas gramáticas tradicionais à coordenação dentro do período simples aparece ao classificar o sujeito que exibe sintagmas coordenados de "sujeito composto", uma classificação, que, como foi dito no capítulo anterior, não contribui para o entendimento das relações gramaticais observadas no período.

Assim como coordenamos termos da oração (sintagmas simples), assim também coordenamos orações, sejam elas coordenadas simples:

(2) [As duas turistas de Lisboa chegaram] e [os dois rapazes brasileiros partiram].

sejam elas coordenadas entre si (isto é, não dependem sintaticamente uma da outra), e subordinadas a um outro constituinte (em relação ao qual desempenham a mesma função):

(3) As duas turistas [que chegaram de Lisboa] e [(que) ficaram em minha casa] saíram com dois rapazes brasileiros.

Em (2), as duas orações são "sintaticamente independentes", isto é, uma não exerce função na outra. Veja-se que o predicador "chegaram" não tem qualquer argumento ou adjunto ligado a ele representado na oração seguinte. Da mesma forma, a segunda oração não exerce qualquer função sintática na primeira. Em (3), ao contrário, temos duas orações que fazem parte da estrutura interna do sujeito selecionado por "saíram": elas modificam o núcleo do sujeito "turistas", sendo, pois, "subordinadas" a ele. Por outro lado, estão "coordenadas entre si" (isto é, uma não desempenha função na outra, uma não é constituinte da outra).

O reconhecimento das relações de coordenação e subordinação é fundamental para que se tenha uma perfeita ideia da arquitetura do período. É importante, pois, ter em mente que termos coordenados **não** exercem função um no outro, isto é, um não é constituinte do outro, enquanto um termo subordinado é constituinte de outro, isto é, desempenha função em outro. Para que se possa ter uma ideia dessa arquitetura, vejamos o trecho a seguir:

> (4) "O brasileiro está com medo de tudo! Não sabe exatamente por quê, mas teme [o *impeachment* de Bill Clinton], [as reações de Bóris Yeltsin], [o acordo com o FMI], [um ataque especulativo], [a fuga de dólares], [o ajuste fiscal] e [o sobe-desce das bolsas de valores]. Receia [perder o emprego], [votar errado], [ir ao Maracanã], [ver o Jornal Nacional], [voar de helicóptero], [comprar à prestação] e [usar o cheque especial]" (Veríssimo, *Jornal do Brasil*, 21 set. 1998)

Um exame das estruturas destacadas entre colchetes nos mostra que o argumento interno (objeto direto) do predicador "temer" (alguém teme alguma coisa) veio representado por sete sintagmas nominais, coordenados entre si. Há entre eles uma relação semântica de "adição", expressa pela sequência e pela conjunção "e" com valor aditivo, mas não há dependência sintática entre eles. Outra sequência entre colchetes nos mostra novamente sete estruturas oracionais (todas têm um verbo) coordenadas entre si, exercendo a função de argumento interno (objeto direto) de "receia" (alguém receia alguma coisa). Novamente, há entre essas orações coordenadas uma relação semântica de adição, mas uma não é subordinada à outra. Os dois conjuntos de coordenadas, entretanto, são subordinados ao predicador que as selecionou.

Em resumo, quando falamos/escrevemos utilizamos dois processos fundamentais de organização sintática: a coordenação e a subordinação. No primeiro caso, colocamos lado a lado estruturas (simples ou oracionais) independentes uma da outra sintaticamente: uma não é constituinte da outra; no segundo, subordinamos termos (simples ou oracionais), isto é, construímos estruturas em que um termo se subordina a outro, isto é, funciona como constituinte de outro. E assim vamos "tecendo" o nosso texto.

Os exemplos em (1) mostram as relações de coordenação e subordinação dentro do período simples (um só predicador verbal). Neste capítulo abordaremos as relações de coordenação e subordinação no período composto, isto é, em construções em que esses termos que vimos no período simples aparecem em forma de oração. Comecemos pela subordinação.

Confronto entre abordagem tradicional e outras perspectivas

Relações de subordinação

As orações substantivas ou completivas

Os termos da oração mostrados no capítulo anterior podem aparecer também em forma de oração, mantendo com o predicador a mesma relação de subordinação. Tomemos inicialmente os argumentos selecionados por um predicador verbal, que, como vimos no capítulo anterior, podem ser: o sujeito (argumento externo) e os argumentos internos.

(5a) [Que o João não tenha conseguido o emprego] decepcionou os familiares.
(5b) [__] Decepcionou os familiares [que o João não tenha conseguido o emprego].

(6a) Parece [que o João vai conseguir o emprego].
(6b) *[Que o João vai conseguir o emprego] parece.

(7a) Todos querem [que o João consiga o emprego].
(7b) Todos duvidam [(de) que o João consiga o emprego].

O ponto de partida para analisar um período composto, isto é, aquele que tem mais de uma oração (mais de um verbo), é o verbo flexionado (conjugado) que se encontrar numa oração sem elementos subordinantes em posição inicial (conjunções, preposições, por exemplo). Assim, a oração iniciada pela conjunção subordinativa integrante "que" em (5a) não nos serve de ponto de partida. Comecemos então pela oração "decepcionou os familiares". Esta é a oração responsável por todos os demais elementos que aparecem no período. Uma análise dos elementos selecionados pelo verbo "decepcionar" nos leva a "alguém/alguma coisa decepciona alguém". O argumento externo "o que decepcionou os familiares?" aparece em forma de oração "que o João não tenha conseguido o emprego". Este é o sujeito da oração "decepcionou os familiares", que será chamada de oração principal.

Seu sujeito, em forma de oração, será uma oração completiva com função de sujeito (que a gramática tradicional chama de substantiva subjetiva). Observe-se que, em (5a), a oração pode vir anteposta à sua principal, ocupando a posição do argumento externo em relação ao seu predicador. Esta, entretanto, não é a posição preferencial do sujeito que aparece em forma de oração (sujeito oracional). Observe-se em (5b) que é mais natural a ocorrência da subordinada após a principal.

Em (6a), temos mais uma oração ligada a um predicador verbal, classificada pelas gramáticas tradicionais como oração subjetiva tal como a que ocorre em (5). Entretanto, o argumento selecionado pelo verbo "parecer" (o que parece?) não pode ocupar a posição anteposta ao seu predicador (ninguém falaria/escreveria o período na ordem mostrada em (6b)). Essa oração é sem dúvida um argumento de "parecer", mas sua posição fixa pós-verbal mais se assemelha à das orações em (7), em que temos duas completivas de verbo, uma em função de objeto direto e uma em função de complemento relativo (oblíquo), esta última, frequentemente falada/escrita sem a preposição "de". Assim, a subordinada selecionada por "parecer" se comporta como um argumento interno. A classificação das orações de (5) a (7) como completivas de verbo, seja na função de sujeito seja na função de objeto (direto ou oblíquo), é coerente com a seleção feita pelo predicador verbal.

Passemos às orações completivas selecionadas por um predicador nominal. Vimos, no capítulo anterior, que um nome (adjetivo ou substantivo) pode selecionar argumentos. Tais argumentos podem igualmente aparecer em forma de oração:

(8a) [Que o João não tenha conseguido o emprego] foi uma decepção.
(8b) [__] Foi uma decepção [que o João não tenha conseguido o emprego].

(9a) [Que o João não tenha conseguido o emprego] foi decepcionante.
(9b) [__] Foi decepcionante [que o João não tenha conseguido o emprego].

Os predicadores (nominal e adjetival) em (8) e (9) selecionam um argumento externo (alguma coisa: uma decepção/decepcionante), que aparece sob a forma de oração. Essa oração, classificada igualmente como subordinada substantiva subjetiva na tradição gramatical, será aqui tratada igualmente como completiva de nome ou de adjetivo, em função de sujeito. Observe-se que, tal como ocorreu em (5), a ordem mais natural dessa completiva é a pós-verbal (em b), embora sua ocorrência antes da principal não seja rara na escrita padrão e na fala muito formal.

Como as orações citadas anteriormente não têm um predicador verbal (lembremos-nos de que as orações com um predicador nominal recebem um verbo "de ligação", que, como vimos no capítulo anterior, traz as marcas de tempo, modo, número e pessoa, além de atribuir caso – ou reger – o sujeito), podemos ter igualmente uma estrutura como (10), em que a oração subordinada completiva aparece como um predicativo do sujeito. Seu caráter essencial de complemento do nome se revela na tendência de introduzi-la por uma preposição, como mostra (11):

(10) A decepção é [que o João não conseguiu o emprego].
(11) A esperança é [de que o João passe no próximo concurso].

As orações ligadas a um predicador nominal podem ainda aparecer como um argumento interno, assim como os selecionados pelos verbos transitivos. Vejamos, então, os exemplos em (12):

(12a) Todos estavam <u>confiantes</u> [(em/de) que o João conseguiria o emprego].
(12b) Todos tinham <u>confiança</u> [(em/de) que o João conseguiria o emprego].

Os predicadores nominais grifados nos períodos citados ("confiantes", "confiança") selecionam um argumento externo (representado por "todos") e um interno, representado por uma oração, que pode aparecer regida ou não por preposição, mas mantém sua função de complemento nominal.

Temos assim uma visão dos termos articulados a um predicador na oração principal, que podem aparecer em forma de oração. Embora o tratamento atual não seja muito diferente do tratamento tradicional, o critério utilizado por cada abordagem difere em um importante aspecto: a tradição gramatical leva em conta o fato de que a função que elas desempenham pode ser representada por um substantivo. Daí vem sua classificação em "subordinadas substantivas". Para Mateus et al. (2003), interessa o fato de serem selecionadas pelos predicadores verbais, nominais e adjetivais. Uma comparação entre as funções apontadas pela NGB, por Rocha Lima (1972) e por Mateus et al. pode ser vista no quadro a seguir:

Quadro 1
A subordinação completiva.

GT (NGB)	GT (Rocha Lima)	Mateus et al.
Substantivas a) subjetiva b) predicativa c) objetiva direta d) **objetiva indireta** e) completiva nominal f) apositiva	**Substantivas** a) subjetiva b) predicativa c) objetiva direta d) **completiva relativa** e) completiva nominal f) apositiva	**Subordinação Completiva** a) de verbo b) de adjetivo c) de nome (substantivo)

Quando se comparam as três propostas de classificação das orações subordinadas, vê-se que a classificação de Mateus et al. é mais simples e mais preocupada com a função de complemento/argumento da oração subordinada e com o predicador ao qual ela se subordina. Assim, as orações classificadas como "subjetiva" podem estar articuladas a um predicador verbal ou nominal, na função de argumento externo; a predicativa e a completiva nominal, a um predicador nominal, como argumentos internos; a objetiva direta, indireta (completiva relativa), a um predicador verbal, na função de argumentos internos. Restam as apositivas. Por que a tradição as inclui entre as substantivas? Porque, além de o aposto ser representado por um substantivo, a oração "apositiva" é, tal como as demais, introduzida por uma conjunção subordinativa integrante (que). E por que Mateus et al. as excluem do quadro proposto? Porque, as estruturas apositivas **não** são argumentos selecionados por predicadores (não são, pois, "completivas"). Elas aparecem na estrutura interna de SNs (sintagmas nominais), isto é, estão num nível hierarquicamente inferior aos argumentos, funcionando como modificadores desses SNs, tal como os adjuntos adnominais, como mostra (13):

(13a) Nossos amigos destacaram [uma coisa: [a honestidade do João]].
(13b) Nossos amigos destacaram [uma coisa: [que o João era muito honesto]].

Em (13a), o argumento interno de "destacaram" aparece sob a forma de SN simples, cujo núcleo é "coisa". Esse núcleo tem, à sua direita, um elemento justaposto, a que chamamos "aposto" e que faz parte da estrutura interna do SN e, como insistimos no capítulo anterior, não deve ser destacado no primeiro recorte da análise. Esse termo pode aparecer, tal como os demais, em forma de oração, como vemos em (13b) e deve ser classificado como um elemento "modificador", que faz parte da estrutura interna do objeto direto. Como não é um argumento, não pode ser incluído entre as completivas de Mateus et al.

Antes de passar às estruturas oracionais que modificam o nome, façamos uma observação sobre a forma pela qual se apresentam essas orações (substantivas ou completivas, seja qual for o quadro que se queira adotar). Além de introduzidas pelas conjunções integrantes "que", "se", elas podem aparecer sem a conjunção, com o verbo no infinitivo (isto é, "reduzidas", "diminuídas em extensão"), seja como completivas de verbo (14), seja como completivas de nome (15):

(14a) [__] Magoou o João [não conseguir o emprego].
(14b) Todos desejam [conseguir um bom emprego].
(14c) Todos confiam [em conseguir um bom emprego].

(15a) [Conseguir um bom emprego] é nossa esperança.
(15b) Nossa esperança é [conseguir um bom emprego].
(15c) O João tem esperança [de conseguir um bom emprego].
(15d) O João está esperançoso [de conseguir um bom emprego].

Nas reduzidas em funções oblíquas – isto é, as funções de complemento relativo (14c) e complemento nominal (15c,d) –, a preposição não é omitida, ao contrário do que ocorre comumente nas orações "desenvolvidas" (introduzidas pela conjunção subordinativa integrante).

As orações adjetivas ou relativas

Vimos na seção anterior que o aposto, constituinte que se justapõe a um SN, fazendo parte de sua estrutura interna, pode aparecer em forma de oração. Além dele, outros modificadores que compõem os SNs e que a tradição classifica como "adjuntos adnominais" podem igualmente aparecer em forma de oração. Retomando o exemplo (1a), aqui repetido como (16), vemos que os núcleos dos dois SNs coordenados aparecem modificados por um SP (Sintagma Preposicionado: "de Lisboa") e um SAdj (Sintagma Adjetival: "brasileiros"):

(16) [[As duas turistas [de Lisboa]] e [os dois rapazes [brasileiros]]] visitaram o centro da cidade.

Ora, esses adjuntos adnominais podem também aparecer sob a forma de oração:

(17) [[As duas turistas [que chegaram de Lisboa]] e [os dois rapazes [que vivem no Brasil]]] visitaram o centro da cidade.

Veja-se que o nome pelo qual essas orações são conhecidas na tradição gramatical – adjetivas – nos remete à função que elas têm em comum com a classe dos adjetivos – modificar o substantivo. Quadros teóricos mais recentes nomeiam tais orações como "relativas", pelo fato de serem introduzidas por um "pronome relativo". Enquanto as "completivas" são introduzidas por conjunções, isto é, elementos cuja função exclusiva é ligar orações, as relativas são encabeçadas por um pronome, que, além de unir a subordinada à sua principal, estabelece uma relação entre o substantivo a que se refere e a subordinada. No exemplo (17), o pronome relativo "que" representa os substantivos "turistas" e "rapazes" nas orações subordinadas, sendo, portanto, constituintes dessas orações, além de ligá-las à principal. Em ambas as subordinadas, o pronome relativo é argumento dos verbos "chegar" e "viver" e funcionam com sujeito.

Um pronome relativo pode ter quase todas as funções que um nome pode ter. Vejam-se as orações adjetivas (ou relativas) a seguir:

(18a) Maria ainda não leu [os livros [que ela ganhou no Natal]].
(18b) Maria ainda não leu [o livro [de que todos estão falando]].
(18c) Maria não conhece [a praia [em que / onde seus pais vão passar as férias]].
(18d) Maria não conhece [uma casa [em que / na qual / onde todos vivam felizes]]
(18e) Maria não conhece [o aluno [com quem /com o qual todos estão desapontados]].
(18f) Maria recebeu [os pais [cujos filhos estão com notas baixas]].

Todos os SNs entre colchetes representam propositalmente o argumento selecionado pelo verbo da oração principal, na qual exercem, coincidentemente, a função de objeto direto. Cada um desses SNs é modificado por uma oração relativa ligada a ele por um pronome relativo. Esse pronome, naturalmente, terá uma função na oração subordinada. Observe-se cada um dos exemplos. Em (18a), o pronome é um argumento interno (objeto direto) de "ganhou"; em (18b) e (18c), é um argumento interno (oblíquo) de "estão falando" e "vão passar"; em (18d), um adjunto (oblíquo não nuclear) de "vivam"; em (18e), um argumento interno (complemento nominal) de "desapontados"; e, finalmente, em (18f) um adjunto adnominal (determinante) de "filhos".

Para as gerações mais jovens, o uso das preposições com os pronomes relativos em funções oblíquas (sejam ou não "nucleares") e o uso do próprio relativo "cujo" podem soar estranhos. De fato, tais usos são recuperados, até certo ponto, pelo ensino formal e, portanto, mais comuns na escrita padrão. No português "falado" no Brasil, quer se trate da variante considerada culta, quer se trate da variante popular, é muito raro encontrar as estruturas ilustradas em (18b-f), salvo em situações de fala planejada, envolvendo indivíduos que dominem essa regra gramatical e que sejam capazes de monitorar seu discurso. Do contrário, o que vemos na fala espontânea são dois tipos de orações "relativas": a "cortadora" (que elimina a preposição) e a "copiadora", que repete (copia) o SP:

(19a') A Maria ainda não leu [o livro [que todos estão falando]].
(19a") A Maria ainda não leu [o livro [que todos estão falando dele]].

(19b') A Maria não conhece [uma casa [que todos vivam felizes]].
(19b") A Maria não conhece [uma casa [que todos vivam felizes nela]].

(19c') A Maria não conhece [o aluno [que todos estão desapontados]].
(19c") A Maria não conhece [o aluno [que todos estão desapontados com ele]].

(19d') A Maria recebeu [os pais [que os filhos estão com notas baixas]].
(19d") Maria recebeu [os pais [que os filhos deles (seus filhos) estão com notas baixas]].

Todas as relativas ilustradas em (17), (18) e (19) são classificadas como "restritivas", porque "restringem", "limitam" o significado dos nomes que modificam. Comparem-se as relativas a seguir:

(20a) Os professores [que estavam cansados do trabalho] deixaram a sala.
(20b) Os professores, [que estavam cansados do trabalho], deixaram a sala.

A leitura dos dois períodos, exatamente iguais exceto pela pontuação, mostrará que (20a) só pode ser realizada caso se esteja restringindo o nome "professores"; em outras palavras, a oração contribui para a construção do valor referencial do SN antecedente. Só saíram da sala os que estavam cansados do trabalho. Os demais ficaram. Por outro lado, a leitura de (20b) só tem sentido caso o conteúdo da relativa se aplique a todos os professores que estavam na sala. Esse segundo tipo de relativa, que aparece entre as vírgulas, um recurso para representar a diferente curva entoacional que caracteriza sua realização, é chamada curiosamente de "explicativa". Esse rótulo era usado para classificar adjetivos que tinham estreita relação semântica com os nomes que modificavam ("água mole") em oposição aos que não tinham tal relação ("moça bonita"), rotulados como restritivos (nem toda moça é bonita). Com o desuso de tal classificação, fica também sem sentido esse rótulo de "explicativas" para as orações adjetivas. Na verdade, essas orações são semelhantes ao aposto: aparecem junto de um nome para lhe atribuir uma característica própria, sem alterar seu valor referencial, e são realizadas, juntamente com esse nome, com uma prosódia característica. Daí vem a tendência atual de chamá-las "relativas apositivas". Observe-se que, pela distinção apresentada anteriormente, toda relativa que modifica um nome próprio é necessariamente apositiva:

(21) Minha amiga Maria, [que sempre acreditou na política], anda muito desanimada.

Quadro 2
A subordinação relativa.

GT	Mateus et al.
Adjetivas a) restritivas b) explicativas	**Relativas** a) restritivas b) apositivas

Antes de passar a outro grupo de orações, é importante que se chame a atenção para o fato de que as relativas podem aparecer "reduzidas", tal como as completivas. As gramáticas tradicionais nos dizem que elas podem aparecer sem o pronome relativo com o verbo no particípio e no gerúndio:

(22a) Elas não ouviam as palavras [gritadas do outro lado do rio].
(22b) Eram pessoas amigas, [sofrendo muita humilhação].
(22c) Eram pessoas amigas, [a sofrer muita humilhação].

No caso de (22a), pode-se dizer que o constituinte entre colchetes corresponde a "que eram gritadas do outro lado do rio", uma oração relativa restritiva. Quando se pensa, porém, que o particípio pode funcionar como um adjetivo simples, talvez seja mais econômico considerá-lo como tal. Em (22b) e (22c), temos relativas apositivas "que sofriam muita humilhação", a primeira de rara ocorrência, a segunda, absolutamente distante do português do Brasil e provavelmente apresentada em nossas gramáticas por inspiração literária ou lusitana.

Há, entretanto, uma relativa reduzida de infinitivo, muito frequente mas não contemplada pela nossa tradição gramatical. Vejam-se alguns exemplos nos pares a seguir, em que (a) apresenta uma estrutura mais formal, com o pronome e o verbo no infinitivo, e (b) uma estrutura mais informal, própria da língua oral, com a preposição "para":

(23a) Ela não tem um parente [a quem / ao qual deixar seus bens].
(23b) Ela não tem um parente [pra deixar seus bens].

(24a) Na sala havia um vaso [onde / no qual colocar flores].
(24b) Na sala tinha um vaso [pra colocar flores].

Completivas ou relativas?

São frequentes orações subordinadas introduzidas por pronomes e advérbios chamados tradicionalmente "interrogativos indefinidos". Vejamos alguns exemplos:

(25a) [Quem chegar por último] vai perder o lugar.
(25b) [O que você nos contou] é surpreendente.
(25c) Cada convidado pode trazer [quem ele desejar].
(25d) A escola dará um prêmio [a quem se destacar na pesquisa].
(25e) Não podemos confiar [em quem promete o impossível].
(25f) Ele mora [onde sua família vive].
(25g) Eles vivem [como Deus quer que vivam].

Um exame atento das orações principais, nosso ponto de partida para a análise das relações que se estabelecem no período, nos leva a concluir que as subordinadas entre colchetes desempenham nelas uma função. Em (a) e (b), temos uma "completiva" de verbo "quem vai perder o lugar?" e de adjetivo "o que é surpreendente?" na função de sujeito da principal; em (c), (d) e (e), vemos três completivas de verbo "trazer quem?", "dar um prêmio a quem?", "confiar em quem?", nas funções de objeto direto, objeto indireto e complemento relativo (ou oblíquo) de suas principais. Finalmente em (f) e (g), as subordinadas funcionam como complemento circunstancial (ou oblíquo) dos verbos "morar" e "viver", que, como vimos no capítulo precedente, selecionam um argumento interno tal como os demais transitivos em (c), (d) e (e).

As gramáticas tradicionais chamam a atenção para o fato de tais subordinadas serem orações adjetivas sem um antecedente e recomendam que se "desdobrem" os indefinidos dando-lhes um antecedente. A estrutura do período sofreria então as seguintes alterações:

(26a) Aquele [que chegar por último] vai perder o lugar.
(26b) Aquilo [que você nos contou] é surpreendente.
(26c) Cada convidado pode trazer aquele / o amigo [que ele desejar].
(26d) A escola dará um prêmio àquele /ao aluno [que se destacar na pesquisa].
(26e) Não podemos confiar naquele / em alguém [que promete o impossível].
(26f) Ele mora no lugar [onde/em que sua família vive].
(26g) Eles vivem da maneira [como/pela qual Deus quer que vivam].

Assim, o antecedente passará a integrar a oração principal, onde exercerá as funções das relativas livres, e a subordinada, graças ao antecedente, será uma adjetiva. Ora, como uma adjetiva faz parte da estrutura do SN a que se refere – cf. (17) e (18) –, vemos aqui um procedimento que nos leva ao mesmo lugar, além de produzir resultados geralmente artificiais. O tratamento atual dado às estruturas em (25a-g) é o de "relativas livres" e sua classificação sintática é a de "completivas" de algum predicador da sua principal (cf. Perini, 1994, Mateus et al., 2003).[1]

As orações adverbiais

Assim como os argumentos e adjuntos adnominais (modificadores dos nomes) aparecem em forma de oração (as completivas e as relativas), os adjuntos adverbiais também podem assumir uma estrutura oracional. Trata-se de um conjunto de orações de comportamento não uniforme. Vejam-se, por exemplo, os grupos a seguir:

(27a) O mendigo morreu [de frio].
(27b) O mendigo morreu [porque passou muito frio].
(27c) [Como passou muito frio], o mendigo morreu.

(28a) Ele sobreviveu [apesar do frio].
(28b) Ele sobreviveu [embora tenha passado muito frio].
(28c) [Embora / ainda que tenha passado muito frio], ele sobreviveu.

Os termos entre colchetes exercem a função de adjunto adverbial de "morreu" e "sobreviveu", respectivamente. Não se trata de termos selecionados pelos verbos, mas de termos que se juntam a eles para expressar uma circunstância de causa em (27) ("ele morreu por quê?"), e de concessão em (28) ("ele sobreviveu apesar de quê?). Em (a), temos um período simples e em (b) e (c) um período composto, com uma oração principal e uma adverbial causal em (27) e concessiva em (28), que podem aparecer antepostas ou pospostas à sua principal.

O mesmo comportamento pode ser visto nos grupos seguintes:

(29a) Ele sairá da prisão [se mostrar bom comportamento].
(29b) [Caso ele mostre bom comportamento], sairá da prisão.

(30a) Ela tem estudado bastante [para que consiga / para conseguir boas notas].
(30b) [Para conseguir boas notas], ela tem estudado bastante.

(31a) Ele viajará para Portugal [quando obtiver o visto / ao obter o visto].
(31b) [Quando obtiver o visto], ele viajará para Portugal.

As orações destacadas igualmente funcionam como adjuntos dos verbos grifados: as circunstâncias expressas são de condição ("sairá sob que condição?") em (29), finalidade ("tem estudado com que finalidade?") em (30) e tempo ("viajará quando?") em (31). A maneira pela qual se articulam à sua principal pode ser por meio de uma conjunção (ou locução conjuntiva) subordinativa (porque, embora, se, para que, quando) ou, como mostram as opções em (30) e (31), elas podem aparecer "reduzidas", com o verbo no infinitivo precedido de preposição ou mesmo no gerúndio e particípio (uma consulta às obras listadas mostrará essas possibilidades, algumas em franco desuso na fala e na escrita contemporâneas).

Há, entretanto, outros quatro "tipos" de subordinadas adverbiais listados em nossas gramáticas, cujo comportamento não apresenta as características observadas nos apresentados anteriormente:

(32a) Os rapazes gritaram *tanto* [*que* ficaram sem voz].
(32b) * Que ficaram sem voz os rapazes gritaram tanto.

(33a) [*Quanto mais* a menina cresce] *tanto mais* ela fica bonita.
(33b) * Tanto mais a menina fica bonita quanto mais ela cresce.

(34a) Os funcionários falam *mais* [*do que* trabalham].
(34b) * Do que (os funcionários) trabalham falam mais.

(35a) Os alunos se prepararam para a prova [como o professor recomendou].
(35b) ? [Como o professor recomendou], os alunos se prepararam para a prova.

Os asteriscos em (b) mostram que as subordinadas apresentadas nesse conjunto, expressando a relação semântica de consequência em (32), de proporção em (33) e de comparação em (34), não têm a mobilidade das orações do conjunto anterior. Trata-se de estruturas com uma integração sintática muito mais estreita, uma integração que se caracteriza, em geral, pela presença de termos "correlatos" na principal e na subordinada (tanto... que; quanto mais... tanto mais; mais... do que). As orações que expressam a relação semântica de conformidade, ilustradas em (35), podem, entretanto, ser movidas, tal como as adverbiais, mas estão incluídas neste grupo por duas razões. Em primeiro lugar, os dois exemplos em (35) podem ser parafraseados de forma diferente, como se vê a seguir:

(35a') Os alunos se prepararam para a prova conforme o professor recomendou.
(35b') Como o professor recomendou que os alunos se preparassem para a prova, assim eles fizeram.

A subordinada em (35a') é um adjunto do verbo da principal, enquanto a subordinada em (35b) tem escopo sobre toda a oração principal, isto é, é um adjunto oracional.

Em segundo lugar, há uma comparação implícita nas duas proposições:

(35a") Os alunos se prepararam para a prova *tal como* o professor recomendou.
(35b") **Como* o professor recomendou, os alunos se prepararam para a prova *tal*.

Tais orações apresentam, pois, a possibilidade de ocorrerem igualmente elementos correlatos, *tal...como*, o que justifica sua inclusão, juntamente com as consecutivas, proporcionais e comparativas, num grupo separado das *adverbiais*, a que Mateus et al. (2003) se referem como *construções de graduação e comparação*. O quadro a seguir apresenta as classificações segundo a tradição gramatical e segundo Mateus et al.:

Quadro 3
A subordinação adverbial.

GT	Mateus et al.
Adverbiais	**Subordinação adverbial**
a) causais	a) causais
b) condicionais	b) condicionais
c) concessivas	c) concessivas
d) finais	d) finais
e) temporais	e) temporais
f) conformativas	**Construções de graduação e comparação**
g) comparativas	a) conformativas
h) consecutivas	b) comparativas
i) proporcionais	c) consecutivas
	d) proporcionais

Coordenação e subordinação

Este capítulo foi iniciado chamando a atenção para dois pontos: (a) as diferenças entre coordenação e subordinação e (b) a importância de observar essas relações tanto no período simples quanto no composto. Retomemos em (36) o exemplo (2):

(36) [As duas turistas de Lisboa chegaram] e [os dois rapazes brasileiros partiram].

As duas orações destacadas são "coordenadas" porque uma não desempenha qualquer função sintática na outra. Há, entretanto, uma relação semântica entre elas. Caso não houvesse, o período não seria coerente. A ênfase nas relações semânticas veiculadas pelas adverbiais (vistas na seção precedente) ou estabelecidas entre as coordenadas não pode se sobrepor às relações sintáticas de dependência estrutural entre elas. O ideal é que se trabalhe com as duas noções e se perceba que relações semânticas semelhantes podem ser veiculadas por meio de estruturas sintáticas diferentes:

(37a) [Minha amiga passou no exame], [mas (ela) não estudou muito].
(37b) [Embora não tenha estudado muito], minha amiga passou no exame.

Em (a), não é possível estabelecer qualquer articulação sintática entre as orações, o que se faz facilmente em (b): "minha amiga passou apesar de quê?". Em outras palavras, a primeira oração em (b) é constituinte da segunda, desempenha nela a função de adjunto adverbial (ou oblíquo não nuclear), é subordinada a ela. Em (a), temos a mesma noção semântica de "concessão", de "contrajunção", expressa pelo uso da conjunção coordenativa "mas", que poderia, contudo, ser veiculada sem qualquer conjunção (como em 38a) ou por um elemento, cuja posição móvel na oração mais o aproxima de advérbio (como em 38b):

(38a) [Minha amiga estudou demais para o exame]; [não conseguiu passar].
(38b) [Minha amiga estudou demais para o exame]; [não conseguiu, contudo, passar].

Fica claro que as coordenadas não se distinguem hierarquicamente umas das outras. Sua união as coloca lado a lado e o nexo que se estabelece entre elas é semântico, podendo ser mediado por uma conjunção ou simplesmente pela sua justaposição, como vemos na estrofe de uma composição de Chico Buarque:

(39) O nosso amor é tão bom;
o horário (é que) nunca combina:
eu sou funcionário, ela é dançarina.
(Chico Buarque de Holanda)

Um exame das quatro orações (excluindo, por questões metodológicas, a expressão "é que", aqui utilizada para focalizar, destacar o SN "o horário") revela que uma não é constituinte da outra, isto é, não desempenha uma função na outra; trata-se, pois, de coordenadas. Além disso, vê-se que elas não são introduzidas por conjunções. Mas quais as relações semânticas estabelecidas entre elas? A segunda oração traz uma noção de contrajunção em relação à primeira ("mas o horário nunca combina"); a terceira e a quarta introduzem a causa da declaração anterior: "porque eu sou funcionário (trabalho de dia) e "porque ela é dançarina" (trabalha à noite).

A pergunta que se faz é: se as coordenadas "assindéticas" também veiculam as relações de adição, contrajunção, disjunção, causa e consequência, por que só se referir a elas quando as conjunções estão expressas? E por que não atentar para o fato de que uma mesma conjunção pode veicular relações semânticas diversas? Vejam-se os significados que a mesma conjunção (classificada como "aditiva" tradicionalmente) imprime às orações a seguir:

(40a) Fique debaixo desse ventilador [e você apanha um resfriado daqueles]!
(40b) Não consigo entender uma coisa: a Maria era tão simpática [e ninguém gostava dela].

Enquanto em (40a) a conjunção "e" introduz uma relação de consequência, em (40b) a mesma conjunção veicula a relação de contrajunção. Fica claro que não basta decorar a lista de conjunções normalmente localizadas em compartimentos estanques.

Finalmente, retomando o exemplo em (3) como (41), é preciso atentar para o fato de que coordenação e subordinação andam juntas. As duas orações adjetivas (ou relativas) entre colchetes não exercem função uma na outra (estando, pois, coordenadas entre si), mas estão ambas desempenhando uma função em relação ao Núcleo do SN "turistas", a de relativas restritivas:

(41) As duas turistas [que chegaram de Lisboa] e [(que) ficaram em minha casa] saíram com dois rapazes brasileiros.

Uma recomendação dos puristas, que pode ser acatada na escrita formal, quando se dispõe de tempo para acertos e correções, é que termos subordinados a outros, mas coordenados entre si, tenham a mesma forma, já que têm necessariamente a mesma função. De fato, as duas subordinadas destacadas anteriormente e coordenadas entre si são ambas estruturas oracionais, exibindo a mesma forma. No exemplo, a segunda oração só se distingue da primeira pela possibilidade de deixar o pronome relativo da segunda apagado, uma propriedade permitida justamente pela coordenação. Entretanto, nem sempre essa recomendação é seguida. Na fala e mesmo na escrita é frequente a coordenação de constituintes, que, embora tenham a mesma função, não exibem a mesma forma:

(42) Ele era [um homem [muito rico] mas [que não pagava aos seus credores]].

O SN entre colchetes, cujo núcleo é "homem", aparece modificado pelo SAdj. "muito rico" e pela oração "que não pagava aos seus credores". Esses dois constituintes estão coordenados um ao outro pela conjunção "mas", guardando uma relação semântica de contrajunção. Ambos estão subordinados a "homem" e funcionam como adjuntos adnominais: o primeiro aparece em forma simples; o segundo, em forma de oração, aliás uma oração adjetiva (ou relativa), o que já confirma o fato de eles exercerem a mesma função. O que recomendam então os que se preocupam com certos aspectos formais do texto? Que se regularize, que se torne paralela sintaticamente a forma desses constituintes, transformando-os em dois sintagmas adjetivais ou dois sintagmas oracionais:

(43a) Ele era [um homem [$_{SAdj}$ muito rico] mas [$_{SAdj}$ mau pagador]].
(43b) Ele era [um homem [que tinha muito dinheiro] mas [(que) não pagava aos seus credores]].

Por que e como ensinar

Tal como foi dito no capítulo anterior, o conhecimento de como a língua funciona só pode enriquecer o conjunto de informações que o aluno recebe na escola (e mesmo depois que ele a deixa e ingressa na vida profissional). Este capítulo fez um breve resumo das relações de coordenação e subordinação e, por isso mesmo, convida o professor, o aluno ou outro interessado a consultar nossas gramáticas. É muito importante conhecer o que dizem os precursores dos estudos gramaticais. E, mais importante do que adotar esta ou aquela classificação, é reconhecer que nenhuma delas dá conta de toda a complexidade envolvida nas línguas humanas.

No entanto, para que o estudo desses dois processos de organização do período desperte, de fato, o interesse dos alunos, é preciso que o professor parta de textos próximos do mundo que os cerca, desde os textos literários (incluindo as letras de músicas), passando pelos textos escolares – não só os relativos à língua portuguesa – até os textos jornalísticos. É preciso ainda examinar a língua falada; não aquela que a escrita tenta imitar, mas a fala de entrevistas com brasileiros "reais", de diferentes níveis de escolaridade e faixas etárias, disponíveis em sites de inúmeros projetos de pesquisa.

Só por meio do texto (falado e escrito) será possível verificar a frequência com que esta ou aquela estrutura aparece, quais as conjunções que caíram em desuso, quais as novas conjunções e formas de articulação que se implementam no sistema, em que medida as relativas cortadoras e copiadoras, de que tratamos brevemente, aparecem em textos mais formais. Enfim, o aluno deve ser ainda levado a examinar a estrutura dos períodos no seu próprio texto, aprendendo a reconhecer os processos de que ele lança mão todas as vezes (em) que fala e escreve. E, sobretudo, o professor e o aluno devem ir além da nomenclatura, das classificações, que acabam por levar a um aprisionamento que impede uma visão mais nítida da maneira pela qual os termos se organizam em orações e estas no período e...

Nota

[1] Não foi incluída no texto, mas merece comentário, a "relativa apositiva de frase" (cf. Mateus et al., 2003.), que tem como antecedente toda a oração principal e que deveria, segundo a tradição gramatical, ser igualmente "desdobrada", ganhando um antecedente e passando funcionar como uma relativa restritiva: (i) O presidente não compareceu à cerimônia, [o que desagradou a todos]. (ii) O presidente não compareceu à cerimônia, fato [que desagradou a todos].

Observe-se que o antecedente em (ii) passa a ter a função da oração apositiva em (i), isto é, funciona como um aposto ao qual a oração relativa restritiva se articula, um comportamento semelhante ao apresentado nos exemplos (26a-g).

Referências bibliográficas

CARONE, F. de B. *Morfossintaxe*. 3. ed. São Paulo: Ática, 1991.

———. *Subordinação e coordenação*: confrontos e contrastes. 3. ed. São Paulo: Ática, 1993.

CUNHA, C. F. da; CINTRA, L. F. L. *Nova gramática do português contemporâneo*. Rio de Janeiro: Nova Fronteira, 1985.

KURY, A. da G. *Pequena gramática para a explicação da nova nomenclatura gramatical*. 9. ed. rev. Rio de Janeiro: Agir, 1964.

MATEUS, M. H. et al. *Gramática da língua portuguesa*. Lisboa: Caminho, 2003.

PERINI, M. A. *Gramática descritiva do português*. São Paulo: Ática, 2005.

ROCHA LIMA, C. H. da. *Gramática normativa da língua portuguesa*. 32. ed. Rio de Janeiro: José Olympio, 1972.

Correlação

Violeta Virginia Rodrigues

A revisão da literatura pertinente aos processos sintáticos, desde a tradição gramatical até as correntes linguísticas mais recentes, determinou resgatar a proposta de Oiticica (1942; 1952), pela qual a correlação é um mecanismo sintático diferente da coordenação e da subordinação, embora normalmente seja considerada ora um subtipo da subordinação, ora um outro procedimento sintático, ou sequer seja mencionada.

A abordagem adotada por gramáticos de linha tradicional apresenta como processos de articulação de orações no período a coordenação e a subordinação – e a possibilidade de a coordenação e a subordinação ocorrerem simultaneamente –, desconsiderando outros tipos de categorias na estruturação do período composto.

Nesse sentido, uma pergunta se impõe: que orações podem ser construídas por séries correlativas? O que se entende por correlação?

Tomando-se por base Oiticica (1942; 1952), Barreto (1992) e Castilho (2002), entende-se por correlação o mecanismo de estruturação sintática ou o procedimento sintático em que uma sentença estabelece uma relação de interdependência com a outra no nível estrutural. Sendo assim, na correlação, nenhuma das orações subsiste sem a outra, porque, na verdade, elas são interdependentes.

Assim, a correlação tem sua conexão estabelecida por elementos formais, expressões que compõem um par correlativo, estando cada um de seus componentes em orações diferentes.

A título de ilustração, observem-se os casos a seguir:

(1) Hoje eu trabalho mais do que trabalhava. (Rodrigues, 2001: 57)
(2) Quanto mais o conheço, tanto mais o admiro. (Cunha e Cintra, 1985: 593)
(3) Trabalhou tanto que adoeceu. (Luft, 2002: 61)
(4) Não só trabalha de dia, senão que estuda à noite. (Rocha Lima, 1998: 261)
(5) Você ou estuda ou trabalha, as duas coisas ao mesmo tempo serão muito difíceis. (Castilho, 2002: 143)

Em (1), pela gramática tradicional, tem-se uma oração principal *Hoje eu trabalho mais* e uma oração subordinada adverbial comparativa *do que trabalhava*; em (2), uma oração subordinada adverbial proporcional *Quanto mais o conheço* e uma oração principal *tanto mais o admiro*; em (3), uma oração principal *trabalhou tanto* e uma oração subordinada adverbial consecutiva *que adoeceu*; em (4), duas orações coordenadas que estabelecem uma relação de adição *Não só trabalha de dia* e *senão que estuda à noite*; e em (5), duas orações coordenadas que estabelecem uma relação de disjunção.

Analisando-se os exemplos antes listados e adotando a correlação como mais um procedimento sintático, tem-se em (1) orações correlatas comparativas; em (2), orações correlatas proporcionais; em (3), orações correlatas consecutivas; em (4), orações correlatas aditivas; em (5), orações correlatas alternativas, não cabendo falar nem de oração principal (para os casos tradicionalmente alocados na subordinação), nem de oração coordenada sindética (para os casos tradicionalmente alocados na coordenação).

Portanto, as estruturas listadas de (1) a (5) dão conta de todas as possibilidades de correlação em português – a correlação aditiva, a correlação alternativa, a correlação comparativa, a correlação proporcional e a correlação consecutiva – e deveriam assim ser tratadas.

Processos sintáticos na tradição gramatical

Coordenação e subordinação

Conforme já assinalado, na abordagem tradicional, apenas a coordenação e a subordinação são apresentadas como mecanismos de estruturação sintática e, consequentemente, de articulação de orações que ocorrem em períodos compostos.

A tradição do século XIX estabeleceu a dicotomia parataxe *versus* hipotaxe, segundo a qual a parataxe incluía todos os tipos de justaposição e a hipotaxe, todos os tipos de dependência. No século XX, Hopper & Traugott (1993), ao estabelecerem graus de integração entre as orações na perspectiva da gramaticalização, apropriam-se dessas noções e acrescentam a subordinação como uma terceira categoria.

Parataxe implicaria independência relativa, ou seja, o vínculo entre as orações depende apenas do sentido e da relevância da relação entre elas. Hipotaxe implicaria dependência entre um núcleo e margens, mas não encaixamento da margem em um constituinte do núcleo. Subordinação implicaria dependência completa entre núcleo e margem(ns) e, portanto, encaixamento de toda a margem em um constituinte do núcleo.

As orações que ficam nas margens podem ser classificadas em três tipos:

1. aquelas que funcionam como sintagmas nominais – denominadas *completivas*;
2. aquelas que funcionam como modificadoras de nomes – denominadas *adjetivas*;
3. aquelas que funcionam como modificadoras de sintagmas verbais ou de orações inteiras – denominadas *adverbiais*.

No âmbito da tradição gramatical, consolidada na Nomenclatura Gramatical Brasileira (NGB), estabeleceu-se que a coordenação é um processo em que as orações são sintaticamente independentes uma das outras, caracterizando-se pelo fato de implicarem paralelismo de funções ou valores sintáticos idênticos. Entende-se por identidade funcional o fato de os sintagmas simples ou oracionais serem da mesma natureza, categoria ou função, ou seja, em geral, as orações têm a mesma estrutura sintático-gramatical, não se privilegiando, nesse caso, o critério semântico nem o contexto pragmático-discursivo. Além disso, as orações ditas coordenadas podem ou não se interligar por meio de conectivos, denominados conjunções coordenativas.

Em *O Fluminense perdeu* e *o Vasco ganhou o jogo*, tem-se um período composto por coordenação, em que se depreendem duas orações – *O Fluminense perdeu (o jogo)* e *O Vasco ganhou o jogo*.

A subordinação, por sua vez, é um processo de hierarquização de estruturas em que as orações são sintaticamente dependentes, ou seja, a oração subordinada não subsiste por si mesma, sem a principal. A relação subordinativa pressupõe que uma oração (a subordinada) seja considerada constituinte de outra (a principal), caracterizando-as a desigualdade de funções e de valores sintáticos.

Em *O Fluminense perdeu o jogo assim que o Vasco fez o segundo gol*, tem-se um período composto por subordinação, em que *O Fluminense perdeu o jogo* é a oração principal, *assim que o Vasco fez o segundo gol* é a subordinada.

A questão da independência antes apontada como uma das características diferenciadoras dos dois processos é um problema para a análise sintática, visto que nem sempre se explicita a natureza de tal independência. A independência em que se baseia a classificação fundamenta-se na autonomia apenas de função, e não de sentido.

Sabe-se, entretanto, que, em termos semânticos, pode haver coordenação gramatical, mas subordinação psicológica.

Observem-se os exemplos:

(6) O mundo inteiro revoltado acompanha a guerra do petróleo pelos noticiários da TV, ouve os comentários pelo rádio e lê nos jornais as matérias sobre os ataques das forças aliadas.

(7) Entrei no ônibus, sentei-me e felizmente o motorista saiu no horário previsto.

Em (6), enumeram-se várias ações ou vários fatos; nesse caso, a ordem dos elementos enumerados/coordenados – com as devidas adaptações – pode ser alterada, evidenciando que as orações coordenadas têm autonomia tanto do ponto de vista sintático quanto semântico.

Em (7), há uma sequência provável para as ações transcorrerem no tempo, evidenciando autonomia sintática, mas não semântica. Nesse caso, há coordenação gramatical e subordinação semântica, já que se percebe uma dependência de sentido entre as orações. Portanto, tanto pode haver, ao mesmo tempo, coordenação gramatical e semântica quanto coordenação gramatical e subordinação semântica.

Ainda no âmbito tradicional, alguns gramáticos demonstram que o período pode ser composto simultaneamente por coordenação e subordinação. No exemplo *O Fluminense perdeu e o Vasco ganhou o jogo assim que fez o segundo gol,* tem-se, efetivamente, um período denominado de misto, uma vez que *O Fluminense perdeu* está coordenado a *o Vasco ganhou o jogo assim que fez o segundo gol.* A oração coordenada sindética aditiva funciona, também, como oração principal a que se subordina a subordinada adverbial temporal *assim que fez o segundo gol.*

Correlação no âmbito da gramática tradicional

Ao se comparar o tratamento dado ao período composto pelos gramáticos Bechara (1987), Cunha & Cintra (1985), Rocha Lima (1998), Kury (2002) e Luft (2002), nota-se que há divergências não só quanto à interpretação, mas também quanto à classificação das orações.

Essas divergências tornam-se evidentes principalmente no âmbito do período composto por subordinação – mais especificamente, no das orações adverbiais –, embora também ocorram no âmbito do período composto por coordenação.

Depreende-se, pela leitura das gramáticas, que há autores que divergem quanto à existência apenas dos processos de coordenação e subordinação, mencionando, além das chamadas orações justapostas, as estruturas correlativas.

Subordinação adverbial e correlação

Normalmente, a correlação é associada à subordinação, embora não seja frequente a menção explícita à categoria "orações correlatas". Em geral, fala-se da existência de orações que se ligam às outras por meio de conjunções que vêm aos pares, o que muitos denominam de "pares correlativos".

Cunha (1990: 539) e Cunha & Cintra (1985: 572) salientam que comparativas, consecutivas e, às vezes, proporcionais vêm geralmente correlacionadas com um termo da oração principal, como, por exemplo, ocorre no período *Quanto mais o conheço, tanto mais o admiro* (p. 593).

Bechara (1992: 105) cita *tão...como, mais...que, menos...que, tanto...que, tão...que* como expressões correlatas fixas que são usadas nas orações subordinadas adverbiais.

Rocha Lima (1998: 259-84), ao tratar das orações comparativas e das proporcionais, utiliza as denominações "fórmulas correlativas" e "expressões correlativas".

Luft (2002: 45-88) apresenta como orações correlatas (i) as estruturas comparativas que considera estruturas de grau e diz serem constituídas por *tal ... tal, mais, menos ... (do) que*, como no exemplo *Lê mais do que escreve*; e (ii) as consecutivas constituídas por *tanto, tão, tal ... que*, como no exemplo *Trabalhou tanto que adoeceu.* Afirma, ainda, que há gramáticos que consideram como correlatas também as proporcionais, como no exemplo *Quanto mais estuda, (tanto) mais aprende.*

Kury (2002: 62-109) admite, no âmbito das comparativas, a existência de palavras ou locuções correlativas como *assim, assim também,* afirmando que as comparativas quantitativas se encontram em correlação com uma palavra intensiva da oração principal. Refere-se, ainda, também ao caso das orações proporcionais e consecutivas correlatas.

Assim sendo, depreende-se, por esse breve levantamento do tratamento tradicional dado às subordinadas adverbiais, que alguns gramáticos admitem a existência de expressões correlatas, mas não a proposta de um processo distinto da coordenação e da subordinação, ao apresentarem a classificação das orações.

Coordenação e correlação

Segundo a perspectiva tradicional, as orações coordenadas podem ser sindéticas – com a conjunção expressa – e assindéticas – sem a conjunção expressa. Apresentam-se como conjunções coordenativas mais comuns as aditivas – *e, nem, não só... mas também...*–; as adversativas – *mas, porém, todavia, contudo, entretanto...*–; as alternativas – *ou...ou, quer...quer, seja...seja, ora...ora, nem...nem...*–; as explicativas – *pois, porque, que...*; e as conclusivas – *logo, portanto, por conseguinte, então, assim...*

Embora a maioria dos gramáticos, quando fazem referência à correlação no âmbito da coordenação, mencione apenas as aditivas, pode-se perceber, pela listagem de conjunções apresentadas, que as chamadas coordenadas alternativas também se constroem por meio de correlação.

Luft (2002: 45-88) apresenta como orações correlatas as aditivas introduzidas por *não só... mas também*. Kury (2002: 62-109) considera o exemplo *Quincas Borba não só estava louco, mas sabia que estava louco* como um caso de aditiva com correlação. Rocha Lima (1998: 259-84) afirma que, para dar mais força à coordenação, podem ser usadas fórmulas correlativas como *não só... mas também, não só... mais ainda, não só... senão também, não só... senão* que, como nos exemplos *Não só o roubaram, mas também o feriram* e *Não só trabalha de dia, senão que estuda à noite.*

O Quadro a seguir sintetiza o tratamento dado à correlação nas gramáticas tradicionais consultadas:

Quadro 1
Sistematização do tratamento da correlação em gramáticas tradicionais.

GRAMÁTICO	Explicitação da nomenclatura ORAÇÕES CORRELATAS	**Menção indireta à CORRELAÇÃO**
Bechara (1987: 216-34)	—	—
Cunha (1990: 539) Cunha & Cintra (1985: 578-601)	—	Orações comparativas, consecutivas e, às vezes, proporcionais podem estar em correlação com um membro da oração principal.
Rocha Lima (1998: 259-84)	—	Menciona "fórmulas correlativas" e "expressões correlativas" (cf. orações subordinadas comparativas, proporcionais e coordenadas aditivas)
Luft (2002: 45-88)	Orações correlatas aditivas (cf. p. 46) Orações correlatas comparativas (cf. p. 46) Orações correlatas consecutivas (cf. p. 46)	Afirma que outros gramáticos consideram orações proporcionais correlativas (cf. p. 62)
Kury (2002: 62-109)	Orações consecutivas correlatas (cf. p. 98) Orações proporcionais correlatas (cf. p. 104)	Menciona: aditivas com correlação (cf. p. 66) palavra ou locução correlativa (cf. p. 91 – orações comparativas) comparativas quantitativas se acham em correlação com uma palavra intensiva da oração principal (cf. p. 92)

Como se vê, pela abordagem tradicional, a correlação envolve orações classificadas como coordenadas – como as aditivas e as alternativas – e como subordinadas – como as adverbiais comparativas, consecutivas e proporcionais. Por esse motivo, constitui lugar comum entre os estudiosos a constatação de que a tradição classifica, sob o rótulo subordinação, relações diferentes quanto à natureza e à organização. Said Ali (1966: 272) já apontara que a divisão das orações em substantivas, adjetivas e adverbiais é de caráter prático, mas não é rigorosa, visto que implicam diferentes padrões estruturais.

A correlação em outras abordagens

Oiticica (1942; 1952) propõe uma tipologia para as orações, em que distingue quatro processos sintáticos: coordenação, subordinação, correlação e justaposição.[1] Segundo o autor, nem todas as orações subordinadas adverbiais funcionam como adjuntos; para ele, consecutivas e comparativas são correlatas.

Pauliukonis (1995: 346) endossa a tese já preconizada por Oiticica (1942; 1952) de que a correlação, como processo estruturador da frase, se situa em um nível diverso do da coordenação e da subordinação. A autora reconhece, ainda, que a força argumentativa do enunciado correlativo provém da tensão provocada pelo enlace correlato de dois termos.

Barreto (1992), ao estudar os conectores interfrásticos, visando a explicitar os processos de constituição das conjunções da língua portuguesa, sob a denominação *correlação conjuncional*, reúne os itens que, além de estabelecerem relações de coordenação ou subordinação, se distribuem nas duas orações que, por esse motivo, são interdependentes (Cf. Barreto, 1992: 18). Portanto, segundo ela, as *correlações conjuncionais* podem ser tanto de natureza coordenativa quanto de natureza subordinativa, distribuindo-se em aditivas, disjuntivas ou alternativas, comparativas, proporcionais, consecutivas e modais.

Com base nas observações até aqui efetuadas, pode-se defender a existência de orações correlatas, que não estão contempladas na NGB. Na realidade, haveria três processos de organização do período composto: a coordenação, em que as orações apresentam independência sintática; a subordinação, em que uma das orações seria dependente sintaticamente de outra; e a correlação, em que as duas orações seriam formalmente interdependentes, relação materializada por meio de expressões correlatas.

Defender a classificação de orações como correlatas implica considerar a correlação um procedimento sintático diferente, e não simplesmente uma variante da coordenação e da subordinação.

Uma proposta ainda mais detalhada dos tipos oracionais encontra-se em Castilho (2002: 131-2), que estabelece os seguintes tipos de relação intersentencial na constituição das sentenças complexas (dos tradicionalmente denominados de períodos compostos):

- sentenças complexas estruturadas por justaposição – uma sentença se põe ao lado da outra, sem qualquer nexo conjuncional, como em *"Escreveu, não leu, o pau comeu"* e *"Não pagou, foi para a cadeia"*;
- sentenças complexas estruturadas por coordenação – uma sentença se põe ao lado da outra por meio de nexos conjuncionais, como em *"O professor saiu e o aluno falou"*;
- sentenças complexas estruturadas por encaixamento – uma sentença se insere em um constituinte da outra, como em *"Disse que vinha"*, em que o encaixamento se dá no SV da primeira sentença e como em *"O menino que chegou"*, em que o encaixamento se dá no SN anterior;
- sentenças complexas estruturadas sem encaixamento – uma sentença estabelece uma relação de adjunção com outra, como em *"Saiu quando eu cheguei"*;
- sentenças complexas estruturadas por correlação ou paradependência – uma sentença estabelece uma relação de interdependência com a outra, como em *"Falou tanto, que ficou rouco"*.

Como se observa, Castilho (2002: 129-44) prevê entre os tipos de relação intersentencial a existência de estruturas interdependentes ou correlatas. Segundo o autor, que adota a proposta de Oiticica, as possibilidades de correlação são a aditiva, a alternativa, a consecutiva e a comparativa. Note-se que as orações proporcionais não foram contempladas.

O ensino da correlação

Para o ensino mais produtivo da Língua Portuguesa, propõe-se que, em termos de análise sintática, se considere a correlação como uma categoria fundamental para a descrição das estruturas linguísticas tratadas neste texto. A abordagem tradicional, numa tentativa de simplificar a descrição linguística, acabou por dar tratamento homogêneo a estruturas heterogêneas. Para desfazer esse equívoco, é necessário postular três processos de estruturação sintática em língua portuguesa: coordenação, correlação e subordinação (com ou sem encaixamento).

A respeito da correlação, o professor deve atentar para as características que a particularizam em relação à subordinação e à coordenação:

a) a correlação apresenta conjunções que vêm aos pares, cada elemento do par em uma oração;
b) no período composto por correlação, as orações não podem ter sua ordem invertida, isto é, não apresentam a mobilidade posicional típica das subordinadas adverbiais. Compare-se o comportamento dos períodos:

(12) João saiu [quando eu cheguei.]
[Quando eu cheguei] João saiu.

(13) Lê mais [do que escreve.]
* [Do que escreve] lê mais.

Em (12), a oração subordinada adverbial temporal pode vir tanto posposta quanto anteposta à principal, sem que isso a torne agramatical. Já em (13), a mudança de posição da oração subordinada adverbial comparativa torna a estrutura agramatical.

c) As correlatas não podem ser consideradas parte constituinte de outra, como ocorre com as substantivas, as adverbiais e as adjetivas.

As subordinadas substantivas funcionam como um constituinte da oração principal – *João disse que vinha*. Nesse caso, há o encaixamento da segunda oração – *que vinha* – no SV da primeira – *disse*. As adverbiais comportam-se como modificadoras de sintagmas verbais ou de toda a oração – *João saiu quando eu cheguei*, em que não se observa o encaixe da segunda oração – *quando eu cheguei* – em nenhum constituinte da primeira, mas uma relação de adjunção ao verbo para indicar uma circunstância, um conteúdo semântico. As orações adjetivas são modificadoras de nomes, como ocorre em *O aluno escreveu um texto que não se pode compreender*, em que *que não se pode compreender* faz parte da estrutura do SN, modifica o núcleo *texto*.

A análise do período "*Lê mais do que escreve*" (cf. Luft, 2002: 60), além de servir para demonstrar a proposta de correlação, ilustra em parte o comentário supracitado. A segunda oração não se relaciona diretamente a algum verbo da primeira como ocorre com as substantivas, já que aqui a relação não é de complementação; ela também não se liga semanticamente ao verbo como ocorre com as adverbiais, já que a relação não é de adjunção; a segunda oração não se relaciona, ainda, a um substantivo numa estrutura de modificação, como sucede com as adjetivas. No exemplo em análise, as duas orações são interdependentes, porque se relacionam por meio das expressões *mais* e *do que*, que constituem um par correlativo.

Como já observou Pauliukonis (1995: 346), é produtivo reconhecer que a força argumentativa do enunciado correlativo provém da tensão provocada pelo enlace de dois termos. O professor deve mostrar ao aluno que as estruturas correlativas funcionam como recurso expressivo, no sentido de promover, por exemplo, realce do conteúdo que veiculam.

A título de ilustração, o professor poderá usar como estratégia comparar períodos formados ou não por correlação, como, por exemplo:

(14) Maria arrumou a casa e foi ao supermercado.
(15) Maria não só arrumou a casa mas também foi ao supermercado.

No exemplo (14), as orações estão coordenadas e, por isso, apenas indicam a sucessão dos acontecimentos no tempo. O conteúdo que veiculam não recebem qualquer destaque em termos argumentativos. No exemplo (15), entretanto, o uso da correlação acarreta, em termos discursivos, ênfase às atividades desenvolvidas por Maria, que recebem uma valorização intensiva, como se houvesse um número exagerado de afazeres atribuídos à Maria (14).

Nota

[1] Bechara (1992: 106), por exemplo, não adota a orientação de Oiticica (1945; 1952), pois, segundo ele, coordenação e subordinação referem-se ao valor sintático de dependência e independência das orações, enquanto correlação e justaposição se referem à ligação que as orações estabelecem entre si.

Referências bibliográficas

BARRETO, T. M. M. *Conjunções*: aspectos de sua constituição e funcionamento na história do português. Salvador, 1992. Dissertação (Mestrado em Letras) – Universidade Federal da Bahia, 2v.

BECHARA, E. *Moderna gramática portuguesa*. São Paulo: Companhia Editora Nacional, 1987.

______. *Lições de português pela análise sintática*. 15. ed. Rio de Janeiro: Padrão, 1992.

CASTILHO, A. T. de. *A língua falada no ensino de português*. São Paulo: Contexto, 2002.

CUNHA, C. F. da. *Gramática da língua portuguesa*. 12. ed. Rio de Janeiro: FAE, 1990.

______; CINTRA, L. F. *Nova gramática do português contemporâneo*. Rio de Janeiro: Nova Fronteira, 1985.

HOPPER, P.; TRAUGOTT, E. C. *Grammaticalization*. Cambridge: University Press, 1993.

KURY, A. da G. *Novas lições de análise sintática*. 3. ed. São Paulo: Ática, 2002.

LUFT, C. P. *Moderna gramática brasileira*. Porto Alegre: Globo, 2002.

Oiticica, J. *Manual de análise léxica e sintática.* 6. ed. Rio de Janeiro: Francisco Alves, 1942.

_______ *Teoria da correlação.* Rio de Janeiro: Organizações Simões, 1952.

Pauliukonis, M. A. L. Função argumentativa da correlação. In: Pereira, C. da C.; Pereira, P. R. D. (org. e coord.). *Miscelânea de estudos linguísticos, filológicos e literários* in Memoriam *Celso Cunha.* Rio de Janeiro: Nova Fronteira, 1995, pp. 337-47.

Rocha Lima, C. H. da. *Gramática normativa da língua portuguesa.* 36. ed. Rio de Janeiro: José Olympio, 1998.

Rodrigues, V. V. *Construções comparativas*: estruturas oracionais? Rio de Janeiro, 2001. Tese (Doutorado) – Universidade Federal do Rio de Janeiro, Faculdade de Letras.

Said Ali, M. *Gramática histórica da língua portuguesa.* São Paulo: Melhoramentos, 1966.

A QUESTÃO DO TEXTO

Texto e contexto

Maria Aparecida Pauliukonis

Talvez um dos maiores desafios para o ensino de língua, enfrentados hoje pela escola, seja articular o conhecimento gramatical, cujo conteúdo se assenta em um consenso, com a necessidade de aprimorar a capacidade de ler e produzir textos que se mostrem coerentes com a competência textual e discursiva do aluno, cada vez mais exigida pela sociedade do conhecimento. Atualmente, busca-se definir qual o conteúdo e a metodologia mais adequados para o ensino da leitura/interpretação e da produção textual.

A complexidade da questão exige que analisemos alguns aspectos desenvolvidos neste capítulo: as metodologias tradicionais de ensino de texto ante as recentes propostas das teorias do texto e do discurso; uma nova concepção de texto como atividade intersubjetiva e argumentativa; e o que priorizar na questão do ensino de leitura e produção de texto, visto como desvendamento e uso de operações estratégicas linguístico-discursivas.

Não se pode esquecer também de analisar o processo de interpretação e produção textual, tendo em vista o conceito de texto como discurso, isto é, o texto considerado um evento em situação dialógica, em que se manifestam elementos linguísticos e extralinguísticos, codificados pela gramática e realizados de acordo com um "contrato comunicativo" vigente para os diversos gêneros textuais.

Tradição e metodologia de ensino

Tradicionalmente, o ensino de texto sempre encontrou muitas dificuldades de delimitação; em primeiro lugar, porque não se apresenta um programa bem definido como existe, por exemplo, para a sintaxe, a morfologia, a fonética e a fonologia, temas da gramática da frase e, em segundo, também devido ao espaço menor de tempo dedicado a ele pelos professores, sobrecarregados pelo cumprimento dos extensos programas curriculares, centrados em uma metalinguagem de classificação e de reconhecimento dos elementos gramaticais.

Além dessa questão metodológica, colocam-se vários outros problemas, alguns relativos à real função do ensino da gramática da frase para a melhoria da leitura e da produção textual dos alunos, nos termos em que é feito atualmente, e outros relacionados à forma como a escola tem se empenhado na busca de soluções para o problema.

Atualmente, quando o tema é ensino de leitura ou produção de texto, surgem muitas indagações: existe um parâmetro único de interpretação ou vale tudo o que a intuição do leitor trouxer à tona? A obra literária é sempre aberta? Somente os textos informativos ou científicos demonstram objetividade? Aliados a essas, ressalta-se o problema da delimitação do conteúdo da disciplina.

Bem diferente é o questionamento quando se trata do ensino da gramática da frase; mestres e alunos estão seguros quanto à temática a ser ensinada, a metalinguagem usada para a descrição dos elementos gramaticais e o programa a ser administrado em cada série. Sobretudo após a padronização da Nomenclatura Gramatical Brasileira (NGB), parece que todos estão de acordo quanto aos conteúdos da disciplina.

Por outro lado, é lugar-comum a insatisfação generalizada dos professores diante do fracasso dos alunos, em qualquer grau de ensino, quando solicitados a redigir e a interpretar textos, principalmente os literários e os argumentativos. Os resultados avaliativos em níveis nacionais nunca são animadores: queixam-se os professores de que os alunos interpretam ou redigem mal, embora passem grande parte do ensino fundamental aprendendo classes de palavras, memorizando listas de coletivos, fazendo análise sintática e repetindo modelos de conjugação de verbos, decorando regras para acentuação gráfica, de concordância, regência, colocação etc., temas recorrentes nas aulas de língua, em qualquer nível de ensino.

Alguma coisa deve estar errada com essa metodologia e todos concordam que ela precisa mudar. Nada resolve alegar que os alunos não leem – culpa dos meios de comunicação de massa –, não se interessam, ou ainda que os mais pobres têm mais dificuldade e não acompanham os trabalhos porque os pais não têm escolaridade suficiente e não interagem com a escola. A questão é bastante complexa e a resposta não pode ser simplista; é oportuno citar as palavras de José Carlos de Azeredo, em seu lúcido artigo

"A quem cabe ensinar a leitura e a escrita?", no qual advoga que o ensino da leitura e da redação é função de todas as disciplinas e não se pode sobrecarregar o professor de língua e de literatura com essa tarefa; acrescenta ainda que a solução do problema é institucional e política, pois "[embora] autoridades acreditem que a atualização [dos professores] é necessária, não se importam em obter um diagnóstico da viabilidade dos projetos ou das experiências em curso nas escolas" (Azeredo, 2005: 30).

Apenas dois pontos vão ser destacados aqui: a variação dos objetivos do ensino de textos nas últimas décadas e as soluções viáveis que a escola tem procurado adotar para a crise da leitura e da produção textual.

Objetivos da escola para o ensino de texto

Os objetivos têm variado muito: até as décadas de 1940 ou 1950, o princípio em que se baseava o ensino da interpretação de texto na escola era sobretudo de natureza estética e moralizante; havia uma preocupação maior com a formação dos alunos, daí a ênfase nos textos literários e nos de conteúdo ideológico, cujos temas se relacionavam ao amor à família, à pátria e aos deveres dos cidadãos; o recurso a fábulas com moral edificante, ou a textos especialmente moldados para esse fim era a tônica. Tal fato parece indicar que o objetivo principal do ensino da leitura era mais formador do que informativo, além do que se esperava também preparar o aluno para uma sensibilização estética, com ênfase no estudo dos textos literários.

Numa segunda fase, sem eliminar a primeira, predominou a leitura com finalidade mais informativa, lia-se para obter conteúdos e, assim, deixar o aluno bem informado; incentivava-se a pesquisa em enciclopédias e em livros de caráter científico, revistas de diversos tipos. Os jornais tornaram-se, aos poucos, bem aceitos na sala de aula; afinal, notícias e textos opinativos podiam manter os alunos informados a respeito do que se passava no mundo; o conteúdo do texto jornalístico passou a ser um referencial em provas, em redações e em concursos e exames vestibulares das últimas décadas.

Com uma preocupação informativa, o ensino cuidou de fixar o *verdadeiro* ou o *real* conteúdo dos textos. Acreditava-se que o significado denotativo do texto era facilmente apreendido e, tendo como foco o estudo do léxico, buscava-se o que os autores propunham. A centralização na ideia de que o texto traduzia o pensamento do autor derivava de um conceito de texto visto como produto, ou melhor, uma unidade de sentido linguístico, transmitida do emissor ao receptor, cujo sentido todo leitor deve apreender. Esse tem sido até hoje o objetivo das aulas de leitura, e o aluno, diante do texto, comporta-se como se ele tivesse uma fonte, um sentido hegemônico, derivado do conteúdo que lhe é apresentado pelo professor, o qual, por ser um leitor mais experiente, domina os segredos de cada texto.

Por outro lado, todos concordam que há problemas com essa metodologia de ensino de leitura e interpretação centrada na fixação de um determinado conteúdo. A prática fez concluir que, por mais que o professor ensinasse a ler textos, nunca poderia esgotar o potencial da interpretação possível, sobretudo dos textos literários, por exemplo, mais conotativos e cujos sentidos variavam após exame nas aulas de interpretação. Ao final de uma série de análises de textos, apresentadas em livros didáticos ou em antologias, o aluno não aprendia o "método", já que ele estava sempre à frente de um novo texto, que lhe ia exigir uma nova estratégia de interpretação. Daí o sentimento de impotência do aluno diante de novos textos, ou diante da página em branco, no momento da produção textual. Ficava, pois, a impressão de que só o professor possuía a chave do mistério da interpretação ou dominava as intrincadas técnicas de redação.

Diante dessa problemática, ainda resistem algumas indagações: existem mesmo as tais técnicas de interpretação e produção – e, se existem, a escola deve ensiná-las como tais? Se o texto é constituído de expressões linguísticas, sua análise e sua construção podem ignorar o conhecimento linguístico *stricto sensu*? Vamos tentar responder, atendo-nos um pouco mais à noção de texto que aqui defendemos.

Uma nova concepção de texto

Muito se deve aos avanços nas pesquisas da Linguística do Texto e da Análise do Discurso, responsáveis pela mudança de enfoque no objeto de estudo texto. Também as próprias mudanças nos parâmetros da sociedade talvez tenham influenciado na renovação de metodologias de ensino: a consciência de que repetir apenas não significa compreender e de que a formação do educando envolve muito mais do que meramente memorizar conceitos, prática comum no ensino tradicional, ou aprender técnicas de manuseio de máquinas que se modificam constantemente, na vertigem do progresso. Todos esses fatores levaram a escola a redefinir seus objetivos educacionais. Muito mais do que colecionar informações, o aluno atualmente deve saber relacioná-las e tirar conclusões a partir delas e, para isso, o texto mostra-se imprescindível, pois "é um lugar de correlações", como bem salientou Wanderley Geraldi (1997: 23).

Para um ensino mais produtivo de interpretação e produção de textos, foi preciso abandonar a noção do que se entendeu tradicionalmente por texto: a de que ele é o produto, o resultado ou efeito, algo pronto e acabado, que sai da cabeça de um autor, a que, portanto, deve aderir a sensibilidade do leitor. Em vez da prática de se buscar primeiro o significado, *o quê*, finalidade maior do ensino escolar ainda hoje, talvez se deva partir para o enfoque e a análise do *modo* como o texto foi produzido; ou seja, deslocar-se do significado original para os efeitos de sentido, a partir do exame das operações e estratégias linguísticas que o produziram. Desse modo, em vez de se procurar o que o texto diz, procurar analisar *como o texto diz e por que diz o que diz* de um determinado modo. O importante é analisar no texto as operações e/ou estratégias que são produtoras de sentido e que, aí sim, podem ser recuperadas como tais pelo leitor. É nesse sentido que gramática e texto se entrelaçam.

Dessa forma, pode-se concluir que é da interação entre o texto, o autor e o leitor que surgem as informações, despertam-se emoções de vivências anteriores, que farão parte do conteúdo da interpretação. É oportuno lembrar a máxima proferida, em um Congresso na UFRJ, por Agostinho Dias Carneiro, a propósito das técnicas de letramento: "Para se ler o mundo, o texto é um instrumento, é como se fosse o interruptor, pois a lâmpada, cada um tem a sua".

O processo de leitura referido e que endossamos deve ser visto como uma importante prática social de reconstrução de uma trajetória do autor e que é recuperável no texto. Tal perspectiva vai de encontro à tentativa vã de impor significados únicos, hegemônicos para o texto. É possível ensinar o aluno a perceber que há várias possibilidades de significação, que se pode escolher uma delas e reconhecer as estratégias que geram essa possibilidade. Para isso, é preciso colocar a gramática ou a língua em prática, em vez de se ensinar apenas sobre ela, como faz, prioritária e infelizmente, a escola chamada tradicional, por meio da insistência na transmissão de uma metalinguagem e uma descrição do fenômeno linguístico, muitas vezes como um fim em si mesmas.

Se no trabalho com a gramática da frase ou com a do texto se ensina o aluno a reconhecer e a decodificar uma estratégia específica de produção de sentido, quando a encontrar em outros textos ou concretizá-la em seu próprio texto, terá possibilidade de ver que ela produzirá, por ser uma técnica, os mesmos efeitos de sentido, ressalvadas as especificidades do contexto. Assim, é possível ensinar a interpretar e a produzir textos, com parâmetros ou instruções de *como* decifrar ou utilizar as estratégias de produção de sentido que poderão estar presentes nos mais diversos gêneros textuais.

Essa noção de texto considerado como discurso prevê, portanto, que ele é o resultado de uma operação estratégica de comunicação, produzida por um enunciador e decodificada como tal por um leitor, em três níveis: o *referencial*, que diz respeito ao conteúdo, o *situacional*, relacionado aos entornos sociais (contexto) e o *pragmático*, referente ao processo sociointerativo. Ler torna-se, desse modo, um trabalho de desvendamento ou interpretação de operações linguístico-discursivas estrategicamente utilizadas na estruturação textual.

A essa altura, é melhor meditar um pouco mais sobre o conceito de estratégia de que se está falando e que é fundamental para o conceito de interpretação de texto.

O que se entende por *estratégia*

O termo estratégia provém da linguagem militar e significa o melhor caminho para se concretizar algo. Isso inclui planejamento, surpresa, cooperação, encurtamento de caminhos e objetividade, entre outros requisitos. No ambiente militar o termo é usado quando se empregam certas técnicas com o intuito de se ganhar uma ou várias batalhas.

Na linguagem da interpretação do texto, examinar estratégias discursivas é analisar os caminhos de que se valeu o autor para melhor se aproximar de seus leitores e conseguir a adesão dos espíritos ao que ele propõe. Se o texto pretende emocionar, chamar ou prender a atenção, fazer rir ou causar terror, diferentes serão os gêneros textuais e os meios linguísticos empregados; enfim, deve-se tentar descobrir as várias técnicas de comunicação que o sistema linguístico coloca a serviço do enunciador de um texto e que vão ser recuperadas, conscientemente ou não, pelo leitor, dono de sua *gramática textual* internalizada. Esse processo de leitura pelo reconhecimento das etapas de composição do texto é passível de ser transmitido aos alunos, com sistematicidade, e os resultados são bastante produtivos em qualquer grau de ensino.

Para isso, parte-se do pressuposto de que interpretar constitui um trabalho de reconstrução de sentidos, uma operação interativa que demanda uma articulação de diferentes fatores; não é apenas uma decodificação dos elementos instrucionais, mas o reconhecimento de estratégias realizadas e que configuram os significados virtuais, passíveis de serem recuperados por processos de inferência, análise de pressupostos e implícitos situacionais de diversas ordens. Pode-se até objetar que não existe uma compreensão total ou que a intercompreensão é gradativa, mas o fato é que a recepção sempre busca priorizar um dos sentidos que o contexto permite escolher.

Dessa forma, decifrar um texto é mobilizar um conjunto diversificado de competências (linguísticas, semântico-pragmáticas e situacionais) para percorrer, de modo coerente, uma superfície discursiva orientada de um emissor para um receptor, temporalmente, e que constitui o texto. Isso não significa que a compreensão seja um processo de integração linear sem o menor obstáculo, pois, como sublinha Teun Van Dijk (1987: 187), com propriedade, "os processos de compreensão têm uma natureza estratégica, pois, muitas vezes, a compreensão utiliza informações incompletas, requer dados extraídos de vários níveis discursivos e do contexto de comunicação e é controlada por crenças e desígnios variáveis de acordo com os indivíduos".

Essa concepção de leitura e análise das estratégias permite considerar a importância de se decifrar melhor os processos cognitivos de que se valem os leitores para interpretar os textos. Assim, os processos de antecipações, os reajustes constantes, os resumos, as paráfrases e os percursos feitos pelo leitor vêm demonstrar que, decididamente, a leitura não segue um roteiro linear. Essas operações mobilizam conhecimentos não-linguísticos, referentes aos contextos da enunciação e ao reconhecimento dos gêneros textuais e de suas restrições. Com um saber só linguístico, gramatical *stricto sensu*, a leitura seria ininteligível. Não se pode esquecer também que, no ato de uma simples leitura, a interferência de outros textos, pela relação de intertextualidade, obriga o leitor a tecer hipóteses interpretativas que excedem o sentido literal dos enunciados. Em uma palavra, é preciso estar atento ao emprego estratégico de elementos linguísticos e extralinguísticos, de várias ordens, presentes em qualquer texto, independentemente do gênero textual, e que garantirão sua coerência.

Ao agir dessa forma, dando atenção a esses diversos fatores, a escola estará colocando em prática a noção de ensino produtivo de texto, a que se refere Luiz Carlos Travaglia em "Uma proposta para o ensino de gramática na escola" (1996: 180), quando afirma que um dos objetivos do ensino de língua materna é desenvolver a competência comunicativa do aluno, estimulando um ensino que em muito contribuirá para a aquisição de novas habilidades comunicativas. O ensino descritivo e o normativo, centrados no enunciado, também têm seu lugar – visto que cada estrutura linguística deve ser conscientemente dominada pelo aluno, por meio de um encaminhamento pedagógico crítico e reflexivo –, mas devem ser redimensionados em comparação com o que se tem observado na escola convencional, que, prioritariamente, tem enfocado a gramática da frase em si mesma, sem a contraparte transfrástica.

O que significa dar prioridade a um ensino produtivo de texto? Para responder a essa questão, é preciso considerar prioritariamente que toda linguagem é uma forma de interação; que todo texto é um conjunto de marcas, de pistas que funcionam como instruções para o restabelecimento dos efeitos de sentido da interação social e que o domínio e a compreensão das técnicas de linguagem exigem uma forma de reflexão sobre o fenômeno complexo da textualidade.

Concluindo esse raciocínio, pode-se asseverar que todo recorte linguístico deve sempre ser visto e analisado como parte integrante de um texto interativo, e o que lhe dá sentido é o fato de ser ele uma unidade integrada em uma outra unidade maior que é o texto, linguisticamente configurado.

Importância do contexto

Diante de tantas variáveis, necessário se faz uma atenção especial à noção de *contexto,* aqui tratado em sentido bastante amplo, em suas vertentes sócio-histórica e interacional. O tratamento de uma única frase ou de um fragmento qualquer de texto exige atenção ao contexto. A língua só expressa parte do que se quer transmitir;

por isso, para saber interpretar textos não basta conhecer a gramática da língua, mas é preciso ter acesso ao contexto sócio-histórico em que aquilo foi dito. Por isso é importante informar-se a respeito das *condições de produção* em que se deu o texto, ou reconhecer quem é o autor e saber que, ao escrever, teve certas intenções, recuperadas por meio do exame das operações linguístico-discursivas utilizadas. Em outros termos, o texto é recuperado a partir do contexto em que foi escrito e, portanto, possui um projeto de intenção e interação que o torna discurso, que é definido por Maingueneau (1996: 43) como a própria "atividade de sujeitos inscritos em contextos determinados".

Se todo discurso é a configuração de uma intencionalidade comunicativa, ao interpretá-lo, busca-se recuperar essa intencionalidade, a partir da relação entre as proposições encontradas e o conhecimento partilhado que se tem do mundo, o que permite estabelecer várias coerências em níveis linguísticos e pragmáticos.

A concepção que se está adotando, sobre o texto como uma unidade interativa de comunicação funcional, construída na interlocução, é válida também para o ensino da gramática da frase. Parte-se do princípio de que não há frases isoladas, pois todas fazem parte de um contexto. Assim, diante da seguinte pergunta: – *Você sabe onde fica a biblioteca?*, pode-se fazer a interpretação, a partir de algumas probabilidades: hipótese 1– a pessoa quer ir até lá, para consultar um livro, contexto cultural mais provável; mas pode-se também considerar a hipótese número 2 – quer-se devolver um livro, como um favor para alguém que o tenha levado (o contexto do desconhecimento da localização); ou a de número 3 – pode ser que esse alguém queira ir a um lugar que tenha a biblioteca como referência, o banheiro, por exemplo, ou determinada sala perto da biblioteca. Nesse caso, sua localização exata é uma referência importante. Uma resposta, por meio de um monossílabo como *Sei,* não será suficiente para o interlocutor, pois há que se completar a informação pelos entornos exigidos pelo quadro de localização: *no final do corredor, à direita* ou *à esquerda*, por exemplo. Tais exigências derivam das regras de atuação social da linguagem.

Em termos pragmáticos: uma pergunta impõe-se a todos como *um ato de fala* ritualizado que demanda sempre uma resposta, que só pode ser definida em função do contexto e dos participantes do ato interativo. A indagação *Você fuma?* feita por um médico que examina o raio-x de seu paciente iniciará um diálogo bem diferente de uma outra feita por um homem com um cigarro na mão, dirigindo-se a uma outra pessoa, para o pedido de fósforos, por exemplo. A pergunta tanto pode servir para um pedido, neste último contexto, ou para uma admoestação do especialista que examina o raio-x de seu paciente, como naquela. Um outro exemplo, uma afirmativa como *A sopa está sem sal* pode significar uma crítica à cozinheira ou apenas um pedido de um pouco mais de sal; e tal é a importância do contexto situacional, que a hipótese de uma advertência como *Seu cardiologista não vai gostar desse seu pedido* é perfeitamente possível.

Assim como existe uma lógica das ações do dia a dia, essa mesma lógica vai se refletir nos textos e todo processo de interpretação deve, por isso, levá-la em conta. Qualquer frase, independente de seu contexto, não tem um significado final em si mesma, devendo ser atualizada no e pelo contexto. Um último exemplo para ilustrar a dinâmica do contexto. Diante de uma frase como *Ela encontrou ontem seu gato, no portão de entrada do prédio*, o contexto permite que se pense no namorado "fofinho" ou em seu felino de estimação; são essas as hipóteses mais plausíveis, devido ao quadro delineado. Em um outro contexto, porém, *gato* pode significar coisa bem diferente, como no caso relatado por uma conhecida: certa vez, um casal que se dispunha a adquirir um imóvel ficou intrigado quando, durante a compra, os donos insistiam em oferecer, como brinde na compra, o *gato* que estaria incluído no preço, sem acréscimo algum. Ao argumentar que não gostava de bichos e que os antigos proprietários podiam levar o felino, a pretendente ao imóvel foi informada pelo corretor de que *gato* não era o bichano, mas o da luz, e que isso era, em tempos de *apagão* e sobretaxas no consumo de eletricidade, um brinde ou uma vantagem a mais na compra da casa.

Portanto, como se vê, o sentido pode ser considerado um componente do uso linguístico em uma dada situação, e nesse caso vale tanto para o sentido literal (denotativo) como para o figurado; todos exigem um contexto específico, pois o *significado atualizado* só existe por estar de acordo com a intenção dos interlocutores em uma determinada situação e, nesse caso, pode-se dizer que até o literal se fundamenta também em bases contextuais.

De que forma, agora, pode ser possível deduzir como as regras codificadas para a construção de frases, descritas pela gramática da frase, auxiliam a decodificar o sentido de um texto, ou seja, como se processam linguisticamente as estratégias discursivas utilizadas na construção de diversos gêneros de textos, que são recuperadas nos processos de interpretação e de produção textuais? Em outros termos: como conciliar as regras de construção da frase com as regras de construção textual, como passar da frase ao texto, ou ainda, no processo de discursivização, como se dá a passagem do *sistema linguístico ao discurso*?

Da língua ao discurso

A perspectiva discursiva considera a linguagem como processo de interatividade de sujeitos inscritos em uma determinada realidade social, que têm uma percepção de mundo e um projeto de interação. Nesse sentido, a prática discursiva vincula-se aos sujeitos e a seus projetos comunicativos que nela estão instituídos de uma determinada forma.

O processo de discursivização corresponde a um conjunto de operações linguísticas capazes de transformar a língua em discurso; elas permitem a passagem do *significado* (sentido genérico da língua) para a *significação* (sentido específico do discurso).

Como fazer para que um significado ganhe significação? Para responder a essa pergunta, é preciso considerar que todo texto se materializa em unidades linguísticas, a partir das intenções de um determinado falante/escritor, que utiliza processos estratégicos que envolvem o manuseio de elementos linguísticos.

Admitindo-se que qualquer texto é o resultado de uma série de operações a partir de um mundo real, extralinguístico ou pré-textual, o processo de leitura/interpretação necessita abranger a análise das operações realizadas em duas instâncias diferentes e sequenciais: primeiramente, no processo de transformação, ocorre a escolha do material linguístico para a operação de transformar o mundo real em linguístico, por meio do relacionamento entre entidades, atributos e processos; depois, em um nível macrotextual, organiza-se o resultado dessas operações nos modos específicos de organização discursiva – narração, descrição, argumentação – para a composição dos diversos gêneros de textos que intermediarão os atos comunicativos.

Usos da gramática e operações discursivas

O *ato interativo de linguagem por meio de textos* pressupõe, segundo um enfoque semiolinguístico (Charaudeau, 2005), um duplo processo de construção: o processo de transformação e o de transação, e ambos constituem o fenômeno de semiotização do mundo. No primeiro – processo de transformação – temos a passagem de um mundo *a significar* para um mundo *significado*, o que se faz por meio das seguintes categorias linguísticas: *designação, determinação, atribuição, processualização, modalização e relação*. No segundo – processo de transação –, o mundo significado torna-se objeto de troca *linguageira*, entre os participantes do ato interativo, por meio de estratégias de construção textual, constituída por sequências ou modos de organização do discurso.

Em outros termos, na semiotização ou discursivização, passa-se do nível da língua para o do discurso, por um duplo processo: por meio das chamadas operações discursivas e pela organização da matéria linguística em modos de organização ou tipos textuais. A seguir, examinaremos como se realizam esses dois processos.

Processo de transformação

O primeiro processo é o da *seleção linguística* e abrange várias operações:

a) *operação de identificação* – designa os seres e trata de nomear e classificar os elementos discursivos, chamados de entidades (processo de substantivização), como se pode notar nas denominações nominais em geral: *sapato, cafezal, escola, exército, igreja, democracia, governo.*

Ao lado da designação, temos que considerar o processo da determinação ou atualização por meio da qual se cria uma realidade individual que pode ser trazida para a situação interativa. Pelo processo de atualização, importante é o papel dos artigos, numerais, pronomes e advérbios dêiticos que atuam na delimitação e na especificação dos seres e dos interlocutores do discurso, como se pode ver em: "*O* livro que comprei", "*dois* quadros", "*meu* terno", "ele faz *assim* e eu de *outra forma*", "*não* aprovo" etc.

b) *operação de caracterização* – consiste em atribuir propriedades objetivas ou subjetivas aos seres ou mesmo informações a seu respeito (o processo de caracterização faz-se por meio da adjetivação, em sentido amplo) como em "*sábias* palavras", "prédio *antigo*", "aluno *inteligente*", "água *que passarinho não bebe*" etc.

Os atributos não são obrigatórios na representação do mundo, mas constituem interesse do enunciador em comunicar uma descrição objetiva ou uma apreciação sobre o referente. O uso da qualificação, por meio de índices favoráveis ao objeto descrito, constitui uma estratégia importante de construção textual, já que conduz o raciocínio do leitor/ouvinte para uma apreciação valorativa do objeto focalizado.

A operação discursiva da caracterização dos seres pode se dar de três modos: (1) a identificação ou caracterização objetiva, que se vê pelos exemplos: *bolsa marrom*; *sapato preto*; (2) as qualificações ou avaliações subjetivas: *filme interessante*; *problema difícil*; (3) e as informações que são apresentadas pelo enunciador, com algum interesse textual: *quadro que recebeu de herança*; *filme de Bruno Barreto*; *livro da biblioteca.*

Observe-se que essa classificação é extremamente funcional nos processos de interpretação e produção de textos, já que cada um dos modos obedece a desempenho textual diferente: as características identificadoras diferenciam entidades por meio de alguns traços específicos – mesa *de fórmica*; mesa *de mármore* –, mais usadas nas descrições objetivas; as qualificações são comuns nas descrições subjetivas e frequentes em textos em que predominam estratégias de sedução: "dia *lindo* para ir à praia", "filme *interessante*, pois trata de problemas atuais; já as informações, que trazem dados referentes ao conhecimento do enunciador, são necessárias ao enredo e à progressão textual, pois esclarecem elementos do texto, como se pode ver em: "esse é o livro *que trouxe da biblioteca ontem*"; "exame vestibular *realizado para entrada na universidade X*"; "declarações *feitas pelo Ministro da Saúde*" etc.

c) *operação de processualização ou representação de fatos e ações* – permite identificar as mudanças na relação entre os seres (processo de verbalização); são as que recobrem os verbos de ação, de estado ou de processos/acontecimentos: Ele *saiu, voltou, está bem, dançou, viajou, passou de ano* etc.

d) *operação de modalização/explicação* – revela as razões de ser e fazer do emissor, recobre todos os modos pelos quais o sujeito da enunciação se posiciona diante do que é dito, reafirmando suas certezas, colocando suas dúvidas, interrogações, imposições etc.; essa operação marca o ponto de vista do locutor sobre alguns elementos discursivos, como se pode observar em: "Não *tenho certeza*"; "*talvez* ele não venha..."; "Ele não *deve* sair pois..."; "Não há empecilhos, portanto ele *pode* casar-se com ela"; "Isso *não vai* acontecer, *com certeza...*".

e) por último, *operação de relação* – demarca os laços coesivos e especifica as regras de combinação e hierarquização, entre os diversos componentes da frase e do texto, nos níveis sintático e semântico; tal processo se faz por meio de classes como: preposição, conjunção, pronomes relativos e outros tipos de conectores (certos advérbios e locuções prepositivas em geral), como se pode notar nos exemplos a seguir: "Ele saiu *mas* ainda não voltou"; "Se eu puder, irei à sua festa, *porque* ele é meu amigo..."; "*Devido à* falta de chuva, tiveram que abandonar a casa".

Dessa forma, resumidamente, entidades, atributos e determinantes, processos, modalidades e conectores são os elementos discursivos encarregados do processo de *semiotização do mundo*, ou da transformação da língua em discurso, por meio de uma gama variada de estratégias linguísticas.

Como se pode observar, o conhecimento dos diversos temas abordados neste livro – que envolvem classes de palavras, funções e relações sintáticas, conteúdos morfológicos, entre outros – são fundamentais ao eficiente manuseio das operações relativas ao processo de transformação.

Processo de transação

O segundo processo corresponde à organização dos elementos discursivos em textos, segundo as formas de organização da matéria discursiva. Temos três modos básicos de organizar o discurso, a saber: *modo narrativo*, *modo descritivo* e *modo argumentativo.*

A uma visão dinâmica, de sequenciação cronológica de fatos e ações envolvendo seres protagonistas e antagonistas, em função de um determinado espaço e tempo, numa lógica coerente de causas e efeitos, marcada por uma finalidade, corresponde o ponto de vista *narrativo,* cujo fim último é narrar um fato, definir uma mensagem ou moral da história.

A uma visão estática, em que se propõe reconstruir o mundo de forma descontínua, atendo-se a enumeração de detalhes, ou de certas aspectualizações de objetos, seres ou fenômenos focalizados pelo descritor, considerados em suas partes constituintes e localizados em um determinado tempo e espaço, corresponde o ponto de vista *descritivo.*

A uma visão dialética em que, a partir de um tema, o sujeito argumentador organiza uma proposição ou tese – constituída de uma ou um conjunto de asserções que dizem algo sobre o mundo – em função da qual ele deve assumir uma posição contra ou a favor, ancorada em justificativas, provas ou argumentos, corresponde o ponto de vista *argumentativo.*

Pairando sobre esses três modos e presente em todos eles, temos o modo *enunciativo*, um processo regulador em que o sujeito enunciador se localiza em função do que ele constrói, constituindo-se, assim, esse modo enunciativo numa avaliação do sujeito enunciador sobre a matéria linguística elaborada. Tal processo corresponde à estratégia da modalização em sentido amplo, ou refere-se ao papel que o sujeito enunciador ocupa no texto, situando-se em relação ao que ele próprio produz.

Esses modos ou sequências de organização da matéria linguística podem ser realizados em diferentes formatações de texto, ou em gêneros textuais, reconhecidos por cumprirem uma função social, nas modalidades escrita ou oral da língua e em situação monolocutiva ou dialógica.

É relevante acrescentar ainda que, como os textos se apresentam em diversas formatações, que variam no decorrer dos tempos, se torna difícil estabelecer um critério único para uma classificação de gêneros textuais: textos podem pertencer a diferentes domínios discursivos – humorístico, literário, jornalístico etc. – e se apresentar em suas variedades de gêneros – piadas e chistes; poemas, contos, novelas, romances, crônicas; editoriais, reportagens e notícias etc. Podem ser, ainda, textos didáticos e técnico-científicos, sob diversas formas; textos específicos de modalidade oral, ou textos midiáticos, apresentados nos veículos de comunicação, como rádio, televisão e internet.

O importante para a decodificação de um texto é colocar em evidência as estratégias específicas e os procedimentos genéricos que são típicos do *modo* como eles se organizam no discurso, ou seja, os diferentes gêneros textuais estarão sempre se organizando em sequências, segundo as características linguísticas dos modos básicos de organização discursiva: o narrativo, o descritivo e o argumentativo.

O reconhecimento dessas generalizações contribui para o processo de desvendamento do significado das configurações textuais que vão ser necessariamente captadas pelo receptor, que as reconhece como regras de composição de texto. Para exemplificar melhor: nos textos literários – em romances ou em novelas, por exemplo –, predominam os modos de organização descritivo e narrativo; nos jornalísticos – em editoriais ou em textos opinativos –, os modos argumentativos são os mais evidentes; e em outros gêneros – como notícia, reportagem –, os modos narrativo e descritivo são os que predominam, pois o interesse está em narrar um fato.

Um texto pode, portanto, se constituir de várias sequências ou modos de organização, cuja operacionalização vai contribuir para a persuasão do leitor, conforme o projeto textual do enunciador. Referindo-se aos processos utilizados para se construir um texto, Carneiro (1990) afirma que os diferentes modos de organizar o discurso (descrição, narração e argumentação) constituem, em si mesmos, uma importante estratégia argumentativo-persuasiva, concernente à seleção de elementos:

> Textualmente podem-se usar meios de persuasão como a seleção dos elementos que entram na composição do texto. Assim é possível selecionar os dados da descrição, os fatos da narração e os argumentos da dissertação argumentativa para adequá-los aos objetivos pretendidos. (p. 50)

Vamos, a seguir, propor uma análise de um texto jornalístico, verificando como as operações discursivas atuam na construção do sentido das várias sequências linguísticas que o constituem.

Uma abordagem produtiva de texto

O fragmento que vamos analisar é do colunista Fritz Utzeri, publicado no *Jornal do Brasil*, no Caderno B, em 2 de dezembro de 1999. Como se trata de um artigo de opinião, o autor avalia um tema atual, objeto de debate, de polêmica: *a mutilação de crianças, obrigadas a trabalhar desde pequenas, feito gente grande, para ajudar as famílias miseráveis.* Trata-se de um texto predominantemente argumentativo e, como ocorre em outros desse gênero – editoriais ou colunas e artigos assinados –, pretende convencer os leitores de determinada tese. Para isso, é primordial que o texto se fundamente em argumentos, que podem ser expressos por meio de várias estratégias.

Vamos fazer uma leitura dessas *estratégias linguísticas*, produtoras de significação. Enfatizamos que não se propõe aqui um modelo único de análise, mas uma estratégia de interpretação, baseada em operações linguístico-discursivas, método que acreditamos passível de ser ensinado a alunos de diferentes níveis. Exemplifiquemos.

I – Texto

"As mãos de Ediene" – Fritz Utzeri – (*Jornal do Brasil*, Caderno B, 02/12/1999)

Ediene tem 16 anos, rosto redondo, trigueiro, índio e bonito das meninas do sertão nordestino. Vaidosa, põe anéis nos dedos e pinta os lábios com batom. Mas Ediene é diferente. Jamais abraçará, não namorará de mãos dadas e, se tiver filhos, não os aconchegará em seus braços para dar-lhes o calor e o alimento dos seios de mãe. A razão é simples. Ediene não tem braços.

Ela os perdeu numa maromba, máquina do século passado, com dois cilindros de metal que amassam barro para fazer telhas e tijolos numa olaria. Os dedos que enche de anéis são os dos pés, com os quais escreve, desenha e passa batom nos lábios. Ediene, ainda menina, trabalhava na máquina infernal, quando se distraiu e seus braços voltaram ao barro. Ela é uma das centenas de crianças mutiladas, todos os anos, trabalhando como gente grande em troca de minguados cobres, indispensáveis para manter a vida de famílias miseráveis em todo o país.

Crianças que, a partir dos três anos ajudam as famílias em canaviais, carvoarias, plantações de sisal, garimpos e olarias, sem direito a estudo, a brincadeiras, ao convívio dos amigos; infância para sempre roubada, para ganhar entre R$12,50 e R$50,00 POR MÊS DE TRABALHO, COM JORNADAS DE ATÉ 14 HORAS! Quanto tempo você leva para gastar R$12,50? O que consegue comprar com isso?

Pense e reflita que custa UM MÊS de trabalho duro de um menino semiescravo no Brasil. [...]

Até quando? Talvez fosse o caso de aproveitar a proposta da reforma do Judiciário e adotar de vez a lei muçulmana, a *Sharia*. O ladrão teria a mão direita decepada. Se fosse crime hediondo (o que rouba criança e doente ou explora trabalho infantil é ladrão hediondo), perderia as duas mãos, esmagadas numa maromba bem azeitada. O *Aurélio* define, entre outras coisas, maromba como "esperteza e malandragem". Se todos os marombeiros e ladrões tivessem medo de perder as mãos numa maromba, talvez Ediene não fosse obrigada a escrever com os pés, pudesse carregar seu filho e acariciá-lo, feliz, com o carinho que só as mães sabem dar.

Estudo das estratégias de construção

Nesse texto, aparecem bem destacados os três tipos básicos (modos) de organização do discurso, a saber: o descritivo, o narrativo e o argumentativo. Cada um deles contribui para fortalecer a argumentação do autor, na defesa de suas teses.

– No modo descritivo, podemos observar que os detalhes da descrição de Ediene estão a serviço do texto argumentativo, no primeiro parágrafo.

– No narrativo, a construção da história, suas partes, o clímax e a moral implícita aparecem, no segundo parágrafo, como contribuição para ilustração e embasamento de argumentos.

– Finalmente, no modo argumentativo, faz-se uma análise da situação degradante de crianças no Brasil e apresenta-se uma denúncia, configurada em argumentações pertinentes.

Essas diferentes funções estão presentes no texto analisado.

Funções do modo descritivo

No modo descritivo, podemos observar que nos detalhes da descrição de Ediene, no primeiro parágrafo, há destaque para os traços físicos da personagem e informações sobre sua origem.

O processo de adjetivação utilizado faz-se por meio de três operações:

a) pela operação de caracterização, Ediene é descrita pela *idade (16 anos)*, pelo *formato do rosto (redondo)*, pela *cor da tez (trigueiro)*;

b) pela operação de informação e de restrição, tem-se: (*rosto*) *índio, das meninas do sertão nordestino*; dessa forma, sabe-se sua procedência;

c) e pelo processo avaliativo ou por meio de uma operação de qualificação: (*rosto*) *bonito,* percebe-se a avaliação positiva do texto em relação a ela.

Podemos observar que processo semelhante ocorre na descrição da *maromba*: a estratégia da descrição faz-se também pelas operações discursivas de *caracterização*: máquina de dois cilindros de metal para amassar barro para fazer tijolos e telhas; pela *informação*: máquina do século passado; e pela *qualificação*: máquina infernal.

A descrição negativa da maromba contrapõe-se à de Ediene, protagonista da história, e serve para construir o antagonista, o grande vilão do texto: *a máquina infernal...*

Também se nota, no início do texto, no primeiro parágrafo, que o enunciador utilizou vários adjetivos de base subjetiva e, por isso, teve de explicitar-lhes o sentido. Observe-se como se dá essa explicitação dos qualificativos no texto, estratégia que contribui também para a progressão textual.

– *Vaidosa.* [...] põe anéis nos dedos e pinta os lábios com batom

– Ediene é *diferente.* [...] Ediene não tem braços.

– Os cobres são minguados, mas são *indispensáveis,* pois sustentam as famílias miseráveis de nosso país.

A seguir, analisemos como o modo narrativo também contribui para a argumentação no texto.

Funções do modo narrativo

No modo narrativo, por meio da sequência de ações dos personagens, através do tempo, forma-se uma intriga ou história, a qual é revelada por um narrador. Esses elementos designados (*ações, personagens e narrador*) são essenciais na narração.

Vejamos como ela se constrói no texto: o narrador é a voz do jornalista Fritz Utzeri; a personagem em foco – Ediene; o fato ocorrido com ela – sua mutilação por uma maromba; e a forma como se deu o fato constitui a narrativa das ações: "Ediene ainda menina trabalhava numa maromba, quando se distraiu e teve seus braços esmagados pela máquina".

Toda narrativa tem um início, em que se focaliza uma situação ou um estado inicial, que é chamada de *abertura.* No caso, "Ediene ainda menina como uma criança normal, estava a trabalhar na maromba". Logo a seguir, vem o *fato narrativo* propriamente dito, que causa a desarmonia: "devido a sua distração, ela foi colhida pela máquina e, em consequência, teve os braços e mãos esmagados pela máquina". Nesse momento, ocorre também o *clímax, com a consequente mutilação* definitiva de Ediene.

As partes do texto formam sua macroestrutura e lhe dão o formato global. Nesse caso, o fato narrativo contribui para embasar toda a argumentação do texto, que vem, a seguir, consubstanciada sob a forma de comentários, os quais consubstanciam um outro modo de organização, o chamado argumentativo.

Funções do modo argumentativo

Finalmente, no modo argumentativo, faz-se uma análise da situação degradante de várias crianças no Brasil e apresenta-se uma denúncia, configurada em argumentos pertinentes.

Todo texto de base argumentativa fundamenta-se em um dispositivo argumentativo em que um sujeito argumentador, em interação com um sujeito leitor/interpretante, diante de uma temática polêmica, propõe-se a defender uma tese. Essa pode aparecer sob a forma de uma afirmação/asserção a respeito de um acontecimento no mundo, com uma tomada de posição, a respeito dessa problemática. Para melhor persuadir seu leitor, o sujeito argumentador busca fundamentar-se, pois sempre tem em vista conseguir a adesão do leitor às teses apresentadas. Assim: *o tema* constitui o problema ou o conteúdo do texto; a *tese*, o posicionamento do sujeito em relação à problemática; e os *argumentos*, as provas que permitem embasar o ponto de vista defendido.

No caso em questão, denuncia-se a situação degradante da infância desprotegida no país, representada na história de Ediene, e depois são apresentados outros argumentos que direcionam o raciocínio para uma conclusão: "o trabalho infantil em condições precárias é um crime hediondo frequente no Brasil e que deve ser punido, pois deixa milhares de crianças mutiladas, assim como ocorreu com Ediene".

Os textos argumentativos, em geral, pretendem convencer o leitor de uma "verdade", que fundamenta a tese, que tem por objetivo alertar a sociedade ou alterar pontos de vista. Um dos requisitos básicos para a argumentação é partir de um tema polêmico – não se argumenta sobre o consenso – para, a seguir, apresentar uma boa fundamentação das opiniões, o que geralmente se consegue, quando elas são embasadas em fatos tidos como "reais" e/ou "verdadeiros" e não apenas em generalizações, ou ideias sem fundamento na realidade. Daí a importância de os textos argumentativos se apoiarem em exemplos concretos ou em casos particulares, em dados estatísticos, em resultados que são confirmações de pesquisas, ou em comparações de fatos de épocas diferentes (retrospectiva histórica); ou ainda em depoimentos, em citações de autores renomados – os chamados argumentos de autoridade –, ou, enfim, em explicitações de relações de causa e efeito, que ajudam a explicitar a lógica das ideias defendidas.

Produção textual

A partir do texto lido, pode-se convidar o aluno a produzir seu próprio texto, com base, por exemplo, em atividades a seguir propostas:

a) Apresentação, em forma de tópicos, dos principais elementos desse texto argumentativo:

Temática: A mutilação de crianças, exploradas e submetidas a trabalho semiescravo.

Tese: O texto denuncia como crime a exploração do trabalho infantil e acusa os ladrões do trabalho dessas crianças, sugerindo um castigo à altura desse crime hediondo.

Argumentos: A história de Ediene como exemplo do tratamento cruel a que são submetidas as crianças. A denúncia de que o fato é comum e atinge grande parte da infância miserável do país. A situação de semiescravidão a que se submetem as crianças com jornadas de até 14 horas de trabalho; o preço irrisório como pagamento e a situação de miséria em que vivem as famílias etc...

Conclusões: deveria haver uma punição à altura desse crime hediondo: o autor do crime deveria ter suas duas mãos decepadas ou esmagadas numa maromba, como prega a lei muçulmana, a *Sharia*. A conclusão baseia-se em uma hipótese: se houvesse a punição e todos os marombeiros fossem castigados, talvez Ediene possuísse suas mãos, pudesse carregar e acariciar seu filho e não tivesse que escrever com os pés.

b) Construção de um texto semelhante ao apresentado, em que deve haver a descrição física de uma pessoa (idade, cor da pele, compleição física, alguma característica especial do caráter), sua origem ou procedência, e dados de sua localização em determinada época, local e classe social. A seguir, pode-se pedir a narração de um fato ou acontecimento em que essa pessoa estivesse envolvida, e que lhe acarretasse algum dano físico ou moral; depois, o autor do texto deverá propor uma tese em relação à problemática criada e fazer sua defesa, embasada em argumentos.

Conclusão

Como se pôde ver, todo texto é o resultado de uma operação discursiva estratégica. No processo da textualização, a construção do sentido não se acha garantida apenas pela sequenciação dos elementos, embora seja esse o aspecto mais visível do texto, mas se dá no nível da enunciação, como resultado de uma múltipla e complexa conexão entre vários elementos, ativados toda vez que ocorrem eventos interativos.

O ponto de vista adotado e defendido procurou abranger o que a análise discursiva do texto denomina de problematização do sentido ou da interpretação de texto em função de operações discursivas, realizadas em determinados contextos. Tal perspectiva consiste em compreender e analisar o *significado textual* em função de um *referente externo e da identidade* dos contratantes do ato comunicativo, isto é, o processo da interpretação ou da produção textual é feito a partir da influência e da ação do sujeito enunciador sobre o sujeito receptor em uma determinada situação sociocomunicativa.

Propõe-se também que, em vez de focalizar a linguagem prioritariamente como forma, ou como portadora de um conteúdo proposicional, deve-se evidenciar sua natureza dialógica e acional, construtora de imagens de identidades sociais, uma vez que coloca em cena além de valores informativos (referenciais), conceitos extralinguísticos e dados sobre os participantes do ato comunicacional, os quais, desvendados, acarretam mudanças na significação global.

O significado textual, por sua vez, também vai derivar do *contrato de comunicação* vigente para o gênero de texto em análise e do reconhecimento do *projeto de fala* do emissor, captado como tal e aceito pelo receptor. Além desses fatores, de ordem interacional, que constituem o sentido do texto, temos ainda a considerar as operações linguístico-discursivas, presentes nos processos de transformação e de transação que possibilitam transformar a língua em discurso e cuja decodificação se torna fundamental para o processo de compreensão e produção de textos.

Com esse enfoque do texto como discurso, o ensino da leitura e da produção textual pode contribuir para uma maior conscientização do aluno/leitor acerca das estratégias linguístico-discursivas envolvidas na construção do texto, a fim de direcioná-lo para um posicionamento mais crítico e para a produção de textos menos "inocentes".

Como se vê, a escola tem muito a ensinar e bastante com o que se preocupar, quando se propõe a preparar seu aluno para o desenvolvimento da leitura e também para a produção de qualquer gênero textual – atividades que, a um só tempo, congregam os elementos gramaticais ao ato comunicativo a que eles servem.

Referências bibliográficas

Azeredo, J. C. de. A quem cabe ensinar leitura e a escrita? In: Pauliukonis, M. A. L.; Gavazzi, S. (orgs.). *Da língua ao discurso*: reflexões para o ensino. Rio de Janeiro: Lucerna, 2005, pp. 30-42.

Beaugrande, R. *New Foundations for a Science of Text and Discourse*. Norwood: New Jersey, 1997.

Benveniste, E. Aparelho formal da enunciação. *Problemas de linguística geral II*. Campinas: Pontes, 1974, pp. 35-47.

Carneiro, A. D. *Redação em construção*. São Paulo: Moderna, 1990.

______. Interpretação e linguística. In: Pereira, M. T. G. (org.). *Língua e linguagem em questão*. Rio de Janeiro: Eduerj, 1997, pp. 129-38.

Charaudeau, P. *Grammaire du sens et de l'expression*. Paris: Hachette, 1992.

______. Para uma nova análise do discurso. In: Carneiro, A. D. (org.). *O discurso da mídia*. Rio de Janeiro: Oficina do Autor, 1996, pp. 5-44.

______. Une analyse sémiolinguistique du discours. *Langages*, n. 117. Paris: Larousse. (Trad. Ângela Corrêa publicada em *Da língua ao discurso*: reflexões para o ensino. Rio de Janeiro: Lucerna, 2005, pp. 11-29).

______; Maingueneau, D. *Dicionário de análise do discurso*. São Paulo: Contexto, 2003.

Geraldi, J. W. *Aprender e ensinar com textos de alunos*. São Paulo: Cortez, 1997.

Maingueneau, D. *Termos-chave da análise do discurso*. Belo Horizonte: UFMG, 1996.

Oliveira, H. F. de. Categorias do modo argumentativo de organização do discurso e relatores. In: Gartner, E. (org.). *Estudos de linguística textual em português*. Berlim: Frankfurt am Main, 2000, pp. 173-90.

Parret, H. *Enunciacão e pragmática*. São Paulo: Pontes, 1988.

Pauliukonis, M. A. L. Processos argumentativos na comparação. In: Gartner, E. (org.). *Estudos de linguística textual em português*. Berlim: Frankfurt am Main, 2000, pp. 191-200.

______; Santos, Leonor W. dos; Gavazzi, Sigrid. Jornal televisivo: estratégias argumentativas na construção da credibilidade. In: Carneiro, A. D. (org.). *O discurso da mídia*. Rio de Janeiro: Oficina do Autor, 1996, pp.81-99.

______; Gavazzi, Sigrid (orgs.). *Texto e discurso*: mídia, literatura e ensino. Rio de Janeiro: Lucerna, 2003.

______; ______ (orgs.). *Da língua ao discurso*: reflexões para o ensino. Rio de Janeiro: Lucerna, 2005.

Santos, L. W. dos (org.). *Discurso, coesão, argumentação*. Rio de Janeiro: Oficina do Autor, 1996.

Travaglia, L. C. *Gramática e interação*. São Paulo: Cortez, 1996.

Van Dijk, T. Episodic Models in Discourse Processing. *Comprehending Oral and Writing Language*. N. J Academic Press, 1987, pp. 165-87.

As organizadoras

Silvia Rodrigues Vieira é professora-pesquisadora da Faculdade de Letras da Universidade Federal do Rio de Janeiro (UFRJ). Mestre e doutora pela mesma instituição, é autora e coautora de diversos livros e artigos científicos.

Silvia Figueiredo Brandão é professora da Faculdade de Letras da Universidade Federal do Rio de Janeiro (UFRJ). Mestre e doutora pela mesma instituição, desenvolve e orienta pesquisas no Programa de Pós-graduação em Letras Vernáculas da UFRJ. Coordenou, entre 2000 e 2004, o Projeto Análise Contrastiva de Variedades do Português (VARPORT). Autora, coautora e organizadora de diversas publicações no Brasil e no exterior.

Os autores

Afranio Gonçalves Barbosa é doutor em Letras (Língua Portuguesa) pela Universidade Federal do Rio de Janeiro (UFRJ) e professor adjunto da mesma universidade. Desenvolve pesquisa em Linguística Histórica na Universidade de Lisboa, concentrando-se na História da Língua Portuguesa. Coordena investigação sobre mudança linguística e tradições discursivas em *corpora* dos séculos XVIII e XIX, com publicações nacionais e internacionais na área.

Carlos Alexandre Gonçalves é professor da Faculdade de Letras da Universidade Federal do Rio de Janeiro (UFRJ), instituição em que se doutorou pelo Programa de Pós-graduação em Linguística. Bolsista de produtividade em pesquisa do CNPq, realizou estágio de pós-doutoramento na Universidade de Campinas (Unicamp). Atualmente, é vice-presidente da AILP (Associação Internacional de Linguística do Português) e coordenador do NEMP (Núcleo de Estudos Morfossemânticos do Português).

Célia Regina Lopes é professora de Língua Portuguesa da Faculdade de Letras da Universidade Federal do Rio de Janiro (UFRJ). Membro do Projeto Integrado *Para uma História do Português Brasileiro*, é uma das coordenadoras da *Comissão de Pesquisa em História do Português Brasileiro* da Alfal. Autora de diversas obras no Brasil e no exterior, desenvolve e orienta pesquisas sobre variação e mudança no sistema pronominal do português.

Dinah Callou é doutora em Letras (Língua Portuguesa) pela Universidade Federal do Rio de Janeiro (UFRJ), com pós-doutorado em Linguística pela UCSB/EUA. Professora titular da Faculdade de Letras/UFRJ, coordena o Projeto *Para uma história do português brasileiro: 500 anos de língua portuguesa*. Além de livros sobre fonética e fonologia, suas últimas publicações versam sobre variação e mudança no português do Brasil.

Maria Aparecida Pauliukonis é doutora em Língua Portuguesa e professora adjunta de Língua Portuguesa da Universidade Federal do Rio de Janeiro (UFRJ). Atua na linha de pesquisa "Língua, discurso e ensino", é coordenadora do Grupo CIAD-RIO (Círculo Interdisciplinar de Análise do Discurso) e desenvolve Projeto Integrado de pesquisa com professores da UFRJ, Universidade Federal Fluminense (UFF), Universidade do Estado do Rio de Janeiro (UERJ) e Paris XIII, com base na Semiolinguística. É autora de várias publicações em livros e revistas especializadas.

Maria da Aparecida de Pinilla é docente de Língua Portuguesa da Faculdade de Letras da Universidade Federal do Rio de Janeiro (UFRJ) desde 1970. Mestre em Língua Portuguesa pela UFRJ, atualmente integra, como pesquisadora, o Projeto *Operações discursivas na enunciação*. É coautora de programas educacionais televisivos veiculados pela TVE/MEC, bem como de material didático para professores de Língua Portuguesa (Ensino Fundamental e Médio – SEE/RJ).

Maria Eugênia Duarte é doutora em Linguística pela Universidade de Campinas (Unicamp), pesquisadora do CNPq e docente no Departamento de Letras Vernáculas da Universidade Federal do Rio de Janeiro (UFRJ). Participa atualmente dos Projetos PEUL, NURC-RJ, *Para a História do Português Brasileiro* e *România Nova*.

Violeta Virginia Rodrigues é professora de Língua Portuguesa da Faculdade de Letras da Universidade Federal do Rio de Janeiro (UFRJ), e mestre e doutora pela mesma instituição. Integrou a equipe do Projeto VARPORT e atualmente desenvolve projetos de pesquisa sobre *O papel de conectivo dos advérbios* e *Para uma descrição da língua padrão: o uso das conjunções subordinativas*, atividade que tem resultado na publicação de diversos capítulos de livros e artigos científicos.